AF454719

ADRIEN BERNHEIM

AUTOUR
DE LA
COMÉDIE - FRANÇAISE

TRENTE ANS DE THEATRE

(5ᵐᵉ SÉRIE)

PRÉFACE DE M. JULES CLARETIE

de l'Académie Française

Administrateur général de la Comédie-Française

VINGT-SEPT PORTRAITS HORS TEXTE

PARIS

DEVAMBEZ, ÉDITEUR

43, BOULEVARD MALESHERBES, 43

MCMXIII

Autour

de la

Comédie-Française

Photo Paul Berger

Jules CLARETIE

ADRIEN BERNHEIM

Autour de la Comédie-Française

- Trente ans de Théâtre -

(5ᵐᵉ SÉRIE)

PRÉFACE DE M. JULES CLARETIE

de l'Académie Française
Administrateur général de la Comédie-Française

XXVII PORTRAITS HORS TEXTE

PARIS

DEVAMBEZ, ÉDITEUR

43, BOULEVARD MALESHERBES, 43

1913

PRÉFACE

*J'ai écrit bien des préfaces dans ma vie ; je n'en ai pas si-
gné peut-être qui me soit plus agréable que celle-ci à envoyer
à un ami. L'auteur de ce livre, en effet, apporte en ces pages
si vivantes le témoignage de son constant dévouement à
notre chère Comédie-Française. Il évoque des figures d'artistes qui furent la gloire de ce grand théâtre. Son ouvrage
est comme un Musée du souvenir où je retrouve de vaillants
collaborateurs qui, du vieux Got à M. Mounet-Sully et à
M. Prud'hon, consacrèrent toute leur existence au service
de l'illustre maison. Ce livre d'art prendra place dans les
bibliothèques choisies et témoignera du labeur d'une Compagnie qui soutient avec succès la légendaire renommée d'une
institution unique au monde. Si ce n'était point par affection, ce serait par reconnaissance que je devrais répondre
à l'amical appel de M. Adrien Bernheim.*

*Oui, j'écris cette préface avec un rare plaisir, parce
qu'en relisant les divers chapitres d'un livre qui, composé
d'articles divers, forme une sorte de tableau de la Comédie
depuis un quart de siècle, j'ai revécu quelques années de ma
vie et que souvent revivre est plus doux que vivre, les tris-*

lesses du passé s'estompant jusqu'à prendre l'apparence de fantômes de joies.

M. Adrien Bernheim est en son genre un apôtre. Il a fondé cette œuvre de propagande artistique et de bienfaisance à la fois qui s'appelle les Trente Ans de théâtre et il a apporté dans le développement de cette création un zèle, une énergie, une vaillance, une bonne humeur aussi, qu'on ne saurait trop louer. Il a fait servir les chefs-d'œuvre immortels à la consolation des comédiens vieillis. Il a ouvert les coulisses du théâtre sur un dispensaire. Il a fait secourir les interprètes du mélodrame ou de l'opérette par les comédiens de Corneille et de Molière. Il reconnaît d'ailleurs — je tiens à le constater en le remerciant à mon tour comme il remercie la Comédie-Française — oui, il reconnaît et proclame que c'est la Comédie qui fut sa grande collaboratrice et comme la pierre angulaire de son Œuvre.

Et il l'aime cette Comédie-Française et il la célèbre et il la fait aimer. Il n'est pas de ces amis grognons qui prétendent diriger sous prétexte de conseiller ; il est de ces amis dévoués qui, tout prêts à obliger, savent surtout applaudir aux efforts et souligner les succès au lieu de dénoncer les faiblesses. Pauvre Comédie-Française ! Elle trouve des critiques sévères jusque chez ceux qu'elle oblige et qu'elle joue. Elle fabrique des ingrats, ce qui prouve qu'elle multiplie ses bienfaits. Elle a pour ennemis ceux mêmes qui lui doivent leur gloire. Dumas fils et Augier disaient l'un et l'autre: « C'est la plus hospitalière des hôtelleries théâtrales. » Et les noms des voyageurs qui y séjournent plus ou moins longtemps, auteurs ou acteurs, sont assurés de ne point périr. Quand ils en ont reçu toutes les récompenses, ils en exploitent l'étiquette.

La Comédie-Française a ses amis fidèles, tels que

M. Joannidès, son historiographe, ou M. Adolphe Brisson aussi passionné pour la Maison de Molière que le fut Francisque Sarcey, son maître. Elle eut autrefois ses défenseurs parmi lesquels je rencontre — et au premier rang, quel étonnement ! — Félix Pyat en personne, Félix Pyat faisant dans le livre des Cent et Un de Ladvocat l'éloge de l'institution séculaire.

« Le Théâtre-Français, dit-il, est un monument national et la question de savoir si le Théâtre-Français doit être subventionné du gouvernement est résolue par l'exemple de tous les temps. »

Et dans cet article si important par le nom de son signataire, je trouve des pages bonnes à relire aujourd'hui (elles datent de 1833) et que je tiens à citer :

« Louis XIV, dit Félix Pyat, lorsque la Comédie-Française n'avait que trente livres de loyer et de pensions à payer par jour, leur fit un don de douze mille livres de rente pour subvenir précisément à couvrir ces trente livres de frais par jour. Du temps de Voltaire dont les tragédies nouvelles jouées par Leckain, Clairon, Dumesnil, et les autres comédiens fameux attiraient chaque soir la foule au théâtre, eh bien ! le roi donnait cinquante-cinq mille francs de pure libéralité, et les loges du roi et de la cour rapportaient plus de deux cent mille francs par an ; et les seigneurs nourrissaient les acteurs, leur fournissaient jusqu'aux habits à paillettes, ce qui fait que depuis on a toujours joué les pièces de Molière avec les costumes Louis XV. Enfin, pendant les troubles révolutionnaires, la Commune de Paris envoyait à la Comédie-Française, faute d'argent, du bois, de la toile, de l'huile. Prieur, de la Côte-d'Or, lui fit porter des assignats à pleines brouettes. L'Empereur lui destinait quatre cent mille francs sur sa cassette. »

Voilà, défendu par un révolutionnaire déclaré, le principe de la subvention, subvention insuffisante, bonne au temps de M. Thiers qui la fit voter, dérisoire aujourd'hui que la Comédie-Française n'a pas trente livres de frais comme au temps de Louis XIV, mais cinq mille cent francs de frais par jour. Et certains prétendus défenseurs de la Comédie la voudraient, par leurs exigences, ramener au temps où elle risqua, entrevit la dissolution et la ruine !

C'est encore Félix Pyat qui parle, évoquant pour nous le souvenir d'un bienfaiteur de la Comédie à l'heure du déficit :

« M. le comte Paul Demidoff, écrit-il, prête sans intérêt, généreusement cinquante mille francs à la Comédie-Française et cela, en septembre 1830, au moment où il n'y aura plus ni subvention ni commissaire royal, ni maison du roi. Honneur à M. Paul Demidoff ! »

« Avec ce secours inattendu, les comédiens ont payé leurs pensions arriérées aux vieux acteurs retirés et blanchis dans le service, aux employés qui se sont cassé bras ou jambes dans les machines du théâtre. Ainsi M. Demidoff a rendu l'existence à quatre ou cinq cents personnes, qui ne vivent maintenant que du théâtre, parce que le théâtre a vécu d'eux. Il faut rendre justice aussi au désintéressement infatigable des sociétaires dont les parts sont nulles ou presque nulles, puisqu'il y a peu ou point de bénéfice, et qui s'imposent chaque jour de nouvelles charges pour maintenir la société dans l'état où ils l'ont trouvée. »

« — Vous vous plaignez quand les vaches grasses ne sont pas assez grasses, disait Got au Comité. C'est que vous n'avez pas connu les héroïques années des vaches maigres ! »

Il est assez curieux de voir un auteur dramatique tel que le romantique Pyat se plaindre de la part excessive faite aux décorateurs et aux costumiers. « On pourrait représenter Molière tout nu », disait quelqu'un. M. Adrien Bernheim est aussi de ceux qui pensent que la meilleure méthode pour honorer Molière ne consiste point à le maquiller, mais à le bien traduire. La bonne diction chez un acteur vaudra toujours mieux qu'une modification imprévue chez un metteur en scène. Le décor est utile, mais l'art de dire est indispensable. Et M. Worms, l'excellent, l'admirable Alceste, nous parlait, en une conférence publique à l'Odéon, d'une représentation du Misanthrope en habits de ville qui obtint à Bade le même succès que la représentation en costumes. Il est de ces auteurs qui peuvent se passer de décorateurs et de costumiers.

J'avoue que cet article, tout à fait remarquable, de Félix Pyat m'apporte un témoignage paradoxal en apparence sous la plume d'un tel polémiste. Mais l'auteur d'Ango était auteur dramatique et il savait pertinemment ce que le théâtre, l'art français, doit à cette Comédie qu'on accusait, à l'heure même où il écrivait, d'être (c'est l'éternel, c'est l'inévitable refrain) en décadence.

« Depuis la mort de Molière, écrit-il, on a parlé de la décadence du Théâtre-Français, comme on a parlé de la fin du monde dès son commencement. C'est l'histoire du poison lent de Fontenelle, qui passa quatre-vingt-dix ans de sa vie à s'empoisonner de café ! Les amateurs du temps passé, les louangeurs de ce qui n'est plus, les vieillards surtout, ont enterré le théâtre avec chaque acteur qui succombait ! Molière meurt, c'en est fait du théâtre ! Puis le théâtre ressuscite pour mourir avec Baron; puis avec Lekain, encore avec Molé, avec Fleury; Talma meurt : cette fois, tout est perdu ! N'ayez pas peur, il n'a pas fini de mourir, il en a plus à mourir que ce géant fabuleux, qui

vécut neuf fois ! et la Comédie n'est pas plus en décadence aujourd'hui que jadis. La preuve en est dans les registres, où les recettes, signées des noms de leurs morts les plus illustres, sont tout aussi faibles que les recettes d'aujourd'hui signées du semainier vivant le plus obscur ! On voit trois cent cinquante livres de recette, signé Lekain, comme on les verrait signé Dailly.

« Mais autrefois, la Comédie était soutenue, et les pièces n'avaient pas de mise en scène ruineuse ! Mais autrefois le décorateur se payait avec le concierge, et l'habit de La Thorillière se raccommodait pour trois livres ! Maintenant que des théâtres rivaux déploient leurs riches décors et leurs brillants costumes, maintenant que les pièces sont faites pour les yeux plus que pour les oreilles, et que le costumier, le machiniste et le peintre font partie essentielle du poète, il faut de l'argent, beaucoup d'argent. Qu'une entreprise particulière croule ou prospère, n'importe, ordinairement il n'est besoin que de deux chutes pour l'anéantir. Mais le Théâtre-Français ne peut pas tomber, c'est une gloire toute pure, toute nationale, c'est l'entrepôt français de l'esprit humain. »

Voilà qui est extrêmement bien dit et j'ai fait appel à cet avocat imprévu qui avait étudié de près la question. Depuis, la Comédie-Française a non seulement évité la ruine, mais elle a assuré l'avenir. Elle n'oblige pas ses sociétaires à rapporter leur part de bénéfices pour payer ses employés. Elle a — M. Adrien Bernheim le raconte dans un des chapitres de ce livre — accordé officiellement des pensions à ses serviteurs. Mais ne croyez pas que ces sociétaires soient tous rémunérés selon leurs mérites. Il ne m'a point déplu de leur permettre d'ajouter à leurs appointements et à leurs parts, en des tournées personnelles, des bénéfices qui n'atteignent pas toujours les émoluments accordés à certains artistes dans d'autres théâtres. Et me l'a-t-on assez reproché, quitte à me reprocher ensuite de laisser partir les artistes qui ne se trouvent pas assez rémunérés !

Les tournées, lorsqu'elles sont officielles, sont d'ailleurs utiles et peuvent être éclatantes. On l'a bien vu lorsque, fermant ses portes, il y a quelques années, la Comédie, divisée en deux troupes, fut applaudie à la fois au Nord et au Midi. Napoléon Ier, connaissant la puissance du théâtre ne voulait-il pas conquérir moralement l'Italie après l'avoir matériellement occupée et n'envoyait-il point, sous les ordres de Mlle Raucourt, nommée à cet effet, une troupe de comédiens au delà des Alpes ?

Les plus belles représentations d'Orange furent celles où l'on y donna Antigone et OEdipe-Roi avec la Comédie-Française seule. Mais il faut alors que la Comédie soit compacte et se présente « en corps » devant le public. Ce n'est pas d'aujourd'hui que la constatation est faite. N'en trouvé-je point la preuve dans un feuilleton du Journal des Débats du 17 frimaire an IX ? Il s'agit d'une pièce intitulée Taisez-vous, parodie de Thésée, qui donne lieu à cette observation très juste du critique : « Le couplet le plus heureux et le plus applaudi est celui où l'on fait l'éloge de la réunion des acteurs du Théâtre-Français. Il est cependant très probable que l'opinion de l'auteur de la parodie, sur les voyages des artistes de la capitale, ne sera regardée que comme un sophisme, car l'intérêt et la vanité trouvent leur compte dans ces voyages. Quoi qu'il en soit, voici le couplet :

> *Un grand acteur, loin de Paris,*
> *Peut recevoir quelques hommages ;*

Mais c'est lorsqu'ils sont réunis
Qu'ils enlèvent tous les suffrages.
Ce qui fait le prix d'un tableau
N'est pas les détails qu'il rassemble;
Ce qu'on y trouve de plus beau
Résulte du parfait ensemble.

Ce « parfait ensemble », c'est peut-être au décret de Moscou qu'on le doit, à ce décret préparé par M. de Rémusat et d'autres et dont parlent tant de gens qui ne le connaissent point et ne savent pas qu'il a été modifié en partie par le décret de 1850.

J'aurais voulu donner, le 15 octobre 1912, jour anniversaire de la signature du décret de Moscou, le même spectacle qu'affichait il y a cent ans la Comédie-Française. Mais — ô combien sont fragiles les succès du théâtre! — le centenaire du décret eût été étrangement célèbre si j'eusse affiché Anaximandre, *tragédie en cinq actes et en vers d'Andrieux, et* la Femme jalouse, *comédie en cinq actes et en vers de Desforges. Voilà pourtant ce que représentait la Comédie le jeudi 12 octobre 1812, tandis que Napoléon mettait au Kremlin son impériale signature au bas du décret fameux.*

Le comédien Samson, dans un article du Nouveau Tableau de Paris du dix-neuvième siècle *et qui date de 1834, parle de ce décret de Moscou « qui est encore, dit-il, la loi première des comédiens et auquel ils doivent en grande partie la conservation de leur établissement ». Et l'éminent artiste s'applaudit que le ministère et les sociétaires eux-mêmes aient eu recours à l'autorité pour préserver le Théâtre-Français de la ruine.*

« La Comédie-Française, après avoir touché au moment de sa dissolution, est debout, dit-il, et en pleine vie... Les

sociétaires ont fait entre les mains d'un directeur l'abandon de leurs droits administratifs et de tous les privilèges qui leur étaient conférés par l'ancienne organisation. Des résultats heureux ont, en le justifiant, consolidé le nouveau système. »

Et en constatant que le public reprenait alors vers notre première scène nationale un chemin longtemps oublié, Samson se demandait avec inquiétude : « Cette prospérité se soutiendra-t-elle et quel est chez nous l'avenir réservé à l'art dramatique? Je l'ignore. »

L'excellent Régnier se posait la même question quelque temps après dans un magistral article de Patria et l'admirable comédien était plus pessimiste que son camarade Samson : il redoutait que les besoins, les goûts, les habitudes de la société actuelle ne fussent plus en rapport avec l'organisation de ce théâtre. « L'administration collective des comédiens laissés en société, écrit-il, loin d'être prépondérante dans les transactions dramatiques, ne peut lutter contre la rapidité d'action des théâtres rivaux régis par des volontés uniques. Les talents se divisent; on en applaudit de remarquables sur toutes les scènes, les genres se confondent, l'art s'abaisse et dans cet état de choses, le Théâtre-Français, quels que soient d'ailleurs les efforts des comédiens qui lui sont restés fidèles, ne peut plus être l'expression suprême de la littérature dramatique de notre pays. »

Quelle erreur! Et Régnier lui-même, lorsqu'il jouait quelques années après les pièces d'un Augier, les Effrontés ou l'Aventurière, prouvait victorieusement qu'il était aussi bon comédien qu'il était mauvais prophète. C'est que la Société des Comédiens avait, depuis l'article de Patria, bénéficié de cette volonté unique réclamée par le sociétaire. Le décret de 1850 avait centralisé les pouvoirs entre les mains *d'un seul. L'administrateur général, représentant direct de l'État, devenait à peu près le maître et il suffisait qu'il y eût là une pensée unique pour qu'il y eût succès. Quelque fantaisiste qu'il fût, Arsène Houssaye commençait la prospérité du logis, cette prospérité qui s'est continuée si admirablement d'année en année et qu'on craignait de voir cesser avec la disparition de ce maître directeur, d'ailleurs si attaqué, Émile Perrin, « six mille Perrin », disait le bon Coquelin cadet. Attaqué, c'est le lot de tout administrateur. « Prenez garde! me disait Ed. Got, doyen, en me remettant les clefs de la maison, vous êtes un préfet révocable présidant un conseil général inamovible. » Et en effet la situation n'est pas commode. L'administrateur, nommé pour un laps de temps indéterminé et qu'une volonté ministérielle peut mettre à la retraite du jour au lendemain, commande à des sociétaires qu'il a lui-même nommés pour vingt ans. Mais il est le maître parce qu'il est l'État et il suffit qu'il soit là pour que les caprices et les indisciplines ruineuses d'autrefois n'existent plus.*

Voilà ce que mon cher Adrien Bernheim constate avec sa grande connaissance de la maison et de ses hôtes. Il connaît aussi bien que personne les changements inévitables apportés par les mœurs nouvelles dans la marche de la Comédie. J'ai dit un jour : « La Comédie-Française est comme un carrosse royal en temps d'automobiles. » Mais ce carrosse est une des gloires de la France et d'ailleurs il ne se laisse pas distancer sur la route du progrès. Toutes les nations répètent : « Ah! si nous avions un théâtre tel que la Comédie-Française ! » On en peut copier les statuts ; mais il faut beaucoup de temps, beaucoup de labeur et beaucoup de gloire pour édifier un tel monument. C'est l'œuvre des siècles. Elle peut braver les attaques et les bluffs momen-

tanés. C'est ce que M. Adrien Bernheim affirme par des exemples et des faits dans le livre indispensable désormais aux historiens du théâtre. Livre charmant et de bonne humeur. La manière de certains critiques me fait penser à cet axiome de Montesquieu : « Il ne faut pas mettre du vinaigre dans ses écrits ; il faut y mettre du sel. » M. Adrien Bernheim y met du sel — et aussi du sucre. Et c'est pourquoi on l'aime et il sait se faire aimer. Les cigales dépourvues et consolées des Trente Ans de théâtre ne me démentiront pas...

JULES CLARETIE.

Viroflay, octobre 1912.

A LÉON GANDILLOT

Ce petit livre, en tête duquel M. Jules Claretie a bien
voulu écrire quelques pages délicieuses, je le dédie à l'Ami
de ma vie : à Léon Gandillot.

Léon Gandillot, c'était pour moi l'Ami, l'Ami que j'avais
élu et que je ne chercherai pas à remplacer, parce que je ne
le pourrais pas. Je me laissais diriger par lui, tant je le
sentais supérieur : supérieur par la tendresse de son cœur,
par la clarté de son intelligence, par la noblesse de son caractère.

Un cerveau et un caractère a-t-on dit, et cela est rigoureusement vrai. Gandillot était à la fois une force et un modèle. Les quelques amis qui avaient le bonheur de le bien
connaître et auxquels il ne craignait pas d'ouvrir son cœur,
le savaient bien. Nous étions fiers d'une telle amitié : nous
adorions Gandillot en même temps que nous l'admirions :
nous nous inclinions devant lui.

Ceux qui s'imaginaient le bien connaître le traitaient
volontiers d'Alceste. Quelle erreur ! Alceste, lui qui aimait
tant la vie, lui qui aimait tant rire ! Certes le paradoxe
l'amusait et il le maniait supérieurement : mais sous ses
boutades, quelle rectitude de jugement, quelle franchise

d'observation, quelle finesse d'esprit, que de robustes et réconfortantes vérités ! On l'écoutait et on commençait par être surpris : puis, on réfléchissait et on constatait que le bon Gandillot avait tout de même pleinement raison.

Bon, il l'était délicatement, activement, aveuglément. S'il grondait, c'était pour défendre les petits contre ce qu'il croyait être les injustices des grands. Comment eût-il supporté une injustice, lui qui ne connut jamais que la ligne droite, lui qui était la loyauté même, lui qui remplissait son devoir, toujours et partout, simplement et sans phrase ? Que de bonnes et courageuses actions dont il était l'auteur et qu'il avait soin de cacher ! Car il avait encore ceci de particulier qu'il passait sa vie à obliger et ne souffrait pas qu'on le remerciât.

Eh bien ! moi je veux le remercier publiquement aujourd'hui de la parfaite Amitié qu'il me donna pendant vingt-cinq ans et qui pas une heure, pas une minute, n'a été troublée. Je veux aussi qu'on sache bien qu'ici comme aux *Trente ans de théâtre* et comme partout ailleurs, il n'a cessé de me soutenir dans ma tâche. Oui, il avait relu page par page, ligne par ligne, les quatre petits livres qui précèdent cette série. Il avait même commencé à revoir celui-ci ; malheureusement la maladie arriva, sournoise et féroce... Non seulement il relisait ces articles avec cette scrupuleuse attention qu'il apportait en toutes choses, mais il les annotait, il y travaillait et lorsqu'en me remettant les épreuves, il me disait : « ça va ! », j'étais content. Il n'admettait pas les conventionnels éloges ; aussi son approbation n'en avait-elle que plus de prix.

Plus tard, mon cher Léon Delarue, nous raconterons par le menu l'existence si digne, si simple et si pure de notre Ami. Nous parlerons alors de l'écrivain à qui nous devons

tant d'exquises comédies au milieu desquelles se dresse un
des plus rayonnants chefs-d'œuvre du théâtre contemporain. Aujourd'hui j'avais à cœur de lui rendre l'hommage
que nous lui devons, nous ses amis de toujours.

Hélas ! je ne le sens que trop : c'est beaucoup de mon
bonheur qui s'en est allé avec Léon Gandillot...

ADRIEN BERNHEIM.

Paris, octobre 1912.

MADELEINE BROHAN

« MADAME MADELEINE »

Voici un de nos plus anciens camarades de théâtre, un de nos compagnons de début, un des Chevreuillets du bon temps, Georges Baillet, qui quitte la Comédie-Française, et vous me permettrez à ce propos de vous conter ce que fut, il y a vingt et quelques années, cette Société « Les Chevreuillets » dont je vous parlerai bien souvent....

Cette Association, toute platonique, n'aspira jamais au redoutable honneur d'être reconnue d'utilité publique : sa présidente était Madeleine Brohan, et « Madame Madeleine » représente pour les hommes de notre génération la Comédie-Française d'autrefois, cette Comédie où, insouciants et pleins d'illusions, nous avons passé notre jeunesse. Nous vivions chez Molière : nous y étions le soir, nous y étions l'après-midi, et notre ami Frédéric Febvre, rigide semainier, de s'écrier :

— Ils n'ont donc pas de domicile, ces gens-là !...

Notre excuse, mon cher Febvre, c'était notre amour du théâtre... Nous l'aimions passionnément, de tout cœur, comme on l'aime à vingt ans et nous ne pensions pas qu'on pût, sur cette terre, faire autre chose que du théâtre. Auteur ou acteur, directeur ou décorateur, machiniste ou souffleur, il fallait opter entre la cour et le jardin. N'avez-vous pas vous-même passé par là ?

Nous chérissions notre présidente « Madame Madeleine » non pas seulement parce qu'elle était une femme d'une intelligence supérieure, mais aussi parce qu'elle était exceptionnellement bonne. Bonne dans le plus haut sens du mot, bonne sans manière, sans ostentation, répandant discrètement le bien autour d'elle...

Elle avait alors une cinquantaine d'années : elle vieillissait avec gaîté, aimant mieux, répétait-elle, être la plus jeune des vieilles que la plus vieille des jeunes et prétendant que pour une femme le plus bel âge c'est la cinquantaine. Elle avait débuté très brillamment à la Comédie dans *les Contes de la reine de Navarre,* une pièce de Scribe aujourd'hui oubliée ; elle avait été une charmante « jeune première » et une superbe « grande coquette » : elle avait, à Pétersbourg, remporté tous les triomphes de comédienne et de femme... Elle n'en gardait pas moins des goûts très simples : elle se sentait plus à l'aise dans son modeste cinquième de la rue de Rivoli que dans un somptueux hôtel, et elle préférait le fiacre à l'équipage. Cette science de vieillir lui procura tout naturellement celle de bien mourir. Elle parlait souvent de la mort et sans effroi : elle ne croyait pas, mais elle espérait, ce qui est une façon de croire et ce qui l'aida à supporter bien des tristesses. Elle en eut sa large part... J'ai publié un certain nombre des lettres qu'elle m'adressa ; à travers les lignes on devinait cette tristesse. C'étaient des chefs-d'œuvre de grâce souriante et d'esprit délicieux que ces billets tracés à la hâte. Elle avait d'ailleurs de qui tenir, étant fille de Suzanne Brohan et sœur d'Augustine. Les habitués de la Comédie disaient « la bonne Madeleine » et laissaient ainsi entendre

qu'elle se distinguait par une extrême bonté. La vérité est
qu'elle était aussi spirituelle que bonne, mais qu'elle avait
quelque plaisir à faire passer la bonté avant l'esprit.

*
* *

— Tout le monde, disait notre présidente Madame Madeleine, a de l'esprit aujourd'hui !... L'esprit, c'est de la
monnaie courante, c'est l'éventail dont nous donnons de
petits coups sur les doigts des sots... Et nous savons toutes,
nous autres comédiennes, manier plus ou moins bien cet
éventail... Pensez que j'ai dit des centaines de fois Célimène, Elmire, Sylvia, Araminte, Hélène de la Seiglière, la
marquise de Prie et Marianne des *Caprices* avant de devenir
une duègne !.. Une duègne vous fait peur ? Mettons une
mère et n'en parlons plus... Et je vous demande à quoi ser-
virait de piocher tous ces rôles, si, une fois sorties de scène,
nous ne gardions pas un peu de leur âme... Mais ce qui
constitue le charme de la vie, ce n'est pas l'esprit, mes enfants... Ce qui nous console des misères quotidiennes, c'est
l'amitié que nous réservons à quelques êtres choisis par
nous et que nous recevons, à notre tour, de ces êtres-là....
Que voulez-vous donc de plus et de mieux ? Au règlement
de comptes, on part tranquille et on n'est pas trop mécontent
de soi. Il est possible que ma montre retarde... Je suis
trop vieille pour la donner à réparer !...

C'est sur ce mot que Madame Madeleine quitta le théâtre
comme elle l'avait servi ; simplement, sans réclame, sans
soirée d'adieu. Elle ne se sentait pas le courage d'assister à
ses propres obsèques ; elle se refusait, — le mot lui appartient
encore ! — à tenir elle-même, au milieu de la scène, les cordons du poêle. Elle partageait, à cette époque, sa vie, entre

sa vieille mère qui habitait Fontenay-aux-Roses et son fils
malade, installé au Havre. Elle sortait d'un train pour en
prendre un autre. Le soir, nous montions dans sa loge,
nous courions aux nouvelles et, la voix étranglée par l'émotion, elle murmurait :

— Ça ne va plus, ni elle, ni lui, ni moi ! Mais il faut que
moi, ça aille tout de même. Quel triste métier pourtant que
le nôtre ! Rire et faire rire, quand on voudrait tant se taire
et pleurer !...

Et « ça allait »... Ni les spectateurs ni les camarades ne
se doutaient de ce que cette admirable femme dépensait
d'énergie pour entrer en scène et y achever son rôle...
C'était un véritable supplice...

Le jour où Madame Madeleine disparut, notre Société des
Chevreuillets n'avait plus aucune raison d'être et nous ne
songeâmes même pas à remplacer notre présidente. Les
cinq chevreuillets se dispersèrent : c'étaient Georges Baillet,
dont je vous parlerai tout à l'heure ; le distingué avocat Léo
de Leymarie, en compagnie duquel j'écrivis une petite
brochure, fort heureusement introuvable aujourd'hui, sur
l'*Enseignement dramatique au Conservatoire* ; le bon et
regretté Gosselin, sténographe à la Chambre des députés,
Paul Gaulot, l'aimable Paul Gaulot, l'auteur de tant de
jolis romans, l'historien si averti... Et le cinquième che-
vreuillet, le plus jeune s'il vous plaît de notre Association, c'était moi. Je débutais alors au ministère des
Beaux-Arts sous la bienveillante direction de mon cher
Gustave Ollendorff qui venait de quitter le secrétariat de Jules
Ferry qu'il partageait avec notre ami Henry Roujon. Notre
bureau était installé rue de Valois, : et nous en profitions
pour passer le meilleur de notre temps chez nos voisins,
à la Comédie-Française, au désespoir, je vous l'ai dit, du

semainier, notre charmant confrère du *Gaulois*, mon ami
Frédéric Febvre.

Quant aux *chevreuillettes*, elles étaient deux jugées dignes
de ce titre : Suzanne Reichenberg et Mary Kalb. La première,
filleule de la mère de Madame Madeleine, l'ingénue idéale,
poursuivit sa triomphale carrière : la seconde, soubrette
excellente, digne émule de Jeanne Samary, fut malheureusement, par raison de santé, obligée de quitter le théâtre
avant l'heure...

*
* *

Et c'est également avant l'heure que Georges Baillet
abandonne la place. Combien de rôles, classiques et modernes, il fit défiler devant nous, depuis le jour où, sortant
du brillant Odéon de notre ami Félix Duquesnel, il entrait
à la Comédie, réclamé par Perrin, et débutait, sur la demande
même de George Sand, dans Fulgence du *Mariage de
Victorine !* Blanche Barretta incomparable Victorine, Barré
admirable Antoine, Maubant impeccable Vanderk. Comme
c'est loin ! .. Le répertoire de Molière, de Marivaux et de
Beaumarchais n'avait pas de plus solide soutien que Baillet
élève favori de Bressant. Il était Valère de *Tartuffe*, Clitandre des *Femmes savantes*, Philinte du *Misanthrope*, Dorante
du *Jeu de l'amour et du hasard* ; il était aussi Almaviva du
Barbier (ce fut son rôle de prédilection) ; il était même
don Sanche du *Cid*.

Comédien adroit, cavalier élégant, gardant toujours la
note juste, possédant au plus haut point cette tradition que
nos jeunes débutants ont le grand tort de confondre avec
la routine, il était constamment sur la brèche et ses succès
dans le répertoire ne lui interdisaient pas de fort heureuses

incursions dans la comédie moderne. Dumas lui avait confié le rôle le plus difficile de *Denise* ; Augier lui avait distribué Vernouillet lors de la reprise des *Effrontés* ; Victorien Sardou l'avait réclamé pour *Daniel Rochat*, Pailleron pour *le Monde où l'on s'ennuie* où il succéda à Delaunay, Gondinet pour *le Parisien* et, Coquelin parti, il reprit don César de *Ruy Blas* et *la Mégère apprivoisée*, s'acquittant excellemment de toutes ces tâches.

Le titre de sociétaire avait été depuis longtemps accordé à Baillet qui, l'an dernier encore, affirmait la souplesse de son talent en interprétant, aux applaudissements de tous, le rôle du marquis d'Auberive du *Fils de Giboyer*. Et voici qu'au moment même où il montrait qu'il pouvait changer d'emploi et s'acheminer vers les « pères nobles » et les « raisonneurs », nous apprenons sa retraite...

Je me garderai bien de juger le fait, mais j'avais à cœur de rendre hommage à un artiste charmant, à un camarade fidèle, au plus aimable de nos chevreuillets.

(12 août 1907.)

Photo Reutlinger

MARIE LECONTE

MARIE LECONTE

Il n'a pas suffi à MM. G.-A. de Caillavet et Robert de Flers
de nous donner, avec l'*Amour veille* (1), une charmante comédie que Pailleron n'eût pas désavouée : ils ont fait mieux et,
suivant jusqu'au bout l'exemple de leur illustre devancier,
ils ont ajusté leurs personnages à la manière de chaque
interprète. Jamais M. Georges Berr, qui est un si parfait
comédien de répertoire, ne trouva un rôle moderne s'adaptant aussi complètement à son talent ; jamais M. Coquelin
cadet ne modernisa avec plus de malicieuse finesse l'abbé
de *Il ne faut jurer de rien* ; jamais Mme Pierson ne nous
sembla plus avenante que dans ce personnage de la marquise de Juvigny, très proche parente de celui de la duchesse de Reville du *Monde où l'on s'ennuie*.

Comme Pailleron également, MM. G.-A. de Caillavet et
Robert de Flers ont réservé à leur principale interprète un
rôle unique, incomparable, dont tous les *effets* sont certains, un rôle de pièce, grâce auquel « la petite Leconte »
est maintenant une comédienne de premier plan, une *étoile*,
une de ces artistes qui, au Gymnase, au Vaudeville ou aux

(1) Mlle Marie Leconte vient, on le sait, de remporter un nouveau
succès dans *Primerose* des mêmes auteurs.

Variétés, se chargent d'assurer chaque soir le *maximum* et que nos directeurs couvrent d'or. Avec elle heureusement, aucune crainte à avoir : elle aime bien trop la Comédie-Française pour jamais la quitter et puisque MM. G.-A. de Caillavet et Robert de Flers nous en donnent aujourd'hui l'occasion, voyons comment la petite Leconte est devenue grande...

*
* *

Je vous ai autrefois conté ses débuts à Contrexéville. Sous la direction avisée de M. et Mme Aurèle, elle passa en revue tous les emplois : les ingénues, les amoureuses, les jeunes premières, les soubrettes ; elle alla de *Denise* au *Flibustier* et du *Flibustier* à *François le Champi*. Nous l'avions entrevue à Paris, à la Porte-Saint-Martin et au Château-d'Eau : elle y avait joué avec un vif succès *les Deux Orphelines*. Malheureusement, elle attendait les créations et les créations ne venaient pas ; elle se lamentait et perdait courage lorsque Mme Weber lui proposa de partir en tournée : elle accepta, et aux côtés de sa grande camarade elle joua Aricie de *Phèdre* et Julie des *Horaces*. En débitant chaque soir du Corneille et du Racine, elle se consolait d'avoir été refusée au Conservatoire.

En réalité, cette tournée était le plus utile des Conservatoires. Daubray, notre bon Daubray qui n'eut pas été déplacé chez Molière — quel marquis de la Seiglière et quel baron de *On ne badine pas avec l'amour* il eut été ! — ne manquait pas de rappeler qu'il avait, lors de ses débuts, interprété Narcisse de *Britannicus* et il avait bien soin d'ajouter que tout comédien devrait d'abord « tâter du répertoire »... Beaucoup d'autres artistes en ont tâté : les Febvre et

les Delmas ont fait leur apprentissage sur les scènes de faubourgs, à Batignolles et à Montmartre, et il est fort probable que la « petite Leconte », elle aussi, garde un doux
souvenir de ses essais de tragédienne. En jouant Aricie et
Julie elle apprit, merveilleusement guidée par Mme Weber,
ce que c'est que l'art de dire et elle se rendit compte de ce que
l'on entend par le style...

Cet apprentissage terminé, la « petite Leconte » revint à
Paris. En même temps qu'Alfred Capus présentait au Vaudeville son premier ouvrage dramatique, l'exquis *Brignol et
sa fille*, elle abordait son premier grand rôle de comédie :
celui de Mlle Brignol. Elle fut ensuite, au Gymnase et au
Vaudeville, de toutes les pièces : on la trouvait adroite, charmante, originale, on lui prédisait les plus hautes destinées...
Seulement, le « rôle de pièce » n'arrivait toujours pas... Ce
fut alors que M. Jules Claretie la distingua et l'engagea.

Pensionnaire de la Comédie-Française ! Il s'agissait de
réduire au silence les mécontents qui insinuaient que « la
petite Leconte » ne serait jamais qu'une comédienne de
genre. Il s'agissait surtout de se souvenir qu'on avait été
Julie d'*Horace* et Aricie de *Phèdre*, et de prouver qu'on possédait tous les secrets du répertoire. Ici encore, que de luttes
jusqu'au sociétariat, jusqu'au modeste « quart de part ! »

« La petite Leconte » joua tour à tour Henriette des
Femmes Savantes, Chérubin du *Mariage de Figaro*, Rosine
du *Barbier* et y fit preuve du talent le plus fin : même après
l'incomparable Blanche Barretta, elle nous donna une adorable Rosine : mignonne, éveillée, douce, tendre, accorte,
agaçant l'appétit, elle était bien l'héroïne de Beaumarchais.
Enhardie par ces succès, elle joua *les Précieuses*, *les Trois
Sultanes*, *les Folies amoureuses*, *le Jeu de l'amour et du
hasard*. Incontestablement, elle était « de la Maison », ce

qui constitue le titre suprême et lui valut le sociétariat. Entre temps, on lui avait confié le rôle de Mimi de la *Vie de Bohème*, et on eût juré, rien qu'à la voir, qu'elle sortait de la petite chambrette et se préparait à courir les bois et à fredonner la jolie chanson de sa camarade Musette. Hélas ! la *Vie de Bohème* disparut du répertoire et n'y rentra plus... Marie Leconte avait créé supérieurement un des principaux rôles du *Dédale*, le superbe drame de M. Paul Hervieu ; elle s'était dans *Paraître*, la jolie comédie de M. Maurice Donnay, fort bien tirée d'une tâche délicate : enfin — j'oubliais de vous le dire ! — elle avait été exquise sous les traits de la sous-préfète du *Monde où l'on s'ennuie*, et l'an dernier — comme si elle se doutait qu'elle allait créer *l'Amour veille !* — elle avait interprété Suzanne de Villiers... Elle s'y montra ravissante d'entrain et de gaminerie, apportant au personnage de Pailleron cette petite note d'attendrissement discret qui plaît tant au public et qui donne au plus ingénieux vaudeville l'apparence d'une comédie de caractères.

Elle avait donc, comme vous voyez, remporté toutes les victoires : ici dans le répertoire classique, là dans la comédie moderne... Et pourtant, malgré tant de succès, elle attendait encore le rôle décisif, celui qu'elle espérait depuis son entrée à la Comédie. Elle se disait qu'elle était toujours la « petite Leconte » et qu'elle resterait la « petite Leconte... » Elle allait, il y a deux ans, toucher au but : elle le croyait du moins. Il était question d'annexer au répertoire *la Petite Marquise*, et M. Ludovic Halévy l'avait choisie pour interprète...

La Petite Marquise à la Comédie-Française ! On se heurta immédiatement à des difficultés d'interprétation. Les figures de José Dupuis, de Baron et de Mme Céline Chaumont étaient là, redoutables. Les personnages de ce théâtre tout en se moquant d'eux-mêmes, sont si humains et sous leur ironie capricieuse et leur fantaisie étincelante, ils cachent tant de tendresse et de sensibilité ! M. Halévy connaissait à peine « la petite Leconte » : il fut émerveillé de découvrir chez elle une intelligence aussi prompte et une telle compréhension du mouvement scénique. On répéta quelques jours, puis on abandonna sans raison le projet et « la petite Leconte » dut renoncer à ce joli rêve...

Voyez tout de même comme l'indolent Julien Bréard de *la Veine* d'Alfred Capus a raison d'affirmer que tout être, homme ou femme, a dans la vie une heure de chance, une heure où les autres travaillent à sa place et où les fruits viennent se mettre à la portée de sa main !... Cette heure de chance, pour notre « petite Leconte », sonna juste au moment où elle s'y attendait le moins. Un soir de tournée buissonnière, elle jouait la gracieuse Miquette, la *Miquette et sa mère* de nos amis Robert de Flers et G. de Caillavet, et elle la joua si bien que les auteurs, enchantés, lui jurèrent de lui faire un rôle, un grand rôle, un rôle de pièce. Le serment fut tenu, et Miquette rendra cette justice à ses auteurs qu'elle n'a pas perdu pour attendre...

*
* *

Puisse l'histoire de cette délicieuse artiste, une des premières d'aujourd'hui, être méditée par nos jeunes comédiennes ! La triomphante Jacqueline de *l'Amour veille* est arrivée, à force d'énergie et d'intelligence, à conquérir auprès du public la place que nous lui assignions, nous, depuis quelques années... Mais il n'en faut pas douter : si elle joue de façon supérieure les rôles modernes précités, c'est parce qu'elle est, certains soirs, l'interprète parfaite de

Molière, de Marivaux, de Regnard et de Beaumarchais, c'est parce qu'elle s'est rompue aux exigences du répertoire classique. Quand on le voudra, Mlle Marie Leconte sera Froufrou...

Est-il, en effet, une comédienne, qui soit, mieux qu'elle, capable de faire vivre à la scène cette créature fragile et mystérieuse, attirante et vraie ?... Marie Leconte — je n'ose plus dire la petite Leconte ! — sera tout cela. C'est une « amoureuse » : c'est également une « soubrette » : elle sera aussi une « jeune première ». Les rôles de Blanche Barretta et ceux de Jeanne Samary lui appartiennent.

(7 octobre 1907).

Julia BARTET

UNE JURÉE AU CONSERVATOIRE

Vous ai-je raconté comment se passent les examens
d'entrée au Conservatoire? Notre très cher maître et ami,
M. Gabriel Fauré, accomplit, aimable et souriant, une tâche
formidable, surhumaine... Tous les jours que Dieu fait, —
et il en fait, le bougre ! ajoutait l'exquis et irrévérencieux
Alphonse Allais — le directeur de notre École de musique
et de déclamation s'installe à sa table, dès neuf heures du
matin, et entend quatre fois par an et durant plusieurs
semaines tous les Espoirs, hommes et femmes, de la
comédie et du chant, du piano et du solfège, de la flûte et
du violon. Il a autour de lui son fidèle lieutenant Fernand
Bourgeat et une douzaine de braves gens qui constituent le
jury.

J'ai, pour ma part, l'honneur d'appartenir à plusieurs de
ces aréopages et je ne sais pas, je l'avoue, d'honneur plus
redoutable. Quoi, en effet, de plus difficile, que de décider,
par un oui ou par un non, de l'avenir de tel ou tel candidat? Pensez que la malheureuse jeune fille, qui se présente
devant ce grave jury, tremble de peur! Pensez que, depuis
de longues années, elle apprend en cachette la terrible scène
d'examen !.., Elle va, la pauvre, sur cette seule scène, jouer
toute sa vie, et elle espère bien que la réception au Conser-

vatoire, École de l'État, lui vaudra le pardon de toute sa famille !... Si elle est reçue, c'est le salut ; si, au contraire, elle est refusée, que deviendra-t-elle ? Quittera-t-elle la maison paternelle ? Passera-t-elle une « audition » dans un théâtre quelconque qui la recueillera et l'aidera à gagner sa vie ? Que de déceptions, que de luttes, que de tristesses qu'on ne soupçonne pas ! Et chaque année, le nombre des candidates augmente, et toutes s'imaginent qu'elles ont les plus beaux dons du monde, et toutes veulent être Bartet, Rose Caron, Sarah Bernhardt, Litvinne, Bréval, Réjane, Hading ou Granier, et qui les blâmerait de nourrir de pareilles ambitions ?

La conscience des bons jurés est donc soumise à d'assez rudes épreuves, et leur indulgence n'est peut-être pas aussi haïssable qu'on le prétend. Des exemples assez concluants ne sont-ils pas là et n'avons-nous pas des comédiennes de tout premier ordre, Mlles Marie Leconte et Yahne par exemple, auxquelles nos anciens, vraiment trop sévères, refusèrent l'entrée du Conservatoire ? Les bons jurés d'aujourd'hui, redoutant de telles erreurs, sont bien forcés, avant de jeter dans l'urne le « non » impitoyable, de procéder à un scrupuleux examen de conscience.

M. Gabriel Fauré, à qui nous devons tant d'heureuses réformes, a voulu que Mme Bartet, comme M. Mounet-Sully, l'illustre doyen de la Comédie-Française, eût sa place au jury. Il rend ainsi à une artiste incomparable, et en même temps à notre premier théâtre, le plus mérité des hommages. Oserai-je aujourd'hui vous parler de la « jurée », ma voisine ?

* *

M. Georges Claretie, dans un fort joli article, a montré qu'incarnant toutes les grâces, Mme Bartet reste avant tout une Française à la manière de Racine ou de Musset : il a rappelé qu'il y a quelques années, quand elle se rendit à Londres, elle enchanta tout un public par la sobriété et la simplicité de son jeu. Il insistait judicieusement sur ce que Mme Bartet n'est pas la femme d'un rôle unique et qu'elle joue tout admirablement, le grand répertoire et la comédie moderne. J'ajouterai qu'elle apporte aux figures de Bérénice, d'Iphigénie, d'Andromaque, d'Armande, de Sylvia, une chasteté et une tendresse, une noblesse et une élégance qui en augmentent encore le charme et qui rehaussent ces immortelles héroïnes de Racine, de Molière et de Marivaux.

J'aimerais pourtant que « ma voisine » ne passât point pour une impénitente Racinienne; je voudrais qu'on rendît à cette épithète « la divine » sa signification réelle. Ce fut, si j'ai bonne mémoire, le lendemain de la remise à la scène de *Bérénice* que Sarcey employa ce mot. Il remerciait l'interprète d'idéaliser Racine : après tant de triomphes dans la comédie moderne elle revenait au répertoire classique. *Bérénice*, grâce à cette exécution vraiment merveilleuse, réalisa alors dix, quinze, vingt fois de suite, le grand *maximum* et les plus chères théories de l'Oncle se trouvaient ainsi de tous points justifiées.

— Racinienne tant qu'on voudra, Racinienne et divine, d'accord ! s'écriait un soir dans le *guignol* Dumas, pendant qu'on jouait *l'Ami des femmes* .... Mais écoutez-la !... Sincère, ardente et surtout humaine, profondément humaine... Nous l'avons prêtée à Molière, à Racine et à Marivaux... Qu'ils nous la rendent !...

Impossible de marquer en termes aussi décisifs les diverses faces de ce talent, tantôt si délicat, tantôt si vibrant, et dont le procédé même est insaisissable. Car on n'imite pas Mme Bartet, on ne la copie pas : son jeu et sa diction sont d'une poésie extrême, sans cesser un instant d'être vrais et personnels, et c'est là encore ce qui la singularise et la grandit. Mais ce qu'on ne saurait trop répéter, c'est que, mieux et plus qu'aucune autre, elle possède ce Style impeccable qu'on n'acquiert qu'à l'École de la rue du Faubourg-Poissonnière et dont il faut bien reconnaître qu'on n'apprécie les bienfaits que lorsqu'on en est sorti.

*
* *

Mme Bartet revient aujourd'hui au Conservatoire. Elle est maintenant « de l'autre côté de la table », et elle n'en montre que plus d'indulgence et de bonté... La petite salle est toujours la même, basse, incommode, triste : seulement — et c'est bien là son excuse ! — cette salle est pleine de gentils souvenirs... Ma voisine se revoit devant le jury : elle balbutie une scène de *Bajazet* : Mme Provost-Ponsin lui a donné toutes les « traditions » du rôle, et ce n'est pas sa faute si Atalide, à la seule vue des douze augures qui la lorgnent sévèrement, perd courage... A peine a-t-elle débité, d'une voix jolie mais éteinte, quatre malheureux alexandrins, que la sonnette directoriale l'invite à se retirer... Elle est sur le seuil de la porte... Elle s'imagine qu'elle a déplu au jury.. Elle ne sait plus que devenir et, voulant à tout prix prendre sa revanche, elle balbutie timidement :

— Si vous y consentez, Messieurs, je pourrais encore vous dire une scène de comédie : *Le Barbier de Séville !...*

Mlle Regnault — aujourd'hui Julia Bartet — récite quelques lignes de Beaumarchais, et la sonnette retentit de nouveau. Hélas ! plus de doute possible... La petite Regnault a compris : elle ne sera pas admise... Par bonheur, une élève, qui l'a écoutée à travers la porte, la rassure et lui affirme qu'elle sera reçue... Si c'était vrai !... Et devinez quelle est cette bonne Fée qui écoutait dans la coulisse ? La gracieuse Blanche Barretta qui, quelques années plus tard, retrouvera la jeune Rosine à la Comédie-Française...

On appelle les noms... La bonne Fée a deviné juste. Reçue ! Mlle Regnault entre dans la classe du grand comédien Régnier : ses camarades la surnomment « la tragédienne », et pourtant « la tragédienne » n'obtient aucune récompense au concours de tragédie, quoiqu'elle ait bien dit une scène d'*Iphigénie.* Le jury, en revanche, trouve que son interprétation de l'*École des maris* lui vaut un modeste accessit de comédie, et ce sont trois élèves de seconde année, Blanche Barretta, Maria Legault et Anna Blanc, qui se partagent le second prix... Régnier a pris en affection la petite Julia ; il lui prédit le plus brillant avenir : il lui conseille de rester à l'École et d'attendre, l'année suivante, le premier prix qui lui ouvrira les portes de la Comédie-Française... Mais elle n'est pas riche la petite Julia et il faut vivre ! On lui propose un engagement au Vaudeville et elle est bien obligée de l'accepter...

Et voilà l'histoire très simple, si souvent travestie par la légende, des débuts de Julia Regnault, aujourd'hui Julia Bartet.

(18 novembre 1907).

NOS GRANDS COMÉDIENS

M. Alfred Capus, dont la nouvelle comédie, *les Deux Hommes*, vient de remporter un brillant succès, indiquait l'autre jour devant moi à M. de Féraudy pourquoi il avait préféré un dénouement logique à la conclusion facile qui autrefois l'eut pleinement satisfait... L'interprète de Champlin, en quelques mots d'une précision merveilleuse, expliquait, à son tour, comment, depuis un quart de siècle, une évolution d'autant plus certaine qu'elle a été lente, s'est opérée chez le dramaturge, chez l'exécutant et chez le spectateur : il insistait sur la part que plusieurs comédiens prirent à cette transformation du théâtre et il citait en première ligne trois noms : Got, Worms, Antoine (M. Guitry n'est venu que plus tard).

Il est, en effet, incontestable que ce sont là les trois hommes, les trois acteurs — et vous entendez bien la signification particulière que je donne ici au mot *acteur* — qui ont le plus largement et le plus directement contribué à cette marche en avant : Got et Worms, par l'extrême souci de vérité qu'ils apportèrent à la composition et au développement de leurs personnages : Antoine, par la perfection qu'il atteignit dans l'ajustement du costume, dans l'ordonnance du

De FÉRAUDY

décor, dans le groupement des masses naguère inertes, maintenant agissantes, bref dans la complète harmonie de la mise en scène d'un ouvrage de théâtre.

Certes ces trois acteurs possèdent des disciples dignes d'eux, mais il n'en faut pas douter : MM. Got, Worms et Antoine ont provoqué ce mouvement ; c'est à eux qu'en revient l'honneur : les autres ont imité, mais ils n'ont rien inventé.

M. de Féraudy, précisément, appartient à cette nouvelle école. Est-ce à dire qu'il soit à la Comédie-Française le seul à poursuivre ces heureuses traditions? Non! La Comédie, quoique prétendent ceux qui ne la connaissent pas, s'intéresse à ce mouvement : la magnifique interprétation d'une œuvre aussi moderne que *les Deux Hommes* atteste que notre premier théâtre ne se préoccupe pas uniquement des « batailles de douzièmes ».

Au temps bien éloigné où je faisais mes premiers articles de théâtre, je me souviens qu'on répétait sur tous les tons que Got, Worms, Delaunay, Coquelin, Febvre, Thiron, Mounet-Sully, Barré, qui étaient les grands du jour, ne seraient jamais remplacés. Lorsque nous prononcions les noms alors inconnus, aujourd'hui célèbres, de MM. Silvain, de Féraudy, Le Bargy, Leloir, Albert Lambert, Paul Mounet, Raphaël Duflos, Truffier et celui du débutant Georges Berr, lorsque nous vantions tous ces talents naissants, lorsque nous proclamions que M. Jules Claretie, récemment nommé administrateur général du théâtre, avait raison d'assurer de fortes réserves pour l'avenir, nos irréductibles anciens nous lançaient le sévère : « Ah! si vous aviez vu Samson, Provost, Regnier et Bressant !... »

Considérez pourtant comme le Temps se charge de tout mettre en place! Les Samson, les Régnier, les Provost, les

Bressant, les Monrose ont été remplacés par les Got, les Delaunay, les Worms, les Febvre, les Thiron, les Barré ; MM. Mounet-Sully et Coquelin (1) sont là fidèles au poste et triomphent, départageant l'ancienne école et la nouvelle, et dans vingt ans, une autre Comédie-Française, qui se forme, sera là toute prête à succéder à celle d'aujourd'hui... Ayons donc le courage de reconnaître qu'à mesure que nous avançons dans la vie, le souvenir et le regret ne font plus qu'un !...

*
* *

L'exemple de M. de Féraudy est à ce point de vue extrêmement probant. Je lisais ces jours-ci que le rôle des *Deux Hommes* est le cent trente-neuvième — le 139ᵉ ! — joué par M. de Féraudy... 139 rôles classiques et modernes : ce chiffre est stupéfiant : il est exact pourtant : l'artiste lui-même m'a communiqué un petit agenda qui contient la liste de ces 139 rôles... Sur chaque page de cet agenda, trois colonnes : la première indiquant le rôle et la pièce, la seconde la date de la représentation, la troisième portant le mot « création » ou bien, s'il s'agit d'une œuvre classique, le nom de l'artiste qui l'a jouée le dernier.

La lecture de cet opuscule comporte du reste bien des enseignements.

193 rôles en vingt-huit ans de théâtre ! 139 rôles parmi lesquels les uns, les modernes, joués cent et deux cents fois, et les autres, les classiques, repris suivant les circonstances, soit à l'occasion d'un début ou d'un anniversaire, soit pour rendre service à la Maison ou à un camarade. Quel est le

____

(1) Constant Coquelin et son frère Coquelin cadet sont morts au commencement de l'année 1909, alors que cet article parut dans le *Figaro* du 3 février 1908.

comédien — je pose de nouveau la question ! — appartenant
à un théâtre de genre, qui pourrait, comme M. de Féraudy,
remplir en une seule semaine jusqu'à huit et dix rôles
différents ?

Plus je feuilletais cet instructif agenda, mieux je me
rendais compte de la somme vraiment prodigieuse de travail
qu'accomplit un artiste de la Comédie-Française dévoué à
son théâtre.

On prétend que les grands comédiens de l'heure présente
— et M. de Féraudy est de ceux-ci — furent exonérés des
« corvées » et eurent des débuts moins durs que leurs devanciers. Il convient pourtant de nous souvenir que M. Leloir,
après avoir fait au Troisième Théâtre français de Ballande
un long apprentissage, fut, durant de longues années,
condamné aux *pannes*, tandis que M. Le Bargy, hésitant et
découragé, se demandait, entre deux consolantes parties de
dominos (j'étais un des joueurs constamment rappelés à
l'ordre par notre regretté maître et ami Falguière), s'il
n'abandonnerait pas la carrière théâtrale qu'il jugeait
pleine de déceptions. M. de Féraudy lui-même ne dut-il pas,
à l'exemple de ses camarades, marquer le pas jusqu'au départ de ses chefs d'emploi : Got, Coquelin aîné, Thiron ?
Qu'importent les congés et les fugues, si amèrement
reprochés aujourd'hui, quand on considère cette liste de
rôles joués par M. de Féraudy en ces vingt-huit années de
succès ininterrompus ?... Qui donc croirait que ce maître
comédien attendit sept années le sociétariat et que la fameuse « part entière » ne lui fut octroyée qu'après quinze
années de Comédie-Française !... J'ai connu les artistes
du Comité d'autrefois et je vous assure que la lutte des
douzièmes était plus âpre encore il y a vingt ans qu'à
l'heure présente...

Le reproche qu'on adresse aux grands comédiens à propos du répertoire classique qu'ils négligent est plus juste et sous ce rapport l'agenda de M. de Féraudy n'est pas moins instructif. On y constate d'abord qu'il a joué tout le répertoire : Vadius, Trissotin, Figaro, l'Intimé, Maître Jacques, Bridoison, Sosie, Mercure, Cliton et Gros-René : ensuite qu'il interpréta quatre Sganarelles, celui du *Médecin malgré lui*, celui du *Cocu imaginaire* qui, en 1880, lui valut son premier prix de comédie, celui du *Médecin volant*, celui de *l'École des maris* : on remarque enfin qu'il a été Crispin du *Légataire*, Orgon des *Jeux de l'Amour*, ce qui ne l'empêcha pas, lors de ses débuts, quand on remit à la scène *l'Impromptu de Versailles*, de paraître sous les traits du « quatrième nécessaire » et de figurer en Grippe-Soleil du *Mariage de Figaro*. Et je passe sous silence l'alcade de *Ruy Blas* et Clément Marot du *Roi s'amuse* et j'oublie que, pendant une demi-douzaine d'années, il joua des *pannes*, aux côtés des sociétaires à part entière d'alors, qui n'étaient pas plus disposés que ceux d'aujourd'hui à céder leur tour...

Enfin ce qui ressort de cette édifiante lecture, c'est que M. de Féraudy a été, jusqu'au jour où la comédie moderne l'a complètement accaparé, un des plus solides soutiens du répertoire classique. J'ajoute que volontiers il reconnaît que s'il « évolue » aussi librement dans la comédie moderne, c'est par la seule raison qu'il a épelé ses lettres et appris ses gammes : il ne nie aucunement les bienfaits de notre École de déclamation, et les succès que lui procurent (je transcris les noms de la première colonne de l'agenda). Dumas, Augier, Sardou, Meilhac, Halévy, Henry Becque, Octave Feuillet, Pailleron, Octave Mirbeau, Alfred Capus, Marcel Prévost, Maurice Donnay, Edmond Rostand, Henri Lavedan, Brieux, Fernand Vandérem, Jean Richepin,

Alexandre Bisson, Paul Ferrier, Francis de Croisset, Gustave Guiches, d'autres encore, ces succès-là ne lui font pas oublier Molière... Il a déjà, là-bas bien loin, joué Harpagon ; demain il sera M. Jourdain... Je regrette seulement, et je ne suis pas le seul à exprimer ce regret, qu'il nous prive, quant à présent, de la joie de l'applaudir dans des rôles qu'il semble réserver pour ses voyages. Les personnages du répertoire ne sont pas le privilège de tel ou tel artiste : ils n'appartiennent à personne ; nos grands comédiens ont toujours tenu à honneur de s'y essayer et M. de Féraudy est l'artiste qui, par la nature et la souplesse de son talent, abordera les rôles les plus variés et passera le plus aisément du répertoire classique à la comédie moderne.

Classique et moderne ne l'est pas qui veut. Combien d'artistes n'ont pu parvenir, malgré leur talent et leur persévérance, à combiner les deux genres ! Un comédien est tantôt classique, tantôt moderne : il est rarement l'un et l'autre... Delaunay, idéal Perdican et délicieux Acaste, ne se sentait pas à l'aise, il l'avouait lui-même, sous la redingote ; le parfait professeur de M. de Féraudy, Got, fut, au contraire, avant tout un comédien moderne : les grands valets du répertoire lui convenaient moins que les types d'Émile Augier, Poirier, Giboyer, Maître Guérin, et je ne vois guère dans le répertoire que les rôles de Sganarelle du *Médecin* et de Cliton du *Menteur* qui permirent à l'illustre doyen de déployer son étourdissante fantaisie... Ni Figaro ni Gros-René n'étaient son affaire, non plus qu'Harpagon et Tartuffe qu'il aborda vers la fin de sa carrière.

*
* *

Le chemin parcouru depuis septembre 1880 par M. de Féraudy est, en somme, très beau, très uni et les comédiens, qui possèdent de tels états de services, se font rares... Septembre 1880... M. de Féraudy jouait Sosie d'*Amphitryon* et ce fut en 1882, deux années après ce début, que Perrin lui confiait sa première création... La Comédie montait alors les superbes *Corbeaux* de Becque : l'interprétation était confiée à Mmes Reichenberg, Barretta, Pauline Granger, MM. Febvre, Barré, Thiron, Coquelin cadet : un tout petit rôle n'avait pas de titulaire : on le distribua au jeune de Féraudy... Mais le malheur voulut que la seule scène importante de ce tout petit rôle fût supprimée et vous pensez si le débutant était navré... Becque — Becque autour duquel tant de fausses et misérables légendes se sont bâties ! — devait une revanche à son interprète : il lui donna celui de du Mesnil de *la Parisienne* : le succès fut complet et Becque de s'écrier :

— Si jamais je reviens à la Comédie, mon cher Féraudy, je vous promets que nous travaillerons de nouveau ensemble...

Le brillant interprète d'Henry Becque ne pouvait manquer d'être celui de M. Octave Mirbeau. Le talent, la manière, la façon de voir de ces deux grands écrivains ont tant de ressemblance !... Il était donc tout naturel que Lechat de M. Mirbeau fût pour M. de Féraudy un rôle décisif...

20 avril 1903... C'est la date de la première représentation des *Affaires sont les affaires* à la Comédie-Française. Il faudra que M. de Féraudy réserve, dans la troisième colonne de son petit agenda théâtral, une place spéciale à cette œuvre... C'est bien ce jour-là, en effet, que le pas a été franchi et que M. de Féraudy devint définitivement un grand comédien.

(3 février 1908).

Frédéric FEBVRE

LA JEUNE COMÉDIE-FRANÇAISE

A mon ami Frédéric Febvre.

L'ex-vice-doyen de la Comédie-Française, mon ami Frédéric Febvre, nous donne dans le *Gaulois* d'intéressants souvenirs de théâtre : il raconte, à propos de la célébration annuelle de la naissance de Victor Hugo que, lors de la première reprise de *Marion Delorme*, il dut renoncer à interpréter le rôle de Louis XIII, confié par Perrin à Bressant, pour jouer celui de Laffemas ; il rappelle qu'en 1882, quand on remit à la scène *le Roi s'amuse*, il éprouva un plaisir extrême à composer le personnage de Saltabadil et reçut, le lendemain de la première, une exquise lettre, signée Régnier, aussi flatteuse pour Saltabadil que pour sa galante sœur Maguelone, dessinée d'un trait si fin par la pauvre Jeanne Samary ; il cite enfin la distribution de *Ruy Blas* qui, en 1879, réunissait les noms de Coquelin, de Mounet-Sully, de Mmes Sarah Bernhardt, Blanche Barretta, Jouassain et de Febvre lui-même, magnifique don Salluste...

— Quant à vous, s'écriait Victor Hugo s'adressant au marquis Salluste, vous avez eu un engouffrement sublime !...

« L'engouffrement », c'était le jeu de scène, classique aujourd'hui, qu'emploie au cinquième acte don Salluste, au moment où Ruy Blas transperce d'un formidable coup d'épée la tenture derrière laquelle il va s'abriter. Febvre avait eu là une de ces trouvailles de metteur en scène qui lui étaient familières. N'était-ce pas encore lui qui, quelques années après cette reprise de *Ruy Blas* — M. Jules Claretie a fort joliment narré le fait — inventa le fameux « Eugène ! » de *Francillon* ? N'était-ce pas lui enfin qui, entre la répétition générale et la première représentation de *Mariage blanc*, transforma si prestement l'ouvrage que M. Jules Lemaître écrivait le lendemain, en son feuilleton des *Débats* : « Un metteur en scène aussi fertile en inventions, aussi pittoresque, aussi parfait que M. Febvre, devient le collaborateur de l'écrivain. »

Toutes les anecdotes contées par Febvre ont ceci de particulier qu'elles sont merveilleusement adaptées à l'optique théâtrale. De temps à autre, l'ex-vice-doyen jette un regret attendri vers le passé et célèbre la troupe dont il a été une des gloires... Ici, il murmure mélancoliquement : « Quels exemples pour les débutants d'aujourd'hui ! » ; là, il reprend, plein de résignation : « En ces temps lointains, l'intérêt particulier s'effaçait devant l'intérêt général. »

Permettez-moi, mon cher Febvre, de vous présenter ici quelques remarques... J'ai eu assez souvent l'occasion de vanter la troupe d'autrefois pour vous dire aujourd'hui, en toute franchise, le bien que je pense de celle qui est en train de se préparer à la lutte. A parler net, je crois fermement que cette jeune Comédie n'est nullement inférieure à celle qui l'a précédée. On ne saurait trop le répéter : c'est le grand honneur de M. Jules Claretie de comprendre admirablement le rôle qui incombe à un administrateur. Administrer, ce n'est pas seulement diriger, c'est surtout prévoir et je vous demande si le prédécesseur de M. Jules Claretie prévoyait véritablement lorsqu'il con-

fiait tous les rôles aux mêmes artistes, aux « parts entières » ?
Vous nous rappelez vous-même, mon cher Febvre, qu'autrefois, malgré votre désir de jouer Louis XIII, vous avez
dû vous incliner devant Bressant, votre chef de file.... L'intérêt particulier, suivant votre fort judicieuse expression,
s'effaçait alors devant l'intérêt général et Perrin trouvait
ainsi, réunis sur son affiche, les noms aimés de ses parts
entières...

Vous professez une vénération — cela est bien naturel ! —
pour le directeur éminent à qui vous devez tant de beaux
succès, mais vous êtes trop avisé pour ne pas reconnaître que son administration présentait de sérieux dangers... Relisez les articles hebdomadaires de Sarcey qui
fut jusqu'à son dernier jour le plus éloquent et le plus
utile avocat de votre théâtre ! relisez les étincelantes chroniques que signa Fouquier, tantôt sous son nom, tantôt sous
celui de Nestor, parfois sous celui de Colombine ! Relisez
cette retentissante préface que plaça en 1881 le même
Henry Fouquier en tête du septième volume des si intéressantes *Annales du Théâtre et de la Musique !* Le réquisitoire est implacable : « La Comédie de 1881, écrivait Fouquier, et c'est le grand reproche qu'on doit lui adresser,
ne forme plus guère de comédiens. Elle est imprudente
en cela et manque à son but. Car, en vérité, si la loi donne
à la Comédie le droit, sanctionné par la justice, d'appeler à
elle les élèves primés du Conservatoire, ce n'est pas pour
que, pourvus d'une maigre pension, ils errent inutiles,
comme des ombres plaintives et désolées, dans les coulisses
et le foyer ! Beaucoup d'employés, travaillant peu et mal
rétribués, est, dit-on, une formule administrative ; peu
d'employés, travaillant beaucoup et bien payés, est la formule
du commerce et de l'industrie. C'est la bonne. »

Nous avons oublié toutes ces querelles et nous ne nous souvenons plus que du merveilleux metteur en scène qu'était Perrin... La remarque que M. Henri Rochefort présentait récemment en une charmante chronique est d'une infinie justesse : il semble que la vie, à mesure qu'elle avance, soit coupée en deux parties et que la première soit placée sous une autre planète !...

Plus ça va, avouons-le, plus c'est la même chose... J'indiquais l'autre jour, preuves c'est-à-dire rôles à l'appui, que, quoi qu'on pût raconter, les Féraudy, les Silvain, les Le Bargy, les Leloir, les Lambert. les Berr, jouèrent d'abord, comme vous et vos camarades, nombre de *pannes*, et ce n'est pas vous — vous qui avez vu naître, grandir et avez élu sociétaires tous ces comédiens ! — qui prétendrez le contraire ! Vous ne nierez pas que M. Leloir, par exemple, dut, pendant de très longues années, marquer le pas et eut beaucoup de mal à vaincre les résistances du redoutable feuilletoniste du *Temps*, historiographe de la Maison... Et je me souviens, moi, qu'en 1885, tandis que Got, Worms, Delaunay, Coquelin, Mounet-Sully, Thiron, Barré, — le cher Barré à qui vous refusiez la part entière ! — formaient avec vous, mon cher ami, la tête de troupe, on ne cessait de nous répéter : « Quel dommage que vous n'ayez pas applaudi Samson, Bressant, Régnier, Provost, Favart, Émilie Dubois !... Samson jouant le marquis de La Seiglière aux côtés de Régnier jouant Destournelles !... Provost jouant Van Buck d'*Il ne faut jurer de rien !* Régnier et Emilie Dubois, *la Joie fait peur !* Favart, *Paul Forestier* d'Augier et *les Faux Ménages* de Pailleron !... Bressant, le marquis de Presles et Almaviva ! » On nous vantait également à cette époque les exploits de Leroux, Leroux qui interpréta le *Joueur* comme pas un, paraît-il. Et je suis convaincu que, le

jour où vous-même avez abordé le rôle de Tartuffe, on vous
rappela, à vous aussi, Leroux, le grand, l'inimitable Leroux !... La vérité est que le temps aidant (le temps amé-
liore extraordinairement les choses et les gens de théâtre !)
ce bon comédien a fini par passer pour un maître...

Faut-il vous dire que moi aussi aujourd'hui, je reprends
la formule et m'écrie : « Vous n'avez pas vu Got, Worms,
Delaunay, Thiron, Barré, Febvre, Madeleine Brohan, Dinah
Félix, Suzanne Reichenberg, Blanche Barretta, Jeanne Samary ! » Et ce sera ainsi tant que la Comédie-Française
existera, autrement dit toujours. Car je suis, ici encore,
de l'avis de nos anciens, traditionnalistes impénitents : la
Comédie est un théâtre unique au monde, et c'est parce
qu'elle est ce théâtre unique au monde, que nous devons
la défendre constamment, pied à pied, sans cesse, contre
les injustes attaques des éternels mécontents. Elle est, en
dépit d'inévitables secousses, tellement au-dessus de tous
les autres théâtres !...

Voulez-vous alors que nous dressions le bilan de cette
jeune Comédie-Française? Je revoyais, l'autre soir, *le Jeu
de l'amour et du hasard* : M. Dessonnes jouait Dorante,
M. André Brunot Pasquin et Mlle Dussane Lisette. Trois
jeunes, trois tout jeunes comme vous voyez. Est-ce parce
que la représentation du chef-d'œuvre de Marivaux se donnait devant un public enthousiaste ? Je ne sais... Mais j'ai
été ravi... M. Brunot a l'œil vif, la voix éclatante, la diction
juste, le jeu large, toutes ces qualités qui font le grand
comique du répertoire ; il a été aussi exquis dans Pasquin
qu'il l'est dans Figaro du *Barbier*, dans Crispin du *Légataire* et des *Folies amoureuses*, dans Trissotin des *Femmes
savantes*, dans tous les rôles qu'il joue constamment en été,
et rarement en hiver. C'est un délicieux comédien... Jeune

pimpante et pleine de verve comme son partenaire,
Mlle Dussane progresse chaque jour. Songez qu'elle gagnait
son premier prix de comédie au Conservatoire il y a quatre
ans et qu'elle en avait alors seize...! Et M. Dessonnes,
qui nous avait beaucoup plu en Clitandre des *Femmes
savantes* et qui ici nous campe un Dorante aimable, élégant, souriant ! Et M. Dehelly, excellent Mario, qui est
le très digne héritier de son prédécesseur M. Boucher !
Et M. Siblot, cordial Orgon, qui, sans faiblir, prend la
lourde succession laissée vacante par la mort de Pierre
Laugier !...

Regardons d'un autre côté... M. Ravet n'a-t-il pas montré
dans *Paraître* et *les Deux Hommes*, un très savoureux
modernisme? M. Croué et M. Numa n'ont-ils pas repris et
créé avec un succès mérité les personnages les plus variés ?
Le début récent du jeune Féràudy ne promet-il pas ? Et
Mlle Lifraud, ingénue déjà impeccable, qui s'apprête à
succéder à la charmante Mlle Muller ! Et la spirituelle
Mlle Bovy, et l'étincelante Mlle Provost, et la rayonnante
Mlle Robinne, qui nous présentait hier un si séduisant
Zanetto ! Et parmi les comédiennes qui touchent au sociéta-
riat, Mlle Cerny et Mlle Géniat (1).

Passons-nous à la troupe tragique? Nous constatons que
tous les emplois, grands et petits, y sont tenus en double,
en triple et que cette troupe est la plus parfaite que la
Comédie ait eue depuis bien des années. Après les chefs
d'emploi, après les sociétaires, après Mme Weber, voici
Mme Louise Silvain, Mlle Delvair (1), Mlle Roch qui font
preuve d'un talent indiscutable. Et je ne parle pas des tout

(1) Mlles Cerny et Géniat ont été nommées sociétaires, la première en 1908, la seconde en 1909. Mmes Silvain et Delvair l'année
suivante.

jeunes gens, M. Granval, M. Lafon, Mlle Maille (1) qui,
soutenus par leurs anciens, prennent le ton de la Comédie-
Française. Et je passe sous silence (il ne s'agit aujourd'hui
que de la jeune Comédie-Française) ! — ceux et celles qui
comptent vingt ou trente ans de services et qui, n'ayant pu
obtenir le sociétariat, n'en restent pas moins profondément
attachés à leur théâtre. On les raille ces « grandes utilités » et on se refuse à reconnaître que ces artistes-là
jouent huit et dix rôles en une seule semaine et que chacun
d'eux contribue au persistant succès du théâtre... Remarquez aussi qu'en cette liste déjà longue, vous ne trouvez pas
(j'excepte M. Dehelly) un seul nom de sociétaire, puisqu'il
est convenu que les sociétaires sont des artistes « arri-
vés »...

Que de choses j'aurais encore à vous conter, mon cher
Febvre, et combien je serais heureux si, par tant d'exemples,
j'étais arrivé à vous prouver que la jeune Comédie n'a
pas du tout démérité de celle dont vous restez l'une
des gloires...

(5 mars 1908).

(1) D'autres artistes ont, depuis le jour de la publication de cet
article, débuté avec succès.

UNE SOIRÉE D'ADIEU

A Polin.

Vous devez, mon cher Polin, faire vos débuts sur les augustes planches de la Maison de Molière : vous allez être l'interprète de *Ma Générale* de M. Jules Claretie, un de vos premiers parrains, et moi qui vous connais depuis bien des années, j'ai idée que vous serez très ému, aussi ému qu'au bon temps de l'Éden-Concert !

Ah ! vous n'étiez pas rassuré, avouez-le, le jour où, endossant la tunique du marin russe, vous chantiez vos patriotiques couplets de revue, à l'Éden-Concert du boulevard Sébastopol sous l'œil vigilant de Mme Castellano, votre directrice ! Suivant l'usage, un censeur assistait, impassible, à la dernière répétition de la pièce : vos camarades se nommaient Yvette Guilbert, Limat et Villé, celui-ci considéré par Sarcey comme un maître diseur... Le censeur c'était moi, et vous voudrez bien me rendre cette justice que, quoique représentant officiel de la Bonne Anastasie, je n'hésitai pas à vous adresser force compliments. Modestement, vous les refusiez ; doucement, vous alléguiez que la chanson était de peu d'importance ; vous vous risquiez même à me faire vos confidences, et tout bas, bien bas, loin des regards de votre directrice, vous murmuriez :

Photo Nadar

GEORGES BAILLET

— Ah ! monsieur, si vous pouviez savoir ce que je voudrais réussir !...

Rien qu'à votre ton, je devinai que vous étiez un très brave homme... Deux ou trois ans après cette rencontre, je vous retrouvai à l'Alcazar d'Été ; vous sortiez des Nouveautés : vous y aviez joué, et fort bien, un des principaux rôles de *Champignol*. Le marin russe de cet Éden où on acclamait les vieilles chansons de Béranger, de Dupont et de Darcier, était devenu à l'Alcazar d'Été le pioupiou de France : il savait dire, chanter, nuancer, et toujours il gardait la note juste. Mais ces succès ne vous suffisaient pas, et ceux qui, comme moi, vous ont applaudi dans *le Misanthrope et l'Auvergnat*, se demandent si, tout bien pesé, le comédien, tant il a de franche cordialité et de gaieté communicative, n'est pas, chez vous, supérieur au créateur de la succulente *Mam'zelle Rose*.

Vous concevez maintenant pourquoi, il y a tantôt sept ans, quand je soumis à quelques amis un projet de caisse de secours immédiats, je vous priai d'être des nôtres. J'avais l'absolue certitude qu'un homme, qui s'était vu aux prises avec tant de difficultés, comprendrait mieux qu'un autre les infortunes d'autrui... Je ne me suis pas trompé. Grâce à votre initiative, les pauvres du café-concert ont sinon du bonheur, du moins un peu moins de misère... Et c'est encore parce que vous êtes un très brave homme, mon cher Polin, que votre auteur, M. Jules Claretie (j'ai gardé sa lettre datée de 1897 et je m'engage à vous la remettre demain soir à la Comédie-Française), exprimait le vœu qu'un ministre, ami des arts, fît une exception en faveur de Marsalès — c'est votre nom ! — et accordât les palmes à l'homme qui représente si dignement nos concerts de Paris. De 1897 à 1908, ces exceptions, vous ne l'ignorez pas,

se sont multipliées : beaucoup de nos gracieuses commères
de revues portent à leur joli corsage le petit ruban violet,
et il est bien probable que J.-J. Weiss, s'il était encore
de ce monde, réclamerait le ruban rouge pour Thérésa,
qu'il tenait pour la première artiste de Paris.

**
* **

Vous allez donc jouer la comédie entre notre admirable
Julia Bartet et notre exquise Marie Leconte, et, par la même
occasion, vous offrirez un témoignage de particulière amitié
à un artiste aimé entre tous qui, trop tôt, vous le savez, prend
sa retraite : Georges Baillet.

Il y a quelques jours, devant moi, mon cher Polin, le
bénéficiaire de demain vous contait sa vie depuis sa sortie du
Conservatoire où, élève de Bressant, il partageait le premier
accessit de comédie avec Joliet. Il citait quelques-uns de ses
rôles : à l'Odéon, sous la belle direction de Félix Duquesnel, Rodolphe de *la Vie de Bohème*, Georges de *l'Honneur
et l'Argent*, Urbain du *Marquis de Villemer* ; à la Comédie,
le *Mariage de Victorine*, *Daniel Rochat*, Léandre des *Fourberies* et de *l'Étourdi*, Valère de *Tartuffe* et du *Dépit amoureux*, Philinte et Oronte du *Misanthrope*, Almaviva du *Barbier* et du *Mariage*, Clitandre des *Femmes savantes*, Dorante du *Jeu de l'amour* et du *Bourgeois gentilhomme*,
Olivon et Talmay de *Philiberte*, La Brive de *Mercadet*,
l'Ami Fritz et *les Rantzau*, Vernouillet des *Effrontés*, Hector
et le marquis de Presles du *Gendre de M. Poirier*, le *Monde
où l'on s'ennuie*, Emeric d'*Une Chaîne*, Don César de *Ruy
Blas* (il y fut de premier ordre), et *Denise* et *la Princesse
Georges* et *Francillon*. Songez que Baillet a créé ou repris
cent cinquante rôles à la Comédie-française.

Vous considériez stupéfait, mon cher Polin, cette grande liste, et plein d'admiration pour notre ami, vous cherchiez comment il lui avait été possible d'interpréter des rôles si variés dans le répertoire classique et la comédie contemporaine. C'est que le public, et vous êtes public, vous, Polin, ne se rend pas assez compte du travail que fournit un artiste de la Comédie-Française.

Voilà vingt-sept ans que je connais Baillet et que je le vois à l'œuvre. Eh bien ! je vous affirme qu'il n'est pas beaucoup de comédiens qui aient mieux servi leur art.

Lorsqu'en 1881, délégué par Léonce Détroyat, directeur de l'*Estafette*, j'allai trouver M. Verteuil, secrétaire général de la Comédie-Française, j'avais mission d'esquisser les silhouettes (quel est le débutant qui n'a pas esquissé des silhouettes ?) des futurs sociétaires. Tout naturellement je m'adressai à Silvain, à Prud'hon, à Baillet, à Truffier, à Mlles Gabrielle Tholer et Adeline Dudlay qui formaient la tête de la jeune troupe. Charles Prudhon et Georges Baillet furent, avec Madeleine Brohan et Worms, mes parrains chez Molière, et vous pensez si j'étais heureux de franchir le seuil de la grande Maison. Ces parrains devinrent vite mes amis ; j'avais seulement le tort de ne pas suivre leurs prudents conseils ; j'écrivais toutes les bêtises qui me passaient par la tête ; je m'ingéniais à distribuer des réprimandes aux auteurs, aux directeurs, aux comédiens : nul devant moi ne trouvait grâce. J'avais vingt ans !...

Les silhouettes d'artistes, ma présentation à Verteuil, ma visite à Gabrielle Tholer, la fondation de notre Société les « Chevreuillets » dont Madeleine Brohan — Madame Madeleine ! — était la Présidente, et, plus tard, notre répétition au vieil Éden démoli, ce sont là de bons souvenirs de jeunesse. Le directeur du journal qui consentait à insérer ma première copie, le secrétaire général Verteuil, notre Présidente des Chevreuillets, l'exquise comédienne Gabrielle Tholer, votre directrice Mme Castellano, autant de disparus !... A mesure que les rangs s'éclaircissent, les vieilles amitiés se resserrent, et je ne vous cache pas, mon cher Polin, que demain, lorsque vous et vos camarades vous vous grouperez autour de notre ami Baillet, le cœur me battra fort.

(3 avril 1908).

Photo Otto

WORMS

A PROPOS DU « MISANTHROPE »

A Gustave Worms.

On a, mon cher ami, beaucoup parlé de vous, à propos de
la nouvelle interprétation du *Misanthrope* à la Comédie-
Française (deux de vos élèves favoris, Mlle Cerny et M. Leitner, jouaient Alceste et Célimène) et je suis sûr qu'on par-
lera de vous toutes les fois qu'on représentera le chef-
d'œuvre de Molière. L'occasion m'est donc bonne pour
causer avec vous d'un art au développement duquel vous
avez si largement contribué et d'un rôle que vous avez
marqué d'une ineffaçable empreinte. Que voulez-vous ?
C'est ainsi. Vous avez atteint ici la perfection absolue,
idéale : sans pousser le rôle au tragique ou au langoureux,
vous avez trouvé le moyen de combler de joie l'Idéaliste, le
Révolté que nous portons caché au fond de nous-mêmes :
vous avez réussi à nous laisser deviner d'abord la tendresse
sous la misanthropie, puis la misanthropie sous la tendresse : vous nous avez rendu sensible l'unité de ce caractère complexe que deux siècles de commentaires et d'interprétations obscurcissent encore : bref, vous nous avez
donné l'Alceste tel que nous le concevons, le rêvons et
l'aimons. Remarquez d'ailleurs que je résume ici les observations que vous présentait, il y a vingt-deux ans, un grand

écrivain dont vous avez créé, aux côtés de Mmes Worms et Julia Bartet, une œuvre magistrale : *le Pardon*.

On ne jouera donc pas, cela est certain, *le Misanthrope* mieux que vous, et moi qui depuis longtemps suis votre ami, je crois bien que de tous vos succès, de tous vos triomphes, c'est celui qui vous tient le plus au cœur. *Le Marquis de Villemer, Jean Baudry, Denise, Francillon, l'Ami des Femmes, Hernani,* et si je remonte plus haut, au Gymnase de Montigny et au théâtre Michel de Saint-Pétersbourg, *Ferréol* de Victorien Sardou, *la Comtesse Romani, la Dame aux Camélias,* voilà bien des œuvres qui vous sont chères, mais ne vous semble-t-il pas que le rôle d'Alceste fut, en quelque sorte, le couronnement de votre admirable carrière?

J'entends encore Dumas, le soir de la magnifique et inoubliable première de *Denise,* murmurer derrière un portant :

— Jamais on n'a lancé « je vous aime » comme ce bougre-là !

Le bougre, c'était vous, mon cher Worms, et c'est le même Dumas qui, sur le même « plateau » de la Comédie, racontait, quelques années plus tard, qu'en écrivant le fameux récit du troisième acte de *Francillon* (« toi aussi tu es comique, moi aussi je suis comique ! ») il avait, contrairement à toutes ses habitudes, songé à l'interprète..... Enfin, n'est-ce pas M. Le Bargy lui-même qui, le jour où il reprenait votre rôle de Stanislas, nous disait avec beaucoup de modestie :

— Ici, on ne doit chercher ni à imiter, ni à égaler Worms. Il ne s'est pas contenté de détailler supérieurement ces trente lignes. Il a voulu qu'à ce moment précis, au troisième acte de *Francillon,* tout le personnage de Stanislas se découvrît. N'y a-t-il pas du reste dans toute œuvre de théâtre une scène, un coin de scène, où le rôle s'éclaire et où le comé·

dien arrive à se trouver en parfaite communion avec l'auteur ?

L'observation est d'une infinie justesse, mais elle s'applique surtout aux œuvres et aux rôles modernes. Ces rôles-là, il faut bien le constater, ont l'inappréciable avantage d'être indiqués par l'auteur ; l'écrivain est là, présidant aux répétitions de son ouvrage, expliquant comment il l'a compris et dans quel mouvement il veut que chaque scène soit jouée : il surveille jusqu'aux moindres intonations de ses interprètes. Il n'en va pas de même de ces grands rôles du répertoire sans cesse commentés : ici le point d'interrogation reste là, redoutable, et c'est peut-être — je n'affirme rien ! — parce qu'un doute subsiste toujours que tous, tant que vous êtes, vous gardez une prédilection pour ces immenses personnages, pour ces colosses que vous avez fouillés et creusés dans tous les sens...

Que de fois, mon cher ami, vous avez devant nous, au Conservatoire, développé ces principes de théâtre qui étaient aussi ceux de vos collègues Got et Delaunay, et qui sont ceux de tous les parfaits interprètes de notre répertoire classique ! Vous, le grand jeune premier de Dumas et d'Augier, de Pailleron et de Sardou, vous répétiez sur tous les tons à vos élèves qu'un comédien ne peut aborder la comédie moderne qu'à la condition d'avoir épelé ses lettres en lisant Molière. C'est ce que vous appeliez les gammes du comédien.

Souvent, bien souvent, je me retrouve en cette petite classe étroite du Conservatoire toute pleine de jolis souvenirs... Je vous revois monter sur la scène et indiquer tour à tour le Scapin des *Fourberies*, le Burrhus de *Britannicus*, la Dorine de *Tartuffe* et la Cécile de *Il ne faut jurer de rien*. Je débutais alors dans la vie théâtrale : j'esquissais de

vagues articles sur les professeurs de notre École de déclamation et j'allais, tous les jours, en compagnie du futur
directeur du protocole, aujourd'hui ambassadeur à Vienne,
notre ami Philippe Crozier, chercher auprès de vous, de
Delaunay, de Got, et de Maubant, mes premières leçons de
théâtre. Vos élèves nous demandaient si nous étions des auditeurs libres ou bien si nous nous préparions au théâtre et
M. Émile Réty, secrétaire général de l'École, qui nous avait
autorisés à suivre vos classes, nous racontait que quelques
années auparavant, deux tout jeunes gens, hésitant entre le
théâtre et la diplomatie, avaient eux aussi tâté du Conservatoire. Ces jeunes gens étaient M. Gabriel Hanotaux
et M. Henry Marcel : le premier avait reçu les leçons
de Régnier ; le second, qui se destinait au chant, celles
du bon Warot. L'un et l'autre renoncèrent au théâtre et se
retrouvèrent quai d'Orsay, au ministère des affaires étrangères : l'élève de Régnier devint directeur du cabinet du
ministre, puis ministre, puis académicien : l'élève de Warot,
directeur-adjoint du même cabinet. Vous connaissez la suite
et vous avouerez que notre Conservatoire n'a porté malheur
ni au très éminent historien ni au très distingué administrateur de notre Bibliothèque nationale.

*
* *

Mais je reviens à Alceste et le mieux, mon cher Worms,
est encore de vous laisser la parole. Permettez-moi donc de
reproduire ici quelques lignes extraites d'une charmante
lettre que vous m'adressiez en 1891... Vous veniez de
prendre définitivement possession de ce rôle que vous aviez
joué quelquefois en 1886, et vous m'écriviez :

. . . .

J'ai conçu et essayé de rendre un homme profondément épris,
avec ses faiblesses, avec ses luttes, un homme en chair et en os, au
lieu d'un mannequin conventionnel. Ceux qui connaissent à fond
la pensée du grand homme ont le champ libre. Je suis tout disposé
à me tenir convaincu, mais par l'*exemple* seul. La théorie est trop
facile vraiment...

. . . .

Ah! combien vous aviez raison, mon cher Worms! Est-ce
que — m'avez-vous assez souvent présenté cette juste objec-
tion ! — tous les critiques, anciens et nouveaux, n'ont pas
toujours différé d'avis sur ces terribles rôles et sur la
manière de les jouer ? Est-ce que Paul de Saint-Victor ne
tenait pas Alceste pour un bourru grossier, se fâchant sans
aucune raison, exaspérant le monde par sa maussaderie
sotte, inutile, excessive, pour un original qui ne valait pas la
peine d'être peint (*sic*) ? Est-ce qu'au moment où le critique
du *Moniteur* lançait ces flèches à Molière, Jules Janin ne déclarait pas qu'Alceste est le personnage le plus logique, le plus
droit, le plus vivant, qui ait jamais paru au théâtre ?... Après
Saint-Victor, après Janin, arrivaient Sarcey, J.-J. Weiss,
Jules Lemaître, Auguste Vitu qui — j'ai relu leurs feuilletons ! — n'étaient pas beaucoup plus d'accord que leurs
devanciers. Sarcey proclamait qu'Alceste est l'immortel
patron de ces natures fortes qui n'accordent rien aux préjugés
et vont droit leur chemin sans se soucier du qu'en dira-t-on ;
J.-J. Weiss, au contraire, (à qui se fier, mon Dieu !) affirmait
qu'un tel homme n'a pas le sens commun, et son successeur
aux *Débats* lui reprochait malicieusement de mettre sous les
yeux de Célimène une lettre qu'il n'a peut-être pas le droit
de lire, et il ajoutait que, tout compte fait, le héros de Molière n'a pas beaucoup plus d'égards pour son « amie » que

l'Olivier de Jalin de Dumas n'en a pour Suzanne d'Ange.

Et voici qu'encore aujourd'hui on disserte à perte de vue sur Célimène, Alceste, Philinte, Arsinoé, Éliante. L'un nous dit : « *le Misanthrope* est plus et mieux qu'*Andromaque* et personne, si ce n'est Pyrrhus, ne ressemble à Alceste » ; l'autre estime que toutes les héroïnes de Molière sont construites sur le même modèle, qu'Arsinoé est une Célimène vieillie et qu'Elmire est une Henriette mariée à un bourgeois sur le retour.

Que d'affirmations, que de déclarations, que de contradictions et comme en votre jolie et reposante petite patrie de Nemours — celle de Geffroy, de Bressant et d'Adolphe Dupuis ! — vous devez sourire à la lecture de ces articles qui ne diffèrent guère de ceux d'autrefois !

N'empêche qu'elle s'allonge la liste des Alcestes que j'ai applaudis, depuis le jour où mes parents me conduisaient au Théâtre-Français les veilles de fêtes ! A cette lointaine époque, le rôle était tenu tantôt par Leroux, un comédien de second ordre, supérieur cependant dans *Tartuffe*, dans *le Joueur*, dans Almaviva du *Mariage* et dans Hoche du *Lion amoureux*, tantôt par l'honnête Maubant, tout plein de conscience et de science, mais peut-être trop tragique et insuffisamment amoureux... Je n'aurai garde d'oublier Bressant, l'irrésistible Bressant du *Barbier*, de *Mademoiselle de Belle-Isle* et du *Gendre de M. Poirier* qui, à l'inverse de Maubant, était un misanthrope trop souriant. Ce fut, après Maubant, le tour de Lafontaine, l'acteur romantique par excellence, puis celui de notre cher Delaunay qui, en dépit de son magnifique talent, n'était pas lui non plus l'homme du rôle. (Peut-on donc idéaliser à la fois Fortunio et Alceste ?) Vous eûtes, vous, pour successeur M. Silvain qui est, à mon sens, un Alceste de tous points excellent : suivant votre méthode, il s'ingénie à vivre le personnage et cette manière-là est aussi celle de votre brillant élève M. Leitner.

Donner à l'auditeur l'illusion de la vie, n'est-ce pas l'éternelle, l'irréfutable maxime, qu'il s'agisse de Molière ou de Dumas, de Racine, de Corneille ou de Victor Hugo, de la tragédie ou de la comédie, du répertoire classique ou du théâtre moderne ? Vous l'avez, vous, rigoureusement appliquée, mon cher Worms, et voilà pourquoi vous avez été, en même temps qu'un grand artiste, le plus admirable des maîtres, et un maître qui fait école...

(29 juin 1908).

A Mme Blanche Pierson.

Mme Blanche Pierson, la souriante duchesse de Réville du *Monde où l'on s'ennuie*, sera demain l'âpre Mlle Rambert du *Foyer* de MM. Octave Mirbeau et Thadée Natanson ; aux côtés de Julia Bartet, entre MM. de Féraudy et Huguenet, cette grande comédienne remportera un succès qui comptera parmi ses plus beaux.

Grande comédienne, parce qu'à l'exemple des Favart et des Madeleine Brohan, Mme Pierson possède l'art de renouveler sans cesse son talent et de le transformer. C'était ce que nous appelions autrefois en notre argot théâtral : changer d'emploi. Aujourd'hui, ces comédiennes-là se font rares, le passage d'un emploi à un autre étant — excusez le mot ! — une opération fort délicate. Il est d'abord essentiel que le physique de l'artiste se prête à cette transformation : la comédienne qui personnifie Agnès de *l'École des femmes* ne sera jamais qu'une ingénue : celle qui joue Henriette des *Femmes savantes* sera toujours une amoureuse et rien qu'une amoureuse ; les ingénues et les amoureuses voisineront entre elles : celles-ci tiendront les rôles de celles-là, mais ce sera tout ; la carrière des unes et des autres se trouve forcément limitée.

BLANCHE PIERSON

Il n'en est pas de même des coquettes ou des jeunes premières. Rien n'empêchera Célimène et Armande de devenir Arsinoé et Philaminte.

Je revois encore Madeleine Brohan, — notre chère « Madame Madeleine », — installée sous la fameuse pendule, aujourd'hui disparue, du foyer des artistes ; tous les habitués du théâtre, tous les « chevreuillets » étaient rangés autour d'elle et, de sa voix exquise (une belle voix de contralto, s'il vous plaît !) elle nous disait :

— Mais nous vivons deux fois, mais nous ressuscitons, nous autres qui commençons par les coquettes et finissons par les mères ! C'est notre privilège à Favart, à Edile Riquer et à moi. Songez que j'ai créé Hélène de *Mademoiselle de la Seiglière* et que vingt ans après, dans la même pièce, je joue la vénérable baronne de Vaubert ! Songez que, dans les *Caprices de Marianne*, je personnifie maintenant l'austère Hermia, alors qu'entre Bressant qui jouait Octave et Delaunay qui jouait Cœlio j'apparaissais sous les traits de la jeune et capricieuse Marianne ! Vous n'avez pas connu cette Madeleine-là, vous autres, et je vous affirme qu'elle était tout de même fort convenable. Aujourd'hui, c'est la fin d'une Madeleine qu'on vous présente ! Je me console à l'idée que si j'ai, moi, vingt ans de plus, mes camarades sont toutes logées à la même enseigne. Vous connaissez ma devise : être la plus jeune des vieilles et non la plus vieille des jeunes. Vous ne vous doutez pas combien cette théorie, qui paraît la plus simple du monde, est difficile à mettre en pratique !

La cordialité, la franchise, la sagesse, l'indulgence, et par-dessus tout l'infinie bonté de Madeleine Brohan faisaient notre admiration... Nous sentions que non seulement la comédienne n'avait pas l'ombre d'un regret, mais qu'elle

éprouvait une joie particulière à incarner des nouveaux personnages, à renouveler son talent et à vivre ainsi une seconde
fois sur la scène.

*
* *

La carrière de Mme Blanche Pierson n'est pas moins intéressante que celle de sa devancière Madeleine Brohan. Vous
allez en juger.

Vous vous rappelez les succès que remporta Mme Pierson,
d'abord au Gymnase sous la direction Montigny, ensuite au
Vaudeville sous celle de Raymond Deslandes. Aux matinées dominicales du Gymnase, instituées par Montigny, elle
jouait le *Mariage de raison* et *la Somnambule;* d'une voix
délicieusement tremblotante, elle fredonnait les gentils
refrains de Scribe, de Bayard, de Dumanoir, comprenant fort
bien que l'essentiel est de « dire le couplet ». Ses partenaires, c'était Landrol, le brave Landrol, régisseur parfait,
comédien irréprochable ; c'était Pujol, le long Pujol, droit
comme un *i*, le créateur de Montaiglin dans *Monsieur
Alphonse*; l'amoureux, c'était Frédéric Achard ; l'ingénue, la
pauvre Maria Legault ; le jeune premier, l'élégant Andrieux,
un des premiers comédiens du théâtre Michel de Pétersbourg ; le financier, c'était Malard, qui enlevait joyeusement
le Père de la Débutante et s'apprêtait à prendre la succession
de l'excellent Lesueur; le grime, c'était Blaisot, à la face rubi-
conde, aux yeux écarquillés, Blaisot qui eut l'insigne honneur
de partager au Conservatoire le second prix de comédie avec
Delaunay, l'illustre amoureux de Molière et de Musset ! Les
rôles de jeunes premiers avaient pour interprète un admirable
artiste qui arrivait de Russie et allait faire une triomphale
rentrée à la Comédie-Française, d'où il était parti à la suite

d'une retentissante querelle administrative... Cet artiste
avait nom Gustave Worms... Les rôles de duègnes revenaient
à Mme Prioleau, qui, si elle ne valait pas sa grande camarade du Vaudeville Mme Alexis, n'était pourtant pas indigne
de figurer en une telle compagnie.

Mme Pierson était l'étoile de cette troupe, et bien qu'étoile
principale, elle ne touchait guère plus de quinze mille francs
d'appointements par an ; elle répétait tous les jours et tous les
soirs, à neuf heures, elle jouait la grande pièce et parfois même,
à huit, celle qui la précédait... L'École de Montigny !... « Une
conscience absolue, a écrit Dumas dans une de ses étincelantes préfaces, une probité au-dessus de tout éloge, l'amour
de son art, le respect du public, telles sont les qualités de la
véritable grande comédienne et je n'en connais pas une seule
qui les possède aussi complètement que Blanche Pierson. »

Du Gymnase de Montigny, Mme Pierson passa — seconde
étape ! — au Vaudeville de Raymond Deslandes. Très habilement Deslandes, profitant de la malchance qui s'attachait
au Gymnase (c'était la fin de la direction de Montigny) s'ingéniait et parvenait à ramener au Vaudeville les auteurs, les
artistes et par cela même le public. Adolphe Dupuis, Parade,
Saint-Germain, Delannoy, Dieudonné, Pierre Berton, Boisselot, Train, Mmes Bartet, Réjane, Kalb, Céline Montaland,
Alexis, — j'en passe ! — formaient une troupe de tout premier ordre. Vous n'avez pas oublié les rayonnantes interprétations de *Fromont jeune et Risler aîné*, des *Rois en exil* et
du *Nabab* d'Alphonse Daudet, non plus que celles d'*Odette*,
de *Dora*, des *Bourgeois de Pont-Arcy*, charmantes comédies
de Victorien Sardou... Mme Pierson était la créatrice applaudie de toutes ces pièces, poursuivant ainsi sa route victo-
rieuse dans le triple emploi des jeunes premières, des
grandes coquettes et des premiers rôles.

.
. .

Mais c'est incontestablement la troisième étape qui est la plus glorieuse de la carrière de Mme Pierson : c'est à la Comédie-Française qu'elle s'est affirmée comédienne supérieure.

Sa tâche ne fut pas d'abord des plus commodes. Nombreux étaient ceux et celles qui répétaient, non sans quelque raison du reste, que la comédie de genre n'a aucun rapport avec le grand répertoire classique et moderne du Théâtre-Français. Les éternels mécontents d'un côté, les solennels pontifes de l'autre, veillaient, guettaient, mais la transfuge du Vaudeville était, elle, bien trop avisée pour ne pas être exactement renseignée sur ce très particulier état d'esprit. Le jour même où Mme Madeleine Brohan quittait la Comédie-Française et laissait sans titulaire les rôles de mères, Mme Pierson, avec infiniment d'à propos, créait Mme de Thauzette de *Denise* et Dumas lui préparait une fois encore un de ses plus éclatants succès... Elle faisait mieux : à la même heure, elle s'essayait dans le grand répertoire classique : elle jouait Elmire de *Tartuffe*, et elle le jouait si joliment qu'elle gagnait d'emblée son sociétariat.

Depuis que les artistes du comité lui ont offert la récompense à laquelle elle avait tous les droits, Mme Pierson a interprété les personnages les plus variés, et je me garderai bien d'en dresser la longue liste. Je sais seulement qu'après avoir tenu des premiers rôles de drame comme la dona Clorinde de *l'Aventurière*, des coquettes de comédie comme la princesse de Bouillon d'*Adrienne Lecouvreur*, elle est devenue la duchesse de Réville du *Monde où l'en s'ennuie*, la baronne de Vaubert de *Mademoiselle de la Seiglière*, la marquise de Villemer, Mme Desaubiers de *la Joie fait peur*, Madeleine Blanchet de *François le Champi* et Mme Vanderk du *Philosophe sans le savoir* : je sais aussi qu'elle contribua largement à la réussite des œuvres qui, en ces vingt dernières années furent créées à la Comédie-Française, depuis *Denise* jusqu'au *Foyer*. Je sais enfin qu'en s'attaquant aux personnages particulièrement difficiles de Philaminte des *Femmes savantes*, d'Arsinoé du *Misanthrope*, de Mme Jourdain du *Bourgeois Gentilhomme*, elle a encore fortifié son talent.

Ceux qui connaissent Mme Pierson vous diront que, comme son illustre devancière Madeleine Brohan, elle a l'intelligence la plus saine, la plus droite et la plus pénétrante ; qu'elle ignore la tapageuse réclame ; qu'elle ne veut être ni dramaturge, ni conférencière, ni poète ; qu'elle est très modestement et très loyalement une grande comédienne qui connaît son bonheur et qui l'apprécie.

(6 décembre 1908).

De Saint-Étienne à la Comédie-Française... Cette histoire-là est celle de l'admirable artiste qui, dans *le Foyer* de MM. Octave Mirbeau et Thadée Natanson, vient de faire une entrée triomphale à la Comédie-Française : M. Félix Huguenet. Que nos jeunes comédiens veuillent bien méditer cette histoire : ils remarqueront qu'à l'inverse de beaucoup d'autres, M. Huguenet a longtemps attendu l'heure de chance que prédit à tout être humain un des plus spirituels personnages de théâtre de M. Alfred Capus. Si M. Huguenet est venu à bout d'innombrables difficultés, c'est à son énergie qu'il le doit. Cela, on l'ignore, et c'est précisément ce que je voudrais expliquer aujourd'hui.

M. Huguenet compte actuellement trente-deux ans de théâtre ; il en avait dix-huit lorsqu'il parut pour la première fois sur la modeste scène de Saint-Étienne. Son directeur, à Saint-Étienne, fut notre confrère Louis Besson. Impresario et pensionnaire se retrouvèrent plus tard à Paris : le comédien attendait désespérément son tour ; le directeur, devenu critique, s'acquittait de sa sacerdotale fonction avec autant de talent que de sévérité. Le premier rôle que Besson confia à Félix Huguenet fut Stéphane de *Gabrielle* d'Émile Augier : Stéphane, vous entendez bien, l'amoureux extrême-

HUGUENET

ment ingrat, et non Julien, que créa Régnier et reprit M. Coquelin entre Sarah Bernhardt qui jouait Gabrielle,

(O père de famille ! O poète ! Je t'aime !)

et Madeleine Brohan qui, abandonnant Célimène, Elmire et la capricieuse Marianne, s'acheminait vers les rôles de mères. En même temps que *Gabrielle,* le jeune comédien interprétait *le Naufrage de la Méduse,* ce qui ne l'empêchait pas, le lendemain, de chanter à sept heures, le vieillard de *Faust* et de terminer le spectacle par le classique *Garçon de chez Véry.*

De Saint-Étienne, Huguenet gagne l'Italie et, sur des scènes en planches démontables, il s'essaye à cet incomparable répertoire de Meilhac, Halévy et Offenbach, dont son grand camarade José Dupuis était alors à Paris l'interprète acclamé.

D'Italie il revient en France : il a la chance — la première de sa vie ! — de tirer un bon numéro ; il accomplit son année de service militaire, puis il entre à Ba-Ta-Clan, le berceau de Lucien Fugère. Chaque soir, il fait d'abord ses deux « tours de chant » ; il joue ensuite un gros acte de l'ancien répertoire : *Une femme qui se jette par la fenêtre* ou bien *le Piano de Berthe,* ou bien encore *l'Homme n'est pas parfait,* le petit chef-d'œuvre de Barrière et Lambert-Thiboust. Huguenet est bon comédien : il possède une jolie voix, il la manie fort agréablement, son directeur Pâris le tient en particulière estime, les habitués de Ba-Ta-Clan l'aiment beaucoup, mais l'Horloge de la Veine ne sonne toujours pas et l'apprentissage lui semble terriblement long. Un soir pourtant, — un soir d'espérance ! — le directeur du Vaudeville, notre aimable ami Raymond Deslandes, vient à Ba-Ta-Clan. Le bon Huguenet, plein d'illusions, se croit déjà engagé au Vaudeville... Mais c'est un rêve, un joli rêve ! la chanson ne dit que trop vrai...

— Vous avez beaucoup de talent, fait Deslandes... Seulement, nous répétons en ce moment un drame de Sardou, *Fédora*, qui ne comporte que deux rôles importants et nous ne saurions où vous placer. Je vais donc vous remettre une lettre à l'adresse de mon collègue Candeilh : je suis certain que l'affaire s'arrangera.

Candeilh était, à cette époque, un de nos bons directeurs, et son théâtre, celui du Parc à Bruxelles, jouissait déjà d'une prospérité légitime : il convoque Huguenet à l'hôtel : il l'entend débiter deux monologues et, séance tenante, il l'engage.

Si les appointements, au Parc, sont assez modestes, les rôles, en revanche, sont nombreux et valent à Huguenet ses premières grandes victoires. Il joue à la fois la comédie et le vaudeville et devient le favori du public bruxellois... Un jour, Mme Céline Chaumont arrive au Parc ; elle y donne une série de représentations de *la Cigale*, de *la Petite Marquise* et des *Sonnettes* ; Huguenet, qui est son partenaire, se surpasse et elle en est à ce point émerveillée qu'aussitôt rentrée à Paris elle rend visite à Bertrand, directeur des Variétés, et lui dit :

— Eh bien ! je l'ai trouvé l'oiseau rare, notre grand jeune premier ! C'est Huguenet. Télégraphiez-lui bien vite et prenez-le !

L'engagement est conclu par dépêche et le début d'Huguenet est annoncé aux Variétés. Par malheur, directeur et comédien ont compté sans la fameuse troupe de ce glorieux théâtre. Les artistes qui ont l'honneur d'y appartenir se serrent les coudes, et sous aucun prétexte, n'admettent l'entrée d'un jeune. « A bas les bleus ! » murmure de sa

voix d'or Lassouche et toute la Compagnie, Christian et
Léonce en tête, d'approuver un pareil langage. Le « bleu »
Huguenet parvient bien à débuter dans *le Tour du Cadran*
que joue la séduisante Alice Humberta, puis à créer *la Noce
à Nini*, mais c'est tout ou à peu près... Sa besogne consiste à hériter des rôles que ses anciens refusent ou à doubler ceux-ci au pied levé : il a en outre le terrible défaut —
n'est-ce pas, au contraire, une qualité essentielle ? — de
ressembler étonnamment à José Dupuis : il en a le jeu, il en
a la diction, il en a le physique, il en a la démarche, et la
Compagnie des Variétés proteste contre cette contrefaçon
(*sic*). De guerre lasse, Huguenet demande à Bertrand sa
résiliation et entre au Palais-Royal, très habilement dirigé
par MM. Paul Mussay et Léopold Boyer.

*
* *

Hélas ! la légende, l'affreuse légende suit Huguenet partout où il va : la critique — Sarcey excepté ! — a décrété qu'il
imite Dupuis, qu'il manque de personnalité, que jamais il
ne se déprovincialisera et les auteurs eux-mêmes se refusent à lui confier des rôles. Pensez que ce fut sur les instances de Gabrielle Réjane que Meilhac — ceci est de l'histoire ! — consentit à lui laisser reprendre *Ma Camarade !*
Pensez — Victorien Sardou m'a lui-même raconté le fait —
qu'Huguenet n'interpréta Adhémar, lors de la remise à la
scène de *Divorçons !* que parce que Raimond jouait *Ma
Cousine* aux Variétés !
Suivait-on au Palais-Royal le fâcheux exemple des artistes
du théâtre du boulevard Montmartre ? Point du tout !
Assurément Calvin et Pellerin respectaient les mémorables
traditions des Geoffroy, des Lhéritier, des Brasseur, des

Gil Pérès et des Hyacinthe ; assurément Dailly n'avait rien
d'un ange, mais René Luguet était un fort digne homme ;
quant à notre cher Daubray et à Milher, ils étaient d'excellents camarades : le malheur était qu'Huguenet, sans
qu'on sût pourquoi, ne plaisait qu'à demi au public qui
adoptait des comédiens ayant infiniment moins de talent
que lui.

Mais Huguenet ne se laissa pas décourager et bien lui en
prit. Il avait quitté le Palais-Royal et navigué sur le ba-
teau d'Amérique, en compagnie de Coquelin aîné et d'Anna
Judic : il rentrait d'une longue tournée lorsqu'il s'arrêta à
Nice. Il y chanta *Miss Helyett* : son succès y fut énorme et
— admirez ici la toute-puissance du capricieux Hasard ! —
les auteurs, le musicien Audran et le librettiste Boucheron, se trouvant en promenade sur la côte d'Azur, eurent,
un soir, la bonne idée de manquer le train de Paris.

— Restons à Nice, dit Audran... Après dîner, nous irons
au café-concert !

— Pas du tout ! reprit Boucheron. Nous irons voir comment Huguenet joue et chante notre *Miss Helyett !*

Avec une joie mêlée de stupéfaction, Boucheron et Audran constatèrent que d'une simple silhouette Huguenet
avait fait un vrai rôle et qu'interprétée et chantée par lui,
la pièce prenait une tout autre allure... Nos auteurs ne
quittèrent plus leur interprète et on décida que, dès sa
rentrée à Paris, Huguenet tiendrait le rôle aux Bouffes. Il
le tint, en effet, *quatre cent quatre-vingts* fois et voilà comment le brave Huguenet, qui avait joué tant et tant de rôles
de comédie, devenait, du jour au lendemain, une « étoile
d'opérette » et une étoile de première grandeur.

« Avez-vous vu Huguenet aux Bouffes ? Il est inouï, il
est extraordinaire dans *Miss Helyett*. Quel comédien ! Quel

chanteur ! Quel artiste ! » répétait-on de tous côtés à Paris et le succès de la pièce rebondissait et ne s'arrêtait plus.

Des Bouffes il passa à la Renaissance, rendue à l'opérette : il y créait — Louise Théo y fut ravissante ! — *le Brillant Achille*, une jolie pièce de Varney, puis la si amusante *Femme à Narcisse* du même Varney, que Mme Simon-Girard menait allègrement à la centième. La bonne Fée, attendue depuis des années, arrivait alors, représentée par cette artiste exquise doublée d'une femme rare, et elle apportait le Bonheur qui ne quittait plus la maison. L'Horloge de la Veine avait enfin sonné pour Huguenet...

*
* *

La même critique qui, autrefois, criait à la contrefaçon de José Dupuis, déclare que le créateur de *Mamzelle Carabin* est tout simplement un grand artiste.... Albert Carré, qui a vu Huguenet à l'œuvre à Aix-les-Bains, l'appelle au Vaudeville et au Gymnase. C'est alors, dans tous les théâtres de Paris, une suite ininterrompue de créations plus brillantes les unes que les autres : tous les directeurs, tous les auteurs réclament Huguenet, et il joue avec une maîtrise que personne ne lui conteste plus : *la Carrière, la Robe Rouge, Villa Gaby, la Bascule, le Dindon, Georgette Lemeunier, les Passagères, le Secret de Polichinelle, le Voleur, Marraine, l'Enfant chérie, le Chant du cygne.* Et combien j'en oublie de ces pièces auxquelles le nom d'Huguenet est désormais attaché !

Enfin, un soir de février 1908, Huguenet dit au théâtre Femina un à-propos en vers, un bijou, *la Nuit de Février :*

l'auteur, M. Paul Ferrier, lui a confié le personnage de Brichanteau : le public — le Tout-Paris des grands soirs ! — l'acclame, lui et sa partenaire, une de nos meilleures comédiennes, Mlle Jeanne Rolly. Au milieu de l'acte, Brichanteau, en des vers d'une infinie délicatesse, interroge le public et lui demande si, le cas échéant, il l'accepterait chez Molière. Le public saisit l'allusion... Des bravos frénétiques partent de tous les coins de la salle ; c'est le *suffrage universel* qui a parlé ! L'exquis écrivain de la *Vie à Paris*, M. Jules Claretie, assiste à cette petite scène qui a vraiment de l'allure, et, le lendemain, nous apprenons que la Comédie-Française compte dans ses rangs un grand comédien de plus,

Telle est, ô jeunes Espoirs, l'histoire de Félix Huguenet. Le pensionnaire du théâtre de Saint-Étienne a, vous le voyez, beaucoup et longtemps lutté. Bien d'autres auraient perdu confiance et se seraient arrêté en route : mais Félix Huguenet, lui, a tenu bon et résisté... Victorien Sardou, qui s'y connaissait, nous disait, il n'y a pas bien longtemps :

— J'en ai vu pas mal de grands comédiens, mais pas beaucoup de la trempe d'Huguenet, je vous l'assure !

Et voilà, je pense, de tous les bulletins de victoires, celui qui fait le plus d'honneur au sociétaire de demain (1).

(7 janvier 1909).

(1) On sait qu'après avoir été, sur la proposition de l'Administrateur général de la Comédie-Française, nommé par le Comité sociétaire à part entière, M. Huguenet ne signa pas l'acte de Société et reprit sa liberté.

Photo Gerschel aîné

COQUELIN CADET

COQUELIN CADET CONFÉRENCIER

Ce Cadet, de date assez récente, n'était ni moins charmant
ni moins pittoresque que celui du monologue, et je ne
saurais trop remercier notre cher ami Paul Ferrier d'avoir si
éloquemment rappelé l'autre jour, sur sa tombe, tout ce
qu'il fut pour nos *Trente ans de théâtre*. Je n'ai pu, hélas !
rendre moi-même à notre pauvre ami Cadet, l'hommage
d'affectueuse reconnaissance que je lui devais : j'étais au lit,
dans l'impossibilité absolue de quitter la chambre.

Certes, c'était déjà beaucoup de porter la bonne parole
dans les faubourgs de Paris et de faire applaudir et aimer
Molière par des milliers de spectateurs accoutumés au cirque
ou au café-concert : mais ce qui ne valait pas moins, c'était
d'entraîner les camarades indécis, c'était de maintenir la
réussite de ces spectacles nouveaux en ces quartiers ; c'était
de bien montrer que, suivant la juste expression de M. Jules
Claretie, de telles représentations devenaient, certains soirs,
comme le prolongement de la Comédie-Française.

Cadet fut, durant huit années, l'infatigable avocat d'une
Œuvre qui était sienne et où, nous ne le savons que trop,
nous ne le remplacerons pas. Ah ! qu'il était heureux, notre
ami, d'endosser à Grenelle ou à Montparnasse, à Belleville ou

à Ménilmontant, les costumes d'Harpagon, de Mascarille, de Gros-René, de Scapin, d'Argan, de Figaro, de Crispin, de Pasquin et de Tartuffe ! En chaque théâtre de faubourg, il avait sa loge que son habilleur lui installait le matin de la représentation. Avant que les chandelles fussent allumées, avant que le bureau fût ouvert, Cadet arrivait : il venait prendre l'air de la maison ; il questionnait le concierge, le régisseur, le contrôleur : il s'assurait que la recette était faite et que les spectateurs du théâtre ne montraient pas moins d'empressement pour *l'Avare* que pour *la Closerie des Genêts*. Les moindres détails l'intéressaient : il avait fait cette remarque que, les publics variant suivant les quartiers, les *effets* se déplacent et ne sont pas les mêmes à Belleville auprès des ouvriers qu'à Montparnasse auprès des étudiants...

— Notre Paris, s'écriait-il alors, je commence à m'en apercevoir, est composé d'une foule de petites villes qui n'ont aucune espèce de rapport entre elles. C'est très curieux... Je comprends maintenant pourquoi ceux-ci voient rouge foncé alors que ceux-là voient rouge clair ! Il faudra qu'un soir je m'amuse, avant de jouer la comédie, à parler théâtre à ces braves gens. Oh ! pas une conférence... Non ! Une causerie ou, si vous préférez, une causette ! Oui, une causette ! C'est ça...

Il fut convenu que le début aurait lieu aux Gobelins, dans la salle de la mairie, qu'après la *causette* on donnerait un acte d'opéra, et qu'on finirait par *le Malade imaginaire*.

Visiblement, Cadet avait longuement médité, dans *les Souvenirs d'âge mûr* de l'Oncle, le joli chapitre : « Comment on prépare une conférence. » Aussi à peine avait-il accepté notre offre qu'il recula et nous télégraphia qu'il jouerait *le Malade*, mais ne « causerait » pas. Nous lui répondîmes que

l'affiche était posée sur tous les murs du treizième arrondis-
sement et qu'une telle défection lui attirerait beaucoup de
mécontents en un quartier où son nom était si populaire.
Immédiatement, il céda et « causa ».

Ce soir-là, Cadet connut ce mal affreux dont les artistes
les plus rompus au métier ont subi les phénomènes et que
nous appelons : *le trac*. Oui, Cadet eut le trac, un trac horrible, un trac comme il n'en eut jamais. Heureusement, dès
son entrée en scène, il était rassuré et avait gagné la partie.
Très simplement, il contempla la table, la carafe et le verre
d'eau : puis, par un de ces clignements d'yeux qui lui étaient
familiers, il indiqua au public qu'il ne toucherait ni à la
table, ni à la carafe, ni au verre, et aussitôt ce public conquis
partit en interminables bravos.

Nous écoutions Cadet : nous l'observions par la fente des
paravents qui, selon les instructions de Monsieur le Maire
des Gobelins, servaient de décor. Tout à coup, après deux
minutes de *causette*, il se retourna vers nous et, sans que
personne pût s'apercevoir de son jeu de scène, il nous lança
intelligiblement ces simples mots : « Ils y sont ! » Quand ils
y étaient, notre Cadet éprouvait autant de plaisir à jouer la
comédie, à débiter un monologue ou à faire une *causette*
qu'ils en avaient, eux, à l'applaudir. C'est qu'il possédait,
comme son frère Constant, un don essentiel : la foi, une foi
absolue, admirable ; c'est qu'il s'imaginait que « c'était toujours arrivé ». Ce soir-là, qui fut vraiment un des plus
beaux de sa vie d'artiste, Cadet, encouragé par le succès,
parla de tous et de tout, sauta d'un sujet à un autre et se
laissa même aller à commenter, en termes charmants, la fameuse opinion de Weiss sur *le Malade* et sur Molière. Ce fut
encore le 3 novembre 1904 que le bon Cadet dit à ses auditeurs :

— Eh dame, mes amis ! c'est une chose qui n'est pas très gaie, la mort !...

Il jeta cette boutade de façon à la fois si grave et si comique que les spectateurs furent secoués d'un énorme éclat de rire et que lui-même suivit l'exemple et s'esclaffa. Il sortit de scène content de son essai, joyeux de son succès ; il salua quatre, cinq, six fois le public, puis il regagna sa loge qui n'était autre, en la circonstance, que le bureau du chef de la mairie. Tandis que les artistes de l'Opéra chantaient un acte de *Samson*, Cadet se préparait à jouer Argan et nous contait ses impressions de « causeur ».

— Nous recommencerons, s'écriait-il. Vous verrez que ce sera mieux la prochaine fois ! Jamais de ma vie, je n'ai eu une telle peur ! Ah ! l'âge arrive, et avec l'âge, toutes les petites infirmités que nous n'avons pas le courage de confesser et qui existent bel et bien...

Et le bon Cadet ajoutait ingénument :

— Voilà pourquoi je ne passerai pas la mer et ne risquerai pas la grande tournée d'Amérique !

*
* *

Cadet était habillé... On frappa les trois coups et on commença *le Malade*. Non ! Il est impossible d'imaginer par quelles acclamations il fut accueilli lorsque, les paravents ouverts, il reparut, installé dans le traditionnel fauteuil, sous les traits d'Argan. On sentait que ces six cents auditeurs, qui se pressaient les uns sur les autres, savaient un gré infini à l'artiste d'avoir fait au milieu d'eux ses débuts de conférencier. Jamais, d'ailleurs, il ne tint avec plus de verve ce rôle d'Argan, dont il s'était emparé, et qui comptait parmi ses meilleurs. J'ajouterai que depuis bien des années ce rôle n'avait eu un meilleur interprète : c'est que notre bon Cadet avait vu ce personnage tenu par Provost d'abord, puis par Thiron, ensuite par Barré : il en connaissait merveilleusement toutes les traditions classiques et nul mieux que lui ne savait qu'à ces indispensables traditions le comédien doit toujours s'ingénier à joindre une note moderne et personnelle.

Les grands comédiens classiques n'ont jamais procédé autrement et Cadet, malgré une tendance à la charge — tendance, il faut le dire, encouragée par le public ! — appartenait à cette belle école. N'est-ce pas du reste M. Jules Lemaître qui a écrit : « M. Coquelin cadet est un comédien de premier ordre et il faut d'autant plus l'en féliciter qu'il lui était plus difficile de se faire, au théâtre, une place qui fût bien à lui, et cela à cause de son nom même et du talent merveilleux de son aîné. S'il avait eu le malheur de l'imiter, il était perdu et n'eût été toute sa vie qu'un reflet... » Et M. Jules Lemaître, avec non moins de justesse concluait : « M. Coquelin cadet a le don de colorer les personnages qu'il joue : il en fait des silhouettes imprévues qui restent dans l'œil... Il résume souvent à nos yeux, par l'intensité de son expression, des milliers de bourgeois, de préfets, de fonctionnaires du gouvernement de Juillet, souriant dans le cadre des portraits de famille ». Jamais, à mon sens, le talent et la manière de Cadet ne furent mieux compris, analysés, précisés...

Donc, Cadet fut, le 3 novembre 1904, aux Gobelins, un incomparable Argan. La représentation terminée, les spectateurs étaient massés aux portes de la mairie et attendaient le comédien-conférencier. « Cadet ! Cadet ! bravo Cadet ! » criaient-ils de toutes parts. Et il escaladait sa voiture, et il souriait et il riait, et il distribuait à ceux-ci des poignées de

main et à celles-là des baisers. Il était vraiment heureux...
On recommença souvent, très souvent, et toujours le triomphe
fut le même jusqu'au jour où Cadet murmura, plein de
tristesse :

— Je jouerai une pièce... Ça suffira !... Je ne vous lâcherai
jamais... J'aime nos *Trente ans de théâtre*... Mais pas de
causerie... Je n'en peux plus !

Pour que Cadet abandonnât la moitié de ses succès, il
fallait qu'il se sentît bien malade. Il l'était, en effet. Au
théâtre, on le plaisantait doucement, et on prétendait qu'il
jouait Argan à la ville. Mais ses amis, ceux qui, comme
nous, avaient eu ses confidences, ne doutaient plus de
l'extrême gravité de son état. Son camarade Leloir, qu'il
chérissait d'une affection particulière, me dit, désolé, au
retour des vacances de 1907 : « Notre pauvre Cadet est bien
mal ! », et quelques jours après, c'était le parfait régisseur
général de la Comédie-Française, M. Morière — si dévoué
lui aussi au cher Cadet ! — qui nous confirmait la déso-
lante nouvelle.

Nous comprîmes alors que c'était fini et que Cadet était
irrémédiablement perdu. Il nous adressa encore plusieurs
lettres et nous l'entrevîmes — une dernière fois ! — à un
banquet organisé par son frère, en l'honneur de l'Association des artistes. Cadet vint à nous, pâle, triste, les yeux
baignés de larmes et nous eûmes tous le pressentiment que
nous ne le reverrions plus.

Et j'ai senti, l'autre jour, au chagrin que j'éprouvais à ne
pouvoir aller lui dire adieu sur sa tombe, combien je ché-
rissais cet ami de vingt-sept années !...

(25 février 1909).

A PROPOS D' « ANTIGONE »

Mme Bartet a reparu dans *Antigone* : elle y est admirable :
sa voix, qu'elle sait si merveilleusement conduire, n'a jamais
été plus douce et plus enveloppante, plus profonde et plus
vibrante. Il semble — c'était le mot de Gautier sur Rachel !
— que ses attitudes et ses gestes s'arrangent naturellement,
d'une façon sculpturale et se décomposent en une suite de
bas-reliefs. Les draperies se plissent sur son corps élégant
et souple ; aucun mouvement ne vient troubler la simplicité
et l'harmonie de sa démarche. Un Tanagra, cela est vrai,
et peut-être n'est-ce pas encore assez. Il y a là une chose
unique, une chose exceptionnelle, une communion parfaite,
absolue, entre le personnage tel qu'il a été conçu par le poète
et l'interprète qui le façonne, le développe et lui donne la
vie.

Pensez aussi que demain les jolies mains d'Antigone, à
peine assez grandes pour brandir le poignard tragique, ma-
nieront à ravir l'élégant éventail de Sylvia ou d'Armande !
Pensez que le diadème de la reine de tragédie se transfor-
mera alors en une ravissante coiffure et que l'exquise figure
de Bérénice s'éclairera du plus spirituel des sourires, à moins
encore que la classique Andromaque ne devienne la frémissante et vivante héroïne de Dumas ou de Paul Hervieu. Lors-

qu'une artiste nous procure ainsi la sensation de l'idéal, lorsqu'elle affirme une telle souplesse de talent, elle est sans rivale.

L'autre soir, tandis que j'écoutais *Antigone*, je songeais à la magnifique représentation donnée à Orange en 1894. Cette année-là, les organisateurs avaient annoncé et mis debout deux spectacles : le premier se composait d'*Œdipe-roi*, précédé d'une ode de M. Camille Saint-Saëns, superbement chantée par Mlle Bréval ; le second, d'*Antigone* et de *la Revanche d'Iris*, le joli acte de Paul Ferrier, qui appartint si longtemps au répertoire du Théâtre-Français. La Comédie-Française faisait à elle seule les frais des deux soirées : elle avait délégué « en Avignon » une partie de sa troupe, quinze artistes environ, dont M. Mounet-Sully, Mmes Bartet et Barretta. Elle accomplissait ainsi un vrai tour de force, et ceux qui acclamaient les merveilleux interprètes d'*Œdipe* et d'*Antigone* se demandaient s'il était possible qu'au mois d'août, à l'époque des congés, la Comédie pût ouvrir ses portes à Orange sans les fermer à Paris. Il ne s'agissait pas, en effet, des deux seules représentations : il fallait aussi considérer que le trajet de Paris à Orange est long et que des répétitions étaient judicieusement réclamées par les artistes qui n'avaient pas encore affronté la fameuse scène de la colline. Ajoutez que, si l'orchestre pouvait être alimenté par les théâtres de Lyon, de Marseille et de Nîmes, il n'en était pas de même des personnels de la figuration et des chœurs. Dans *Œdipe*, la figuration est considérable ; dans *Antigone*, c'est le rôle des chœurs qui est capital. J'insiste à dessein sur ces détails qui montrent que l'organisation d'une représentation, quelle qu'elle soit, est toujours fort compliquée. Le public ne juge que les résultats : il ignore les innombrables difficultés de préparation et d'exécution,

*
* *

On joua donc à Orange, en 1894, *OEdipe* et *Antigone*. La soirée d'*OEdipe* fut belle, moins brillante cependant que celle de 1888 ; le terrible mistral s'était malencontreusement mis de la partie et ne s'était calmé qu'au dernier acte. Et puis, nous étions bien forcés d'en convenir, nous avions tous le souvenir, et l'ineffaçable souvenir, de la première d'*OEdipe* à Orange, six années auparavant ! Ce soir-là, un frisson d'épouvante s'était emparé des dix mille spectateurs massés sur les gradins, lorsque M. Mounet-Sully, les yeux crevés, serrant ses deux enfants contre sa poitrine, entonna, de sa voix magnifique, la célèbre imprécation « Enfants du vieux Cadmus! » Nous étions tous haletants d'émotion, nous avions tous la gorge serrée et nous savions bien que jamais nous ne retrouverions plus cette impression de résurrection tragique... Malgré ces souvenirs et malgré le mistral, la soirée s'acheva au milieu des acclamations, et ces acclamations allaient surtout au doyen de la Comédie-Française.

La soirée d'*Antigone*, le lendemain, dépassa toute attente.

Certains, et Sarcey le premier, craignaient que l'adaptation d'Auguste Vacquerie et Paul Meurice ne parût un peu maigre pour la scène d'Orange : ils furent vite rassurés. L'apparition de Mme Bartet débitant, sous le ciel clair de la Provence tout parsemé d'étoiles, les strophes d'*Antigone*, fut un tableau d'une incomparable grandeur; quant à la disparition de l'artiste s'en allant à pas lents et se dirigeant, l'urne sur l'épaule, vers le joli figuier vert, c'était une scène d'une poésie infinie. J'entends encore Mme Bartet, après cette représentation qui lui valut un de ses plus éclatants triomphes, nous dire avec sa bonne grâce exquise et sa modestie coutumière :

— Je puis bien vous l'avouer maintenant : j'ai eu peur, affreusement peur ! J'avais eu beau répéter à droite, à gauche, sur tous les coins de la scène et m'inquiéter de tous les détails. Je m'imaginais qu'on m'entendrait mal et qu'il me faudrait faire de grands efforts pour retenir le public. Je me suis vite aperçue qu'un peu de volonté et beaucoup d'articulation suffiraient...

Visiblement, le triomphe de l'œuvre d'Auguste Vacquerie et Paul Meurice sur la scène d'Orange était particulièrement doux à la grande artiste. Comme elle n'est pas de celles qui oublient, elle se souvenait que, lors de ses débuts à la Comédie-Française, Auguste Vacquerie l'avait réclamée pour jouer *Jean Baudry* entre Got, Worms et Mme Jouassain et qu'à la même époque elle avait eu la joie de personnifier Blanche du *Roi s'amuse*. Je suis d'ailleurs bien certain qu'elle me pardonnera si — contre toute habitude ! — je cite aujourd'hui ces trois lignes, qu'Auguste Vacquerie lui adressait après la reprise d'*Antigone* et dont j'ai prudemment gardé la copie :

LE RAPPEL

—

ADMINISTRATION :
131, rue Montmartre

> Chère divine,
>
> Je vous envoie des extraits de deux articles : l'un, où il est dit que vous êtes la perfection ; l'autre, où il est demandé qu'on vous élève des statues... C'est moi qui souscrirais !...
>
> Votre
>
> Auguste VACQUERIE.

* * *

Voici, d'autre part, le feuilleton qu'à la même époque Reyer consacrait à ce théâtre d'Orange : jamais l' « entrée »

et la « sortie » de notre « Bayreuth français » n'ont été
décrites plus spirituellement. Lisez plutôt :

Toutes les chaises sont occupées : tous les gradins, de bonne
heure envahis, sont bondés jusqu'au cintre. Il y a là dix mille spectateurs : un coup d'œil superbe dont nos théâtres parisiens, en certaines soirées d'été, ne peuvent donner aucune idée. Quelle belle
recette si tout le monde a payé ! Il y a un peu de houle d'abord et
les loustics, — ils sont dans le Midi beaucoup plus gais qu'ailleurs !
— font ouvrir l'œil aux gens de police. Le spectacle est annoncé
pour huit heures et il en est neuf quand le Président arrive, au
sortir du banquet qui lui est offert à l'hôtel de ville par la munici-
palité. On a remarqué que, dans le trajet, les dragons de l'escorte
serraient de fort près le carrosse présidentiel. La musique de la
Lyre orangeaise s'est trop hâtée : elle a entonné la *Marseillaise*
avant que M. Félix Faure n'eût paru et le Président est entré dans
sa loge aux accents de l'Hymne russe que tout le monde a écouté
debout. Après quoi, la *Marseillaise* a recommencé. Un compositeur,
dont j'ai oublié le nom, a, par un artifice de contre-point, super-
posé les deux thèmes l'un sur l'autre. Et, à part quelques disson-
nances inévitables, l'alliance produit un bon effet. Jouer deux fois
la *Marseillaise* dans la même soirée, c'est bien ; la jouer trois fois
c'est mieux.

. . . .

Et Reyer, toujours en verve, reprend :

On entre difficilement au théâtre d'Orange par d'étroites issues :
on en sort plus difficilement encore. L'art de multiplier les bar-
rières est un art éminemment français. Avec un peu de patience et
quelques bousculades, on finit tout de même par sortir, mais non
sans avoir reçu sur la tête quelques-uns de ces petits coussinets
qui, vendus pour la bagatelle d'un franc aux personnes sensibles,
désireuses d'adoucir les rigueurs de la pierre, sur laquelle, trois
heures durant, elles doivent s'asseoir, sont ramassés par de joyeux
compères qui les lancent à tour de bras sur la foule qui s'écoule
lentement, péniblement. Que de coiffures endommagées, que de

fleurs et de plumes avariées, que de feutres déformés ! Il paraît que c'est une tradition de terroir, contre laquelle il n'y a pas plus à regimber qu'autrefois contre les exigences fameuses de messieurs les portefaix avignonnais, race à jamais disparue !

L'immense figuier, dont les hautes branches touffues envahissent un des côtés de la scène, est toujours bien vivace et donne des fruits savoureux. Il faut savoir gré à M. Formigé, le restaurateur discret et intelligent de ces ruines géantes qui sont un des plus beaux vestiges que l'antiquité ait laissés, il faut remercier l'habile architecte d'avoir bien voulu l'épargner. Les figues du Midi, les gourmets le savent bien, sont fort renommées...

Cette page étincelante est une des dernières parues aux *Débats* sous la signature de Reyer et j'espère bien que M. Henriot, le fils du charmant dessinateur, qui pieusement s'applique à réunir en volumes les feuilletons de l'illustre musicien, ne manquera pas de reproduire, sous sa forme intégrale, le magistral article sur le théâtre d'Orange (1).

Pauvre Reyer ! Un de ses rêves — il nous le confiait l'an dernier — c'était de voir *Salammbô* chantée à Orange par sa grande interprète, par sa fidèle amie Mme Rose Caron et de revoir, sur la même scène, Mme Bartet jouer *Antigone*.

— Voilà mes *deux divines*, à moi ! s'écriait-il.

Reyer lançait ces mots « mes deux divines » en grognant, de sa voix grasseyante. C'était exquis...

(11 mars 1909).

(1) Les principaux feuilletons de Reyer ont été réunis sous le titre de *Notes de Musique*. Ce sont, on le sait, de véritables chefs-d'œuvre : mais M. Henriot, malgré tout son désir, n'a pu nous les donner tous et l'article sur le théâtre d'Orange n'y figure pas.

POUR L'AUTEUR DES « AMIS »

En même temps qu'elle montait la belle œuvre de
M. Paul Hervieu, *Connais-toi*, la Comédie-Française remettait au répertoire une jolie pièce de M. Abraham Dreyfus, *les Amis*. Cette reprise me donne aujourd'hui l'occasion
de conter à la suite de quelles circonstances je fus conquis,
dès la première heure, par le théâtre de ce charmant écrivain.

C'était il y a vingt-neuf ans : j'en avais dix-huit et j'ac-
complissais à Rouen, en compagnie de mon ami Félix
Decori, mon service militaire. Les volontaires débar-
quaient chaque samedi à Paris et immédiatement, contre
tout règlement, ils se dépouillaient de la tunique d'ordonnance, ils revêtaient l'élégant veston de pékin et se rendaient
au théâtre.

Un soir de mars 1880, le Palais-Royal affichait deux premières représentations : celle du *Ménage Popincourt*, un
vaudeville d'Hippolyte Raymond et de notre regretté camarade Maxime Boucheron, et celle de *la Victime*, une comédie en un acte de M. Abraham Dreyfus. *Le Ménage Popincourt* était un vaudeville assez amusant, conçu et fabriqué
selon la formule, enlevé à ravir par deux artistes en plein
succès : Daubray dont la place, je le redis, était « à l'autre

bout de la galerie », au Théâtre-Français et par la pauvre Alice
Lavigne qui possédait une fantaisie éclatante, prodigieuse,
extraordinaire... Les interprètes de *la Victime* avaient noms
Geoffroy, le créateur inoubliable des bourgeois solennels
de Labiche ; Guillemot, alors débutant, aujourd'hui professeur de déclamation et professeur fort apprécié, et Nu-
mès, tout jeune lui aussi, qui allait devenir un de nos
meilleurs comédiens.

La Victime était bien, ainsi que l'indiquait l'affiche, une
comédie, une vraie comédie, et, qu'il me soit permis de l'a-
jouter, une façon de chef-d'œuvre. Geoffroy, quand il vint,
à la chute du rideau, annoncer le nom de l'auteur, fut salué
par d'enthousiastes applaudissements. Le lendemain, la critique cria unanimement au triomphe et le surlendemain,
nous — les volontaires du 28e de ligne ! — nous cherchions à l'étude du soir, en notre obscure caserne Saint-
Vivien, à Rouen, le moyen de nous procurer le manuscrit
de cette *Victime* : nous voulions la mettre en répétitions :
La pièce n'était malheureusement pas imprimée, il fallut
ajourner notre projet : mais la comédie représentée
au Palais-Royal fut remplacée — excusez du peu ! —
par les quatre actes du *Gendre de M. Poirier*. J'avais,
quant à moi, l'honneur d'y paraître sous les traits du cuisi-
nier Vatel, les obligations du service militaire ne me per-
mettant pas de jouer un rôle plus important et plus digne de
mon jeune talent !.... On n'en monta pas moins *la Victime*
quelques mois après : elle constitua même, si j'ai bonne
mémoire, le clou de la représentation d'adieux à Rouen des
volontaires de 1880 ! On l'applaudit furieusement, comme
au Palais-Royal ; elle résista à une interprétation d'amateurs
pleins de bonne volonté ; il n'en fallait pas davantage pour
nous bien prouver que l'ouvrage avait sa place marquée

aux côtés des plus jolis actes de notre répertoire moderne.
Nous n'avons cependant plus revu cette si jolie comédie
qui, de temps à autre, se montre furtivement sur l'affiche
d'une matinée de bienfaisance.

L'année suivante, en 1881, nous avions regagné nos
foyers et faisions candidement nos premiers articles de critique théâtrale. L'Odéon donnait la première d'une pièce
signée du spirituel auteur de *la Victime* ; elle comportait
quatre actes et avait pour titre : *l'Institution Sainte-Cathe-
rine*. L'idée, qui valait par son ingéniosité, c'était d'étudier la classe des jeunes filles, bien élevées, modestes et
pauvres, menacées de ne pas trouver de maris et condam-
nées à coiffer la vénérable sainte : autour de ce sujet évo-
luaient quelques personnages spirituellement dessinés. Mais
la critique, la même critique qui, l'année précédente, avait
porté aux nues *la Victime*, reprochait à l'auteur de délayer
inutilement quatre actes et d'alourdir ainsi un sujet fort
intéressant. Sarcey, Sarcey lui-même, qui tenait en estime
toute particulière le talent si primesautier et si original
d'Abraham Dreyfus, constatait un demi-succès : de son côté,
l'éminent critique du *Figaro*, Auguste Vitu, déclarait que
la pièce rappelait, en trop d'endroits, *la Poudre aux yeux*, de
Labiche, *les Faux Bonshommes* et *l'Héritage de M. Plu-
met*, de Barrière, Il était donc décrété que la manière de
M. Abraham Dreyfus convenait mieux aux comédies en un
acte qu'aux œuvres de longue haleine. La critique l'avait
décidé, les directeurs s'étaient inclinés et voilà comment un
dramaturge d'un tour d'esprit si particulier et si séduisant,
qui, en des chroniques d'une forme impeccable, avait montré
le plus rare talent, voyait les portes des théâtres se fermer
les unes après les autres... Sans M. Jules Claretie, qui joua
la Rupture et remit à la scène *le Klephte*, créé supérieure-

ment à l'Odéon par Mlle Sisos et M. Porel; sans M. Antoine, qui nous donna ces *Amis* que le Théâtre-Français vient de remettre à la scène, M. Abraham Dreyfus était oublié...

*
* *

N'allez pas croire du reste qu'un tel cas soit exceptionnel !... Combien d'écrivains qui, il y a vingt-cinq ans, rêvaient de faire du théâtre, ont mieux aimé décliner la lutte que de s'astreindre à certaines exigences ! On nous parle de trust et d'accaparement, et on malmène les directeurs qui, s'emparant de plusieurs scènes, compliquent incontestablement la tâche des auteurs et des artistes n'ayant pas le don de leur plaire. Mais les jeunes gens d'aujourd'hui n'ont pas connu les associations d'autrefois ! Elles étaient terribles, elles étaient effroyables, et celui qui ne consentait pas à passer sous les fourches caudines des horribles potentats d'alors voyait sa carrière irrémédiablement brisée. Interrogez les dramaturges et les comédiens qui débutaient à cette époque ! Ils vous répondront que ces exigences, c'étaient les collaborations imposées, les droits d'auteurs rognés, les engagements au rabais ! La bande noire était représentée par une société secrète et louche, formée d'impresarii et de chefs de claque, et cette bande noire s'est heureusement désagrégée...

Aujourd'hui, malgré tous les trusts, malgré cette prétendue crise du théâtre qui existe si peu que les droits d'auteurs n'ont jamais été supérieurs à ce qu'ils sont, malgré d'inévitables difficultés survenant fatalement dans l'organisation des grandes sociétés théâtrales, nous sommes, il faut avoir la loyauté de le reconnaître, en plein âge d'or ! Le chef de claque — voilà le véritable signe des temps ! — qui jadis était un des rois du théâtre et exerçait sa toute-puissance

avec une souveraineté féroce, ne joue plus qu'un rôle bien
effacé : on ignore jusqu'à son nom, et, de ce côté, il y a un
progrès, un immense progrès que ne soupçonne peut-être
pas la nouvelle génération d'auteurs et de comédiens...

M. Abraham Dreyfus, précisément, s'est refusé à connaître ces courtiers : il lui suffisait d'un mot et il avait sa
« commande »; le collaborateur était prêt, la réussite assu-
rée et il était joué trois cents fois sur une scène du boulevard, à l'exemple de tant de ses confrères qui n'ont ni ses
états de services, ni son talent. Mais M. Abraham Dreyfus a
dédaigné ces marchandages : il préfère rester l'écrivain des
ravissantes *Scènes de la vie de théâtre* et de l'inénarrable
Incendie des Folies-Plastiques... Un jour que je lui deman-
dais pourquoi il s'éloignait du théâtre, il me répondit avec
un indulgent sourire :

— Ce n'est pas ma faute !... Ma montre retarde et je ne
sais pas la mettre à l'heure ! Il n'est plus temps d'ailleurs ...

Ce joli mot, tout plein de mélancolie, qui indique si bien
ce que vaut l'homme, me revenait l'autre jour à la mémoire,
tandis que j'applaudissais *les Amis* à la Comédie-Française.
Et je constatai que, quoi qu'en pensât M. Abraham Dreyfus,
sa montre est parfaitement à l'heure...

(11 avril 1909).

Mlle Adeline Dudlay va donner sa représentation d'adieu : le programme, on le sait, en est fort beau : pour la première fois, nous applaudirons sur la même scène, l'une à côté de l'autre, Mmes Sarah Bernhardt et Julia Bartet ; elles diront *la Nuit de mai*. A ce régal il convient d'en ajouter d'autres : nous entendrons l'illustre Kubelik ; puis, suivant l'usage, la bénéficiaire, entourée des chefs d'emploi, interprétera deux de ses meilleurs rôles : Camille des *Horaces* et *la Reine Juana* ; enfin, nous reverrons la comédienne incomparable qui idéalisa tant d'héroïnes classiques et modernes et qui trop tôt quitta le théâtre, Mme Blanche Barretta. Nous la retrouverons sous les traits de cette délicieuse Victorine qu'elle joua une dernière fois le jour où elle fit ses adieux au public et qui était son rôle de prédilection. Elle n'éprouvait du reste aucun embarras à l'avouer, et quand, il n'y a pas bien longtemps, je lui demandai si vraiment elle le préférait à Rosine du *Barbier de Séville*, à Angélique du *Malade imaginaire* et à Henriette des *Femmes savantes*, elle me répondit :

— Oui, j'aime le rôle de Victorine un peu plus que les autres ! Il m'a porté bonheur et évoque chez moi les plus

Photo Nadar

ADELINE DUDLAY

doux souvenirs. Si vous saviez ce que fut pour moi Mme Sand ! Elle voulut bien croire en mon avenir au moment où, sortant du Conservatoire, j'avais tant besoin de ne pas perdre courage ! J'étais à l'Odéon : je jouais un acte de François Coppée, *le Petit Marquis* : mon rôle ne comportait qu'une scène, mais une scène très jolie que m'avait merveilleusement indiquée Berton père, l'inoubliable duc d'Aleria du *Marquis de Villemer*. Je remontais dans ma loge, contente du succès, lorsqu'une femme toute ronde, dont le visage respirait la bonté, vint à moi, me complimenta et m'embrassa... C'était Mme Sand ... J'étais si confuse, si émue, si pleinement heureuse que je fondis en larmes. Ce fut ainsi que, sans m'y attendre et pour le bonheur de ma vie, je devins la filleule d'adoption de cette admirable femme. Ce fut ainsi également que mon directeur M. Félix Duquesnel et mon professeur M. Régnier aidant, je créai et repris beaucoup de beaux rôles, m'acheminant pleine de confiance vers la Comédie-Française et regrettant tout de même un peu cet Odéon où j'avais de si bons camarades, qui s'appelaient Porel, Masset, Marais, Baillet, Truffier, Clerh... Mme Sand demeurait rue Gay-Lussac, dans la maison qu'habite aujourd'hui mon cher ami Mounet-Sully... Elle me parla alors de Diane de Xaintrailles du *Marquis de Villemer*, d'Edmée de *Mauprat* que je devais jouer à l'Odéon, et aussi du *Mariage de Victorine* que la Comédie-Française allait annexer à son répertoire. M. Perrin était décidé à monter la pièce, à la condition qu'elle succéderait au *Philosophe sans le savoir* de Sedaine, qui en est la préface. Le malheur voulut que Mme Sand tombât malade et fût privée de la joie de voir son nom inscrit sur l'affiche de la Comédie-Française... Vous comprenez maintenant toutes les raisons pour lesquelles j'aime tant ce rôle de Victorine !

7

Mme Barretta poursuivait son récit, l'agrémentant d'anecdotes plus jolies les unes que les autres, remerciant la Destinée de ne l'avoir pas abandonnée, ayant pour chacun un mot cordial et continuant à juger les gens de théâtre à travers le plus indulgent des sourires. Il me semblait que j'avais devant moi un de ces personnages de tendre mélancolie, tels que les rêvait précisément George Sand. Ah ! la femme exquise et rare que celle qui porte le nom de notre grand ami Gustave Worms et, qui tout naturellement et par ce qu'elle aime à obliger, répond à l'appel de sa camarade Mlle Dudlay et reprend le chemin de la Comédie !

*
* *

A l'exemple de Mme Barretta, la bénéficiaire de mercredi, Mlle Dudlay, rencontra au début de sa carrière le poète qui crut en elle et n'hésita pas à lui confier un des principaux rôles de son œuvre nouvelle. Ce poète était Alexandre Parodi et l'ouvrage *Rome vaincue*. Tous les rôles de la pièce étaient distribués, sauf un ; Mme Sarah Bernhardt, alors sociétaire de notre premier théâtre, se préparait à remporter en l'aveugle Posthumia, une de ses plus retentissantes victoires ; Mlle Reichenberg, l'impeccable ingénue, encouragée par le succès que lui avait valu Joas d'*Athalie*, avait consenti à faire une incursion dans la tragédie et s'était chargée d'un bout de rôle ; MM. Mounet-Sully, Maubant, Chéry, Dupont-Vernon, Martel, interprètes de Corneille et de Racine, étaient ceux d'Alexandre Parodi. Seul, le personnage d'Opimia n'avait pas de titulaire ; on l'avait d'abord distribué à l'une des plus charmantes comédiennes de la Maison, Mlle Tholer. Mais Mlle Tholer, désolée d'attendre son tour, avait préféré le théâtre Michel à la Comédie-Française et, sans en aviser l'administrateur général Perrin, elle avait pris le train de Pétersbourg et renoncé à Opimia. La Comédie-Française était à cette époque assez pauvre en artistes de tragédie; Mme Favart, quelque peu dépitée de voir Perrin lui préférer de nouvelles venues, quittait la place et Mme Sarah Bernhardt (elle n'avait pas encore joué *Phèdre*) était une « amoureuse de tragédie » (Junie, Andromaque ou Aricie) bien plutôt qu'un « premier rôle ».

Ajouterai-je que Perrin lui-même s'inquiétait fort peu de cette pénurie d'interprètes tragiques et qu'il se contentait d'afficher une seule fois par an Corneille avec *Polyeucte* et huit fois Racine ? Au total (mon ami Edmond Stoullig, le plus averti des historiographes de théâtre, l'attestera), neuf représentations de tragédie !... On venait pourtant de monter *la Fille de Roland* et la belle œuvre d'Henri de Bornier avait valu un triomphe à Mme Sarah Bernhardt et à M. Mounet-Sully, entourés de Maubant, superbe Charlemagne et de Laroche, magnifique Ragenhardt... Perrin, excellemment soutenu par son comité, n'en tenait pas moins en fort médiocre estime Corneille et Racine, et quand un grand maître de l'Université, quelque peu surpris de voir les classiques ainsi abandonnés, lui demandait pourquoi *le Cid* et *Andromaque* avaient disparu du répertoire, il répondait sans se troubler le moins du monde :

— Je n'y peux rien, monsieur le ministre ! Une tragédie fait deux mille et une comédie en fait sept !... Du jour où la tragédie remontera à sept mille et où la comédie tombera à deux, je donnerai *le Cid* et *Andromaque* et, je serai le premier, soyez-en certain, à célébrer Corneille, Racine et même Voltaire et Rotrou... Je suis du reste persuadé que vous me désapprouveriez de procéder autrement et de ne pas me conformer aux indications du public qui est, en somme, le souverain juge...

L'admonestation ministérielle n'en avait pas moins fort impressionné ce parfait diplomate et, le lendemain même de la visite rue de Grenelle, la jeune tragédienne, réclamée pour jouer Opimia de *Rome vaincue*, était découverte. Perrin s'était souvenu que quelque temps auparavant, sur la double recommandation d'Alexandre Parodi et de Mlle Tordeus, ancienne pensionnaire du Théâtre-Français et professeur de déclamation à Bruxelles, il avait entendu une toute jeune personne, presque une enfant, extraordinairement douée, qui n'avait pour jouer la tragédie, que le défaut d'être trop « blonde ». Séance tenante, on télégraphia à Bruxelles et on embarqua l'enfant prodige qui répondait au nom d'Adeline Dudlay ; trois semaines après, la brillante élève de Mlle Tordeus débutait dans *Rome vaincue* et la critique était unanime à déclarer qu'une véritable tragédienne était découverte.

Je n'ai pas à citer ici les rôles que Mlle Dudlay joua : chacun sait qu'elle a été l'interprète très justement applaudie de Corneille et de Racine et qu'elle a tenu, avec un talent indiscutable, les rôles les plus lourds et les plus difficiles du grand répertoire : Chimène, Pauline, Émilie, Camille, Hermione, Roxane, Eriphile, Athalie, Agrippine... J'en passe sans doute... Ce qu'on sait aussi, c'est qu'en dépit de certaines résistances (rappelez-vous la démission de Got, de Delaunay et de Coquelin !) elle a grandement aidé l'administration actuelle à rendre au répertoire tragique la place qu'il n'avait plus... Car nous sommes heureusement loin du temps où Corneille et Racine avaient l'aumône de neuf représentations dans le cours d'une année : si la tragédie a peu à peu reconquis la faveur du public, si *le Cid*, *Andromaque* et *Bérénice* font recettes tout comme les plus modernes des comédies, ce n'est pas seulement à l'initiative de M. Jules Claretie qu'un tel résultat est dû, c'est aussi aux interprètes qui, par tous les moyens en leur pouvoir, ont ramené et propagé le goût des belles œuvres. La *Semaine de Corneille* fut superbe et reste une manifestation artistique véritablement unique dont la Comédie-Française a le droit de s'enorgueillir.

Mlle Dudlay a été, pendant trente années, la fidèle et vaillante collaboratrice de cette belle troupe tragique : son nom figurera en bonne place dans l'histoire de notre premier théâtre...

(3 mai 1909).

A M. PIERRE BERTON

AUTEUR DE « LA RENCONTRE »

Vous avez, il y a quelques mois, mon cher Pierre Berton,
conté d'exquise façon ce qu'était autrefois le théâtre ; vous
avez évoqué le glorieux souvenir de votre grand-père Samson, l'immortel créateur du marquis de La Seiglière, du
d'Auberive des *Effrontés* et du *Fils de Giboyer* d'Émile
Augier et de tant de rôles où nous autres, vos cadets, nous
avons applaudi Thiron ; vous avez rappelé les triomphes de
votre père, duc d'Aleria incomparable, que nous entrevîmes
à l'Odéon. Vous n'avez oublié ni vos camarades de cette belle
Comédie-Française, sur l'affiche de laquelle votre nom vient
de reparaître, ni ceux du Gymnase et du Vaudeville ; vous
avez même rendu justice à Émile Perrin, bien qu'il eût le
tort de ne vous confier que deux créations, lors de votre
stage au Théâtre-Français : la première, dans une pièce
d'Édouard Cadol, le consciencieux écrivain des agréables
Inutiles ; la seconde, dans un des plus rayonnants petits
chefs-d'œuvre de Meilhac et Halévy, *l'Été de la Saint-
Martin*. Ici vous étiez le jeune premier, entre Thiron,
étincelant Briqueville, Mme Jouassain marquant d'un trait
si fin la silhouette de Mme Lebreton et Sophie Croizette
qui, malgré son incontestable talent, était une assez impar-

faite Adrienne. Vous l'avouerai-je ? Je n'ai jamais bien
compris le « J'en ai trop mis ! » dit par une « grande coquette » ; j'en ai, au contraire, goûté l'extrême saveur lorsque l' « amoureuse », Mme Blanche Barretta, au lieu de le
lancer à pleine voix, le murmurait doucement.

Mais vous vous êtes bien gardé de porter un jugement sur
celui-ci ou sur celle-là et vous vous êtes appliqué à rester
un historiographe infiniment indulgent... Pour chacun
vous avez un mot aimable et vous continuez à voir les
choses et les gens à travers une lunette toute rose qui —
laissez-les sourire, mon cher Berton ! — a bien son
charme... Vos *Mémoires* auraient donc notre complète
approbation si vous nous aviez plus exactement renseignés
sur les rôles que vous avez interprétés et sur ceux que vous
avez faits, bref sur votre double existence de comédien et
de dramaturge. Vous passez ici au second plan et c'est encore la faute à votre modestie...

Que dis-je ? au second plan ! En toutes ces histoires de
« derrière la toile » que vous avez l'ingéniosité de renouveler, vous tenez un rôle épisodique. Le « moi » vous
semble insupportable, alors qu'il est si particulièrement
doux à tant de ceux qui nous entourent... Car sous ce
rapport, confessons-le, la « lunette » ne bouge pas : qu'elle
soit rose ou noire, elle est toujours au même cran, et notre
grand Sardou avait bien raison de répéter que, de tous les
maux qui nous accablent, le seul vraiment inguérissable
est l'hypertrophie du moi...

Le plus subtil, le plus délicieux de nos critiques, M. Jules
Lemaître, reprenant la thèse de son illustre confrère, a
écrit sur la vie de l'artiste dramatique quelques pages d'une
adorable ironie. Suivant lui, l'âme de Delobelle (je n'oublie
pas le brave Delannoy qui, à vos côtés, campait de si

belle façon le magnifique héros d'Alphonse Daudet !) est partout : aucune joie n'est comparable à celle de l'homme qui joue la comédie. Cet homme-là a ce que n'ont ni le peintre ni le sculpteur, ni les autres artistes : l'applaudissement direct et immédiat ; il jouit de se sentir regardé, sous un éclairage spécial, par des milliers d'yeux : son portrait est partout, à toutes les vitrines : son nom voltige sur toutes les lèvres : il est heureux, pleinement, absolument, irrémédiablement... Chaque soir, durant quatre longues heures, il est beau, il est fort, il est intelligent, il est spirituel, il possède toutes les vertus ; il a des passions, il a des vices, il a des aventures extraordinaires ; il est Auguste, il est Borgia, il est don Juan, il est Hamlet, et, vivant d'une vie factice, il se trouve être le plus fortuné des mortels.

C'est justement, mon cher Berton, cette double existence, cette dualité de sensations et de sentiments que vous pouviez et deviez nous décrire. Vous avez préféré être d'abord un maître-comédien, ensuite un de nos plus ingénieux dramaturges ; vous avez commencé par suivre les exemples qui étaient devant vous : vous avez été l'interprète d'Augier, de Dumas, de Victorien Sardou, de Meilhac et Halévy ; puis, après avoir mené à la victoire tant et tant de pièces, après avoir interprété tant et tant de rôles, vous avez abandonné ces joies de l'*acteur :* vous avez pris la parole non plus au nom des autres, mais pour vous-même : vous êtes devenu votre avocat et nous vous demandons alors, nous, si votre seconde existence, celle du dramaturge universellement acclamé, — partout on a joué et partout on jouera *Zaza* et *la Belle Marseillaise !* — vous semble moins attrayante que celle du comédien qui se console des tristesses de la réalité en se réfugiant dans le rêve... Et voilà une question à laquelle vous vous gardez bien de répondre !

Mais ce sont là, je le sais, des regrets superflus... Vous ne vous départirez pas de votre ligne de conduite... Vous avez du reste, en une fort jolie lettre, publiée la veille de votre répétition générale, exposé vos idées, vos goûts et vos préférences. Vous tenez le théâtre pour un plaisir et non pour une école : vous voulez amuser le spectateur et vous ne cherchez pas à l'instruire ; vous êtes un fidèle du théâtre tel que le vantait Sarcey. Vous vous contentez de la pièce bien faite, conformément au principe de Dumas, « le théâtre est l'art des préparations » ; vous ne vous souciez pas des sévères réprimandes de vos jeunes confrères et vous laissez aux amateurs de « tranches de vie » le soin de réformer les mœurs.

Les tranches de vie ! Que nous voilà loin, n'est-ce pas ? de ce charmant Vaudeville de Raymond Deslandes, où tous les soirs nous vous applaudissions, vous, Parade, Saint-Germain, Dieudonné, Delannoy, Boisselot, Julia Bartet, Blanche Pierson, Mme Alexis, duègne supérieure, et Mary Kalb et Céline Montaland et Albert Carré, qui débutait alors, et Train et Léontine Massin et Maria Legault et Gabrielle Réjane !

Vous mettez si courageusement vos théories en pratique, mon cher ami, vous êtes si scrupuleusement « dramaturge » que j'aurais mauvaise grâce à insister et que le plus simple est encore de vous féliciter du succès de *la Rencontre*, à la Comédie-Française. La critique a rendu justice à votre adresse : elle a loué votre style concis et clair qu'en notre conventionnel argot de coulisses nous appelons avec un peu d'irrévérence, « le style de théâtre » ; elle a vanté fort justement vos interprètes, elle a mis hors de pair Mlle Cécile Sorel qui, passant des grandes coquettes du répertoire aux premiers rôles modernes, affirme une merveilleuse souplesse de talent.

*
* *

Vous l'avez vue à l'œuvre cette jeune Comédie-Française et vous reconnaîtrez que la troupe de réserve n'a jamais été aussi riche. Grâce à vous, qui savez combien il est cruel d'attendre un rôle, M. André Brunot est maintenant célèbre. L'interprète de votre Canuche avait-il plus de mérite hier qu'il n'en a aujourd'hui ? Non ! certes. Mais vous qui avez joué tous les Damis, les Cléante et les Valère, vous n'ignorez pas que ces personnages de répertoire — autrement difficiles pourtant que ceux de la comédie moderne ! — ne comptent guère auprès du public... Or, depuis plusieurs années, M. André Brunot est Pasquin, Crispin, Mascarille, Figaro : ses dons sont les plus beaux du monde : il a tous ceux du grand premier comique ; mais dix rôles classiques, excellemment tenus, ne vaudront jamais une création ; le public l'a ainsi décrété...

Et le public, vous l'avez écrit, mon cher ami, vit de préjugés et de conventions. Pour quelles mystérieuses raisons, par exemple, montre-t-il une telle sévérité envers le comédien qui, une fois son rouge enlevé, s'installe à sa table de travail ? Pourquoi, au lieu de réagir contre ce courant, nombre de directeurs contestent-ils aux comédiens le droit d'écrire ? La Comédie-Française fait heureusement exception à cette règle : elle a naguère représenté *la Famille Poisson*, signée de votre grand-père Samson ; elle a monté et elle maintient judicieusement à son répertoire l'aimable et pittoresque *Mademoiselle de la Seiglière*, que Jules Sandeau écrivit en collaboration avec le créateur de Destournelles : Régnier. En ces dernières années enfin, elle a donné la plus large hospitalité à *Fleurs d'avril* et au *Dîner de Pierrot*, deux jolis actes auxquels M. Truffier collabora ; à *l'Irrésolu* de M. Georges Berr ; au *Scaramouche* de M. Leloir.

Aujourd'hui, c'est à vous, mon cher Berton, que M. Jules Claretie ouvre les portes de la Comédie-Française. Il honore en vous non seulement le comédien, non seulement le dramaturge, mais « l'homme de théâtre » qui, depuis quarante ans, sert fidèlement et passionnément son art. Vous êtes un artiste de l'ancienne et de la bonne école : vous ne rougissez pas, bien au contraire, d'y appartenir, et voilà pourquoi, tout en chicanant un peu le dramaturge, je suis heureux de saluer votre brillante rentrée en notre premier théâtre.

(24 juin 1909).

A PROPOS DES « TENAILLES »

La reprise des *Tenailles* à la Comédie-Française vient
d'obtenir un succès éclatant; la belle œuvre de M. Paul
Hervieu est maintenant installée au répertoire ; elle a sa
place marquée entre *l'Énigme* et *Connais-toi*, à côté du
Dédale et du *Réveil*... Et tout à l'heure notre premier
théâtre ouvrira ses portes toutes grandes à ce chef-d'œuvre
rayonnant, unique, qui domine le théâtre contemporain : *la
Course du flambeau*.

Ce que c'est pourtant que cet art si particulier du théâtre ! Se douterait-on que ces *Tenailles* furent, lors de leur
apparition, l'objet, de la part de Sarcey, de critiques aussi
sévères que parfaitement injustes ? Oui, c'était notre cher
Oncle, lui le plus fervent admirateur du théâtre de Dumas
fils, qui reprochait à l'héritier direct du même Dumas de
nous présenter une héroïne trop proche parente de celles
d'Ibsen et de George Sand. Ce qui déroutait Sarcey, c'était
le succès enthousiaste que ces trois actes serrés, logiques,
rapides, poignants, obtenaient auprès du public, et du
public payant s'il vous plaît !...

Une polémique s'engagea alors entre le critique et l'auteur, une polémique toute courtoise, toute littéraire, pur et
absolu modèle d'un genre qui tend à disparaître. Après

Photo Ch. Gerschel

PAUL HERVIEU

avoir remercié Sarcey d'avoir loyalement constaté la réussite
des *Tenailles*, M. Paul Hervieu écrivait :

2 octobre 1895.

. . . .

Vous avez regretté que je n'eusse point fait connaître comment
le mauvais ménage Fergan avait débuté. Or, dans une des scènes
avec son mari, Irène reconnaît qu'elle ne l'a pas toujours haï. Ailleurs, avec sa sœur, Irène s'explique sur les conditions d'incon-
science où se marie la jeune fille et contre lesquelles protestera
plus tard la femme.

Vous me reprochez de n'avoir pas fait un mari adroit, « prenant
sa femme par la gentillesse et la douceur ». Mais un mari pareil,
mon héroïne ne l'aurait jamais détesté ! Elle l'adorerait ! N'est-ce
donc pas un type vrai, normal, fréquent, que le mari qui se fait
détester par maladresse ?

Quant à mon héroïne, que vous auriez voulu voir se faire enlever,
je ne l'ai à aucun moment posée en femme qui entend rompre avec
les besoins d'orgueil social, ni avec le sens de la dignité extérieure.
Elle se bat et ne déteste pas le champ de bataille, où elle figure
ensuite comme prisonnière. Sa revendication, son espoir, était de
se faire une vie permise, honorable. Précipitée de son rêve, elle
tombe dans la faute et reste là, brisée, anéantie, où elle est tombée. En quoi la fuite conviendrait-elle mieux à la ruine de sa
destinée ?

Lorsqu'Irène Fergan rentre au lit conjugal, pressée, comme il
est dit, par les obsessions de son mari, elle est une autre femme,
que des suggestions nouvelles animent, troublent et inspirent.
Elle porte le secret d'une existence future, qui est à la fois sacrée
et compromise, et pour en abriter la venue au monde, elle se sent
le devoir de tout commettre.

Enfin, vous avez émis l'opinion que c'était, malgré l'auteur, si
vous aviez, à la fin, pris parti pour le mari.

Si vous me faites l'honneur, Monsieur, de lire un jour *les Tenailles*, vous verrez que je n'ai rien tenté, en aucun mot, pour
donner raison à l'un de mes personnages contre l'autre. J'ai
même veillé avec soin à faire dire à celui-ci tout ce qui me
paraissait le justifier, et à celle-là tout ce qui pouvait peut-être

la disculper un peu. J'ai voulu exposer un drame du mariage en
y présentant le pour et le contre avec probité.

C'est sur ce terrain-là, sur le terrain de la probité littéraire
que, à défaut d'une sympathie de votre part, je crois pouvoir
prétendre, du moins, à me rencontrer avec vous.

Veuillez, mon illustre confrère, agréer, avec ce que je vous
dois de remerciements, les assurances de ma très haute considé-
ration.

PAUL HERVIEU.

On le voit : M. Paul Hervieu ne se contente pas de montrer, avec une clarté merveilleuse, comment il a conçu ses
personnages, d'où ils viennent, où ils vont, ce qu'ils veulent ; il fait mieux : en des termes d'une suprême élégance,
il précise la divergence d'opinions qui le sépare de son
redoutable contradicteur. Je ne pense pas qu'il soit possible de présenter un plaidoyer aussi net, aussi concis, aussi
convaincant.

M. Paul Hervieu, il n'est pas inutile de le rappeler,
occupait déjà à cette époque — septembre 1895 — le premier rang dans la littérature. Si le dramaturge ne nous
avait encore offert que deux exquises comédies, *les Paroles
restent* et *Point de lendemain*, le romancier avait donné
nombre d'ouvrages dont deux absolument hors de pair :
Peints par eux-mêmes et *l'Armature...* Il était donc tout
naturel que Sarcey se piquât au jeu...

Selon son habitude, Sarcey alla revoir *les Tenailles* trois,
quatre, cinq fois. C'était sa manière de tâter le pouls des
spectateurs et d'exercer ses sacerdotales fonctions d'Archevêque du bon sens... La pièce, on s'en souvient, était
supérieurement jouée, sans trop d'entr'actes et dans un
mouvement endiablé. Mlle Brandès avait trouvé en Irène

un rôle s'adaptant merveilleusement à son talent et à sa
nature... Elle y fut acclamée et nul de nous n'a oublié
avec quelle énergie farouche, avec quel accent de révolte,
avec quelle explosion de douleur elle lançait le « Il n'est
pas votre fils ! » A ce seul mot, la superbe héroïne de
M. Paul Hervieu apparaissait frémissante de vie, toute en
chair et en os. MM. Le Bargy et Raphaël Duflos étaient
les dignes partenaires de Mlle Brandès, et Mme Pierson
esquissait délicieusement la jolie silhouette de la confi-
dente raisonnable, spirituelle et bien pensante. Ajoutez
que non seulement la pièce réalisait chaque soir le maximum, mais qu'elle continuait à produire sur le public un
extraordinaire effet d'émotion et d'angoisse. Sarcey était
en présence de deux diagnostics complètement opposés :
celui du public et le sien.

Il y avait encore autre chose... Dumas répétait que le
troisième ouvrage dramatique de M. Paul Hervieu égalait
les plus belles tragédies classiques... Sardou, de son côté,
écrivait à un de ses intimes amis : « J'ai lu *les Tenailles*.
C'est de premier ordre ! C'est très vrai, très crâne, d'un magnifique mouvement dramatique et d'une concision sobre
qui dit tout, ce qui est le dernier mot de l'art. » Quant à
Meilhac, il proclamait la maîtrise du jeune dramaturge et
de son ton si drôlement bourru, il murmurait :

— Celui-là, c'est le premier et le premier de tous !... Je
vous l'avais bien dit...

Dumas, Sardou, Meilhac, c'étaient déjà trois témoins
considérables et, avec eux, un autre témoin plus important
encore : le Public. Vous devinez bien que l'Oncle se montrait quelque peu embarrassé. Comme il était beau joueur,
comme il confessait de très bon cœur ses erreurs, il répondait en souriant à ceux qui le plaisantaient :

— Attendons ! Ne nous pressons pas... Le temps décidera.
Le public et le temps, ce sont les souverains juges...

Le temps a décidé... Dumas, Sardou, Meilhac, le Public,
avaient raison contre Sarcey... *Les Tenailles* vont entrer
triomphantes dans leur quinzième année, et j'ai la convic-
tion que, s'il était encore de ce monde, Sarcey aurait plaisir
à reprendre, pour son propre compte, le mot de Meilhac :
« Paul Hervieu c'est le premier de tous ! »

*
* *

Me sera-t-il permis de présenter à ce propos une remarque ? Notre regretté maître Gustave Larroumet et notre
excellent ami Adolphe Brisson ont réuni en huit volumes,
non pas tous les feuilletons de Sarcey — la tâche eût été
impossible ! — mais ceux qui leur paraissaient particulièrement intéressants. Ils se sont pieusement, fidèlement, acquit-
tés d'une besogne délicate entre toutes, et tels qu'ils sont,
ces feuilletons forment une œuvre aussi substantielle et
aussi belle que *les Lundis* de Sainte-Beuve, *les Portraits
contemporains* de Gautier, *les Mille et une nuits* d'Auguste
Vitu ou *les Impressions de Théâtre* de M. Jules Lemaître.
J'ajoute qu'on ne saurait trop remercier Gustave Larroumet
et Adolphe Brisson d'avoir réussi à nous montrer non point
le Sarcey conventionnel et bourgeois, exclusivement attaché
au théâtre de Scribe, mais le Sarcey que nous avons connu,
aimé, et dont nous gardons le plus tendre et le plus reconnaissant souvenir...

Ce Sarcey-là, je vous l'ai dit et je ne saurais trop le
répéter, était bon, bienveillant, généreux, enthousiaste, et
il a plus fait pour l'école nouvelle que les bruyants cham-
pions qui s'imaginent en être les porte-drapeaux. Relisez ces

feuilletons : vous constaterez que, durant près de cinquante années, il fut l'infatigable avocat des deux véritables chefs de cette école nouvelle — Meilhac et Halévy, parbleu! — et vous verrez que nul, mieux que lui, n'a compris et n'a fait comprendre au public tout ce que ce théâtre, auquel nous devons *la Petite Marquise*, *la Boule*, *Froufrou* et aussi *Barbe-Bleue* et *la Belle Hélène*, contient de grâce ailée, de fantaisie souriante et d'ironie légère.

Et cependant, il semble qu'en ces huit volumes de belle et loyale critique quelques involontaires oublis aient été commis... N'est-il pas regrettable, par exemple, que dans les chapitres concernant l'œuvre de M. Paul Hervieu, nous ne trouvions pas les pages si pleines de verve que Sarcey consacra à la gloire naissante de l'écrivain, alors que les articles sévères y ont une place excessive ?

M. Paul Hervieu a droit, en ces *Quarante ans de théâtre* de Sarcey, à un autre rang. Peut-être la publication d'un volume supplémentaire aurait-elle l'avantage de réparer de semblables oublis. La vieille amitié qui m'unit à Adolphe Brisson m'autorise à lui soumettre cette idée.

(9 août 1909).

SOUVENIRS SUR COQUELIN

La cérémonie intime qui a eu lieu mardi à Pont-aux-Dames a été très simple et très belle.

Pont-aux-Dames ! J'entends encore Coquelin jeter, il y a neuf ans à peine, le nom de cet aimable petit village dont aucun de nous ne soupçonnait l'existence.... Il venait d'être nommé président de l'Association des artistes ; une foule de projets, plus ingénieux et plus hardis les uns que les autres, lui trottaient par la tête : il voulait d'abord trouver le moyen pratique d'améliorer le sort des comédiennes ayant droit à la retraite, et immédiatement son idée était debout. De l'avis de tous, il débutait par un coup de maître : il était le président rêvé ; il n'avait pas seulement l'intelligence, l'initiative et l'audace : il possédait aussi cette foi intrépide, entraînante et communicative, devant laquelle rien ne résiste et qui devait l'aider à réaliser les tours de force les plus étonnants.

En ce même Pont-aux-Dames, le 29 janvier dernier, M. Edmond Rostand, rendant à Coquelin un suprême hommage de gratitude, s'écriait : « Des hommes d'État, et les plus grands, vous ont aimé et je sais bien pourquoi : c'est qu'ils étaient émus, charmés, éblouis de tout ce que vous exigiez d'eux, sans cesse, jamais pour vous, toujours pour

Photo Gerschel

COQUELIN

les autres... Ceux qui ont exercé le pouvoir vous ont aimé parce qu'ils connaissaient à tout ce que vous leur deman-diez votre magnifique désintéressement ». Et M. Rostand insistait ainsi sur une des qualités maîtresses de Coquelin : la bonté, une bonté infinie et toujours agissante.

Pont-aux-Dames ! La première pierre de la Maison avait été posée par M. Waldeck-Rousseau qui avait voulu offrir publiquement à Coquelin une marque d'estime et d'amitié. Dans un discours admirable de forme et de pensée, l'homme d'État avait montré à ses auditeurs ravis que de tous les métiers celui *d'acteur* est le premier par le seul fait que, dans le monde où tant de gens jouent la comédie, c'est prendre rang parmi les plus honnêtes que de la jouer en prévenant qu'on la joue... Vous devinez si cette charmante idée, délicieusement développée par le président du Conseil, avait comblé de joie le public de Pont-aux-Dames.

Coquelin était, ce jour-là, le plus heureux des hommes. Quand, le soir, au retour de ce premier voyage officiel à la Maison des comédiens, il vint au ministère de l'Intérieur remercier M. Waldeck-Rousseau d'avoir dit tant de belles choses, il balbutia sur un ton d'inexprimable tendresse ces très simples mots :

— Ah ! Monsieur le président, c'est que vous nous aimez bien, vous !

On sentait chez Coquelin la préoccupation constante de rehausser toujours et partout la profession du comédien. Il avait l'amour de son art, mais il en avait aussi, et au plus haut degré, le respect. C'était pour lui — combien de fois il nous l'a dit et écrit ! — un véritable chagrin d'entendre les jeunes artistes juger si sévèrement leurs anciens.

Un jour — toujours à Pont-aux-Dames ! — nous visitions la Maison encore imparfaitement installée ; nous avions gravi

les larges escaliers ; nous avions, dans les chambres spa-
cieuses, contemplé les rideaux aux riantes couleurs qui
donnent aux pensionnaires l'illusion d'un éternel printemps ; nous avions longé les jolies allées de l'immense
parc ; nous avions même entrevu la place de ce théâtre qui
fonctionne si bien aujourd'hui, et où un des plus dévoués
membres de l'Association, Victor Regnard, organise en été
des matinées aussi fructueuses que brillantes (1)... Entouré
de son frère, le bon Cadet, de son cher Jean, de ses lieute-
nants l'excellent Péricaud et le fidèle Chabert, ainsi que de
son inséparable Gillett, Coquelin était notre guide : au
courant des moindres détails d'organisation, répondant à
chaque question qu'on lui posait, il s'appliquait, comme
toujours, à rendre justice aussi bien au distingué architecte M. Binet qu'au chef de cuisine et au jardinier qu'il
déclarait les premiers du monde. Le tour du propriétaire
terminé, Coquelin nous dit :

— Vous voyez, mes amis, tout sera bien et pourtant je ne
suis pas absolument content de moi : j'ai un regret, un gros
regret... Nous avons mal calculé nos espaces. J'aurais voulu,
et beaucoup de mes camarades partageaient cet avis, qu'une
salle spéciale, une galerie en quelque sorte, fût réservée aux
bustes et aux portraits de nos doyens. Nous avons là-bas
inscrit leurs noms : ça ne suffit pas ! J'aurais souhaité que
nos jeunes comédiens, qui consentiront à honorer Pont-aux-
Dames d'une visite, fussent bien persuadés qu'ils n'auraient
jamais joué la comédie si d'autres ne l'avaient jouée avant
eux. Je me console, quant à moi, à la pensée que ces jeunes
gens, qui nous traitent parfois si mal, deviendront eux-
mêmes les anciens, qu'ils seront à leur tour méconnus, hon-

(1) Victor Regnard est mort l'an dernier assassiné. Ces matinées
sont maintenant organisées par M. Céalis.

nis, et qu'ils offriront à ceux qui viendront après eux les
avis dont ils se moquent aujourd'hui !... La même histoire
recommence éternellement, mais ce qui est vrai, indiscutable, c'est qu'on n'avance dans la vie, quel que soit le métier
qu'on exerce, qu'à la condition de s'appuyer sur une tradition.

*
* *

Traditionnaliste, Coquelin l'était de toutes les forces de
son cœur. Comment d'ailleurs ne l'aurait-il pas été, lui l'incomparable interprète de Figaro et de Mascarille, de Scapin et de Crispin, de Pasquin et de Gros-René? Avec quel
enthousiasme il développait ces théories ! Quelles belles
leçons de théâtre il eût données à nos jeunes Espoirs qu'on
proclame aujourd'hui si rapidement grands artistes, et quel
dommage qu'il dut autrefois décliner la proposition qui lui
était faite de prendre au Conservatoire la succession de Delaunay ! Quel merveilleux « professeur de style » il eût été ! Il
avait appris l'alphabet du comédien sous la direction de
Régnier et il témoignait un véritable culte pour son maître :
mais entre tous ces grands artistes qu'il vénérait, il en était
un qu'il plaçait encore au-dessus des autres, c'était Samson...
Coquelin avait plusieurs fois, dans *Mademoiselle de La Seiglière*, remplacé son maître Régnier qui jouait Destournelles et il s'était trouvé ainsi le partenaire de Samson, interprète du marquis... De ces représentations de *Mademoiselle
de La Seiglière* il avait gardé un souvenir ineffaçable : il prétendait qu'en écoutant Samson nuancer le rôle du marquis,
il avait appris à jouer celui de Destournelles ; il ajoutait qu'il
avait emprunté à son glorieux doyen certains effets de mimique, de diction et de jeu, car il partait de ce double principe qu'un débutant doit toujours avoir un modèle devant

lui et que sa personnalité, si tant est qu'il en ait une, ne peut se dégager que lentement. Insistant sur l'utilité, sur la nécessité du Conservatoire, il proclamait que c'est bien longtemps seulement après la sortie de l'École que le jeune comédien est à même de profiter des leçons qu'il y a reçues. Et cela était encore la raison même...

Ceux qui entrevoyaient Coquelin dans le monde et qui adressaient au grand artiste les compliments d'usage, ceux-là ne le connaissaient pas : parfois même, ils le méconnaissaient. Seuls, ses amis appréciaient la délicatesse de son cœur : l'ami était incomparable ; il donnait sans réserve, mais en revanche il exigeait beaucoup ; il n'admettait pas les demi-amitiés. La Bonté, qui était innée en lui, s'était encore affinée au contact des pauvres camarades dont il adoucissait la misère et que, si gentiment, il appelait ses « vieux de Pont-aux-Dames ». En voyant de près et sur place la Souffrance, il comprenait mieux tout ce que ceux qui sont heureux doivent à ceux qui ne le sont pas. Comme l'a si bien dit Albert Carré mardi à Pont-aux-Dames, Coquelin s'était renouvelé et scrupuleusement il mettait en pratique la belle maxime de Marivaux : dans la vie, il faut être trop bon pour l'être assez.

(4 novembre 1909).

Photo Bert

LELOIR

SOUVENIRS SUR LELOIR

La mort de Leloir est une grande perte pour la Comédie-
Française : il en était une des forces : sa fidélité à la Maison
était absolue, sa probité professionnelle était parfaite : il
donnait l'exemple...

Ses débuts avaient été fort pénibles. Tandis que ses contemporains, MM. de Féraudy et Le Bargy, entraient directement au Théâtre-Français en sortant du Conservatoire,
Leloir, lui, marquait le pas et pendant assez longtemps.
Il fit son apprentissage aux côtés de son camarade Silvain,
chez Ballande, au Troisième Théâtre-Français aujourd'hui
théâtre Déjazet; il y tenait tous les emplois et particulièrement les premiers comiques du répertoire : car Ballande,
bien que directeur d'une scène non subventionnée, jouait du
répertoire; il avait jadis inauguré les matinées du dimanche
et il appelait à lui des conférenciers illustres : Ernest Legouvé, Francisque Sarcey, Émile Deschanel, Henri de
Lapommeraye.

Leloir n'était pas encore connu du grand public le jour
où il débuta au Théâtre-Français... Émile Perrin, qui
l'avait engagé malgré certaines résistances de quelques
artistes du comité, n'hésitait pas à lui confier plusieurs
rôles importants du répertoire : Harpagon, Orgon et Chry-

sale. Mais Leloir — là était l'écueil — avait comme chefs de file deux artistes de tout premier ordre : d'une part. Thiron, l'exquis Thiron qui jouait en maître le moderne et le classique, et que tous les auteurs, Augier, Dumas, Pailleron, réclamaient pour créer ou reprendre leurs ouvrages ; d'autre part, l'excellent Barré, qui était lui aussi un comédien de la grande école... Ajoutez que Got et Coquelin étaient, à cette époque, en pleine gloire et que Cadet maintenait fort judicieusement ses droits d'ancienneté.

Dans de telles conditions, il semblait difficile que Leloir se créât immédiatement une place à la Comédie. Comme ses camarades de Féraudy et Le Bargy, qui ne jouaient que lorsque Got et Delaunay le voulaient bien, il dut s'armer de philosophie.

Les premières années qu'il passa à la Comédie furent très dures. Il avait beau faire preuve d'un réel talent de composition dans les emplois les plus ingrats (les financiers, les manteaux et les grimes) : on lui reprochait d'être trop long et de ne pas avoir le physique des rôles qu'il interprétait : on trouvait surtout qu'il manquait de bonhomie et on lui conseillait d'aborder les troisièmes rôles... Sarcey lui-même, qui suivait assidûment les représentations de la Comédie-Française et en dressait chaque dimanche un scrupuleux compte rendu, ne se montrait pas tendre à l'égard du jeune pensionnaire. Heureusement, l'Oncle, je vous l'ai dit, n'était pas aussi entêté qu'on le prétendait ; il ne demandait qu'à revenir sur une opinion, lorsqu'on lui prouvait qu'il s'était trompé. Pour Leloir, il reconnut son erreur avec beaucoup de bonne grâce, et voici dans quelles circonstances...

C'était un de ces soirs d'été où le thermomètre marque trente et quelques degrés. Le spectacle de la Comédie-

Française était composé d'une tragédie et de *l'Avare*. Leloir
jouait Harpagon ; il avait été, après le monologue, acclamé
par la salle entière... A l'entr'acte, Sarcey se dirigea vers le
café du théâtre et j'allai l'y retrouver en compagnie de
mon ami Prudhon. On parla de la représentation : Prudhon
cita les noms des anciens interprètes de *l'Avare*, et Sarcey
voulut bien avouer que Leloir leur était supérieur à tous...

— Alors, mon cher maître, fit Prudhon, vous voyez bien
que Leloir a du talent et beaucoup de talent ! Puisque vous
nous le dites aujourd'hui, écrivez-le dimanche... Si vous
saviez combien vous le découragez ! Pas seulement Leloir,
mais tous les jeunes gens auxquels vous montrez vos gros
yeux. Ce sont précisément les jeunes qui ont besoin de
prendre confiance et de ne pas perdre pied... Moi aussi, j'ai
passé par là... M'avez-vous assez maltraité !...

— Vous avez raison, reprit Sarcey. Combien d'articles
j'ai signés autrefois, sans me douter du chagrin que je
causais à ceux que je malmenais. En ce qui concerne
Leloir, je suis très troublé. Vous connaissez mes théories...
Si le public l'acclame comme il vient de l'acclamer, c'est qu'il
a de sérieuses raisons. Le succès, quel qu'il soit, a toujours
une cause... Il ne faut d'ailleurs pas croire qu'Harpagon est un
bon rôle. Nous avons vu Got s'y essayer et y culbuter lourdement. Leloir en a les traditions et c'est déjà beaucoup...
Enfin, je vous promets d'écrire dimanche ce que je vous
raconte ici.

Sarcey tint parole et largement. Bien plus, il s'intéressa
à Leloir, il l'encouragea, il le guida ; puis, le temps aidant,
il confessa publiquement ses torts et déclara à ses lecteurs
que le jeune comédien serait un jour un des soutiens, une
des gloires du Théâtre-Français. Sarcey disait vrai.. Mais
que de luttes, que de déceptions, que de tristesses avant

d'arriver au but ! Les artistes du comité, qui autrefois contestaient le talent de Leloir et avaient tenté de résister à Perrin, étaient bien forcés de se rendre à l'évidence et d'octroyer au pensionnaire le sociétariat. Cependant, malgré ses succès, Leloir ne parvenait toujours pas à être un comédien de premier plan.

Ce fut une reprise des *Effrontés* qui décida de son avenir. Très judicieusement, M. Jules Claretie avait confié à Leloir le rôle du marquis d'Auberive créé par Samson : Got reprenait Giboyer, Barré Charrier, Febvre Vernouillet, et la délicieuse Blanche Barretta complétait cette distribution hors de pair. Leloir se piqua au jeu et fut le digne partenaire de ces illustres artistes. Son personnage était merveilleusement campé : jeu, mimique, diction, tout y était, jusqu'aux moindres nuances, et sa manière de lancer le traditionnel : « Crève donc, société ! » était d'un maître-comédien.

Depuis ce jour-là, Leloir marcha de succès en succès et regagna rapidement le temps perdu. Il avait confiance et, avec la confiance, l'autorité était venue... Il était attaché à la tradition, sans superstition étroite pourtant : son esprit curieux s'ingéniait à moderniser les personnages du répertoire classique et à leur donner des interprétations neuves et personnelles ; il ne craignait pas, par exemple, de pousser Arnolphe au noir, estimant que ce rôle, suivant le mot de son devancier Got, est parfois tragique et rappelant que Provost lui-même suivait le conseil de Théophile Gautier et élevait Arnolphe à la hauteur d'Alceste...

La dernière fois que je vis Leloir, c'était en juin dernier : il avait dû, par ordre du médecin, renoncer à créer le rôle que M. Pierre Berton lui destinait dans *la Rencontre*, mais avant son départ pour Étretat, il avait voulu assister à l'examen trimestriel de ses élèves et, les larmes aux yeux, il nous disait :

— Je ne serai pas là, le mois prochain, le jour du concours... Pourvu seulement que je puisse reprendre ma classe à la rentrée !...

Sa classe, en effet, était sa constante préoccupation et ceux qui, comme nous, le voyaient à la besogne au Conservatoire, se rendaient compte de la supériorité de son enseignement. Certes sa place va être longtemps vide à la Comédie : mais au Conservatoire, c'est plus qu'un professeur qui s'en va : c'est tout un enseignement qui disparaît.

(1er décembre 1909).

LES ENFANTS DE LA MAISON

Les enfants de la Maison ce sont, vous l'entendez bien, les nouveaux sociétaires de la Comédie-Française.

Suivant une heureuse coutume, les artistes formant, sous la présidence de leur chef, le comité d'administration, ont témoigné une particulière bienveillance envers ceux et celles qui ont fait toute leur carrière chez Molière. Aux comédiens venant des théâtres du boulevard ils préfèrent ceux qui, après de solides études au Conservatoire, sont modestement entrés à la Comédie et y ont grandi. J'entends encore le doyen Got s'écrier :

— Les enfants de la Maison ont droit à toute notre sympathie... D'abord, ils débarquent ici en quittant l'École, alors que, moyennant un dédit qui n'est pas la mer à boire, ils pourraient accepter les séduisantes propositions du Vaudeville ou du Gymnase. Ensuite, ils ont, durant des années, marqué le pas : ils ont attendu leur tour et, ayant moi-même passé par là, je n'en apprécie que mieux leur mérite. Il me paraît donc équitable qu'après un certain temps nous reconnaissions leurs services en les attachant à notre Société..

Il convient de rendre au comité d'aujourd'hui cette justice qu'il se montre fort généreux à l'égard de ces artistes que Got appelait les enfants de la Maison. Suivant les sages avis de l'administrateur général, le comité a pensé que les tragédiens devaient être d'autant mieux traités que jamais les interprètes de Corneille, de Racine et de Victor Hugo n'ont été supérieurs à ce qu'ils sont à l'heure actuelle... De ce fait, deux tragédiennes, Mmes Louise Silvain et Delvair, ont été élues...

Elles sont toutes deux enfants de la Maison... Mme Silvain, on le sait, a été, au sortir du Conservatoire, pensionnaire de l'Odéon... Mais l'Odéon n'est-il pas le Second Théâtre-Français, l'école préparatoire du premier, et la laborieuse artiste n'y a-t-elle pas joué Corneille, Racine, Voltaire, Rotrou, Casimir Delavigne, accomplissant de la sorte le plus utile des apprentissages ? On connaît ses états de services à la Comédie. Elle attendait, elle piétinait et se désolait, lorsque l'érudit adaptateur d'*Électre*, M. Alfred Poizat, remit entre ses mains le sort de son ouvrage. Le succès fut éclatant, et, *Électre* aidant, l'aimable jeune fille que nous avions remarquée au Conservatoire sous le nom de Louise Hartmann, est devenue sociétaire de la Comédie-Française.

C'est sa très belle interprétation de *la Robe rouge* qui a valu à Mlle Delvair sa promotion au sociétariat. On s'est également souvenu qu'en 1900, dans *Patrie*, Mlle Delvair remplaça Mlle Brandès et qu'elle rendit ce jour-là un sérieux service à la Comédie. Elle venait alors d'obtenir au Conservatoire le premier prix : elle était l'élève de Worms, qui a formé tant de sujets hors de pair...

Le cas de Mlle Géniat est analogue à celui de ses deux camarades de tragédie. On récompense en elle une artiste intelligente, studieuse, instruite, fidèle à son art et à son théâtre. Elle aussi est enfant de la Maison et elle évoquera, non sans quelque fierté, les tristes heures où, pour gagner sa malheureuse vie, elle était petit « rat » du corps de ballet à la Gaîté. La Comédie-Française a trouvé en cette gracieuse ballerine une jeune première de réel mérite. Qui sait pourtant si elle ne nous a pas ainsi privés d'une émule de notre adorable Zambelli ?...

M. Dessonnes est, à l'exemple de Mlle Delvair, élève de M. Worms... Je vous ai raconté son histoire. Il comptait parmi les premiers de sa classe, mais le jury, qui a mission de désigner les candidats admis au concours public de fin d'année, ne l'avait pas trouvé suffisant... M. Worms, avec l'autorité personnelle qu'il avait auprès du jury, défendit son élève et le défendit si bien que les augures, revenant sur leur décision, inscrivirent le nom de M. Dessonnes au bas de leur liste et le « repêchèrent ». Or, le mois suivant, qui gagnait d'emblée, à l'unanimité et aux acclamations de la salle entière, le premier prix ? Le « repêché » de l'examen de juin, M. Dessonnes lui-même !... Et je demande, à mon tour, ce qui serait advenu si l'élève n'avait pas trouvé en son maître un si éloquent avocat... Ne vaudrait-il donc pas mieux — et je ne suis pas le seul à poser cette question ! — admettre tous les élèves du Conservatoire au concours final, tous sans exception ? Il est possible que le jury soit condamné à entendre pas mal de non-valeurs et il est certain que le concours comporterait de très longues séances ; mais je crois qu'en procédant ainsi on éviterait de regrettables erreurs. Notre cher Sardou n'entendait pas de cette oreille-là et avait horreur du « repêchage ». Quant à Ludovic Halévy, si doux et si conciliant, à ce mot « repêchage », il bondissait et nous disait :

— Repêchez, repêchez, mes amis ! Vous verrez ! Vous aurez quarante concurrents !... La séance finira à neuf heures du soir et nous serons hués, conspués, aplatis sous les pommes cuites, et ce sera justice !.. A partir d'une certaine heure, nous ne sommes plus capables de juger sainement !...

N'empêche que, malgré les arguments de Sardou et d'Halévy, le « repêché » Dessonnes obtint gain de cause et est aujourd'hui un des premiers comédiens de cette jeune Comédie-Française, si fertile en ressources et si pleine de réserves. Parmi tous les rôles qu'il a créés ou repris, celui dans lequel il débuta, Perdican, est un de ses meilleurs. Il n'est pas moins bien inspiré en Dorante du *Jeu de l'Amour et du Hasard* que dans *les Fausses Confidences* : il détaille à ravir cette prose ailée, mais peu commode, de Marivaux et les admirables *Tenailles* de M. Paul Hervieu lui valent un franc succès. Au temps où on cataloguait les emplois, on eût dit de lui : c'est un jeune premier ... C'était là l'éloge suprême. M. Dessonnes mérite ce compliment : il a du talent et beaucoup... Le titre de sociétaire fera le reste, et, ici encore un mot très juste du doyen Got me revient à la mémoire :

— Le sociétariat confère un don essentiel, qu'on n'acquiert ni avec le temps ni avec l'expérience, et ce don-là c'est l'autorité !

M. André Brunot est également un des enfants de la Maison. La voix éclatante, l'œil vif, le jeu large, la diction nette, il possède toutes les qualités du grand premier comique. Il a trente ans à peine et déjà, en quelques rôles, Crispin des *Folies* et du *Légataire*, Pasquin du *Jeu de l'Amour*, Mascarille des *Précieuses*, il a affirmé sa maîtrise. L'écueil, je le redis, c'est qu'un artiste, qui joue surtout du répertoire, s'impose plus difficilement auprès du public que celui qui fait des créations. Par bonheur, M. Brunot hérita, il y a quelques mois, du joli rôle que l'auteur de *la Rencontre*, M. Pierre Berton, destinait à M. Leloir, et il y conquit tous les suffrages. Dirai-je que pour M. Brunot, qui est rompu au classique, la tâche que lui confiait M. Pierre Berton devenait la plus facile du monde ? C'est une vérité qu'il faut répéter constamment à nos jeunes artistes : le répertoire, c'est l'exercice nécessaire, c'est la gymnastique préparatoire, ce sont les gammes indispensables. Un comédien n'acquiert le style — autre vertu primordiale ! — qu'à la condition d'avoir pioché ses classiques... Et M. Brunot a déjà du style ; il est, n'en doutez pas, un comédien de la grande lignée...

M. Huguenet enfin, a été, lui, nommé sociétaire à part entière : il est précisément un des rares artistes qui aient du style, tout en n'ayant pas suivi les cours de notre Conservatoire et tout en étant — passez-moi le mot ! — un enfant naturel de la Comédie-Française. Je vous ai conté qu'il n'a pas eu la tâche aussi aisée que d'aucuns se l'imaginent, qu'il a beaucoup travaillé et qu'il a connu des heures terriblement cruelles. Son histoire, que je vous ai narrée par le menu, est celle d'un très brave homme.

Quelques pensionnaires, qui espéraient toucher au but, sont restés, comme on le dit, sur le carreau. Que leurs doléances soient justes, ceci n'est pas mon affaire. Pour le moment, je constate avec joie, en bon et irréductible traditionnaliste, qu'en dépit des retraites et des disparitions, la Comédie-Française résiste à tous les assauts et à toutes les secousses. J'y ai applaudi, en cette première quinzaine de l'année, *le Mariage de Figaro, Athalie, Bérénice, les Précieuses ridicules, le Médecin malgré lui, le Dépit amoureux, l'Avare*... Je ne crois pas qu'un autre théâtre pourrait ainsi varier son affiche et nous offrir des interprétations classiques aussi intéressantes et souvent même aussi parfaites. Et alors, je reprends le mot de Sarcey : « La Comédie-Française est une institution unique : elle n'a pas son égale. Gardons-la intacte !... »

(18 janvier 1910).

Photo Chabot

PRUD'HON

PRUDHON

Notre ami Prudhon, qui remplit aujourd'hui à la satisfaction de tous, le poste de secrétaire général de la Comédie-
Française, vient d'être nommé chevalier de la Légion d'Honneur. Cette récompense lui était due depuis longtemps... Je ne
sais pas, en effet, de carrière plus complète que celle de Prudhon. Voyez plutôt.

Prudhon entrait à la Comédie-Française à l'âge de dix-
sept ans : il sortait du Conservatoire — classe de Régnier —
où il remportait le premier prix de comédie. Sa première
création, qui le mettait en relief, était celle de Bonaparte,
du *Lion amoureux* de Ponsard : ses principaux partenaires
étaient Bressant, qui jouait avec un succès étourdissant
le rôle d'Humbert ; Delaunay, Maubant, Mmes Madeleine
Brohan, Édile Riquier : le général Hoche était merveilleusement représenté par Leroux, comédien excellent qui,
je vous l'ai dit, n'occupa jamais la place qu'il méritait.
Quant au rôle d'Aristide, Ponsard le confiait à un jeune
artiste qui, entre Régnier et Got, affirmait déjà sa maîtrise
et n'était autre que Constant Coquelin.

Pour se créer un rang dans une telle troupe, il fallait
beaucoup de talent et aussi quelque peu de patience. Le
meilleur moyen de réussir, c'était d'interpréter tous les

rôles, indistinctement... Suivant les sages avis de Delaunay, son chef de file, Prudhon s'attela alors à une besogne formidable et joua sans répit, d'un bout de l'année à l'autre, les amoureux, les jeunes premiers, les premiers rôles, étant tour à tour le Valère, le Damis, le Clitandre et l'Acaste de Molière ; le Dorante et le Lucidor de Marivaux ; le Valentin d'Alfred de Musset et n'hésitant pas, le cas échéant, à aborder la tragédie... Ce fut ainsi que le jeune Bonaparte du *Lion amoureux* apparut en Pyrrhus d'*Andromaque* : il y gagna d'emblée les suffrages du plus illustre des critiques : Théophile Gautier.

Après cinq ans de Comédie-Française, Prudhon était de tous les artistes, sociétaires et pensionnaires, celui dont le nom était inscrit le plus souvent sur l'affiche ; on allait l'appeler au sociétariat lorsqu'arriva l'Année terrible. Les si émouvants *Tableaux du Siège* de Théophile Gautier nous montrent comment, en ces heures affreuses, notre premier théâtre organisait ses spectacles. Dans l'avant-scène, autrefois la loge impériale, les blessés convalescents de l'ambulance assistaient à une représentation composée d'*Andromaque* et du *Médecin malgré lui*. Et tous ces braves gens, relevés à peine de leurs lits de souffrance, applaudissaient Racine et Molière aux bons endroits. Dans la tragédie interprétée par Mmes Agar et Favart qui personnifiaient Hermione et Andromaque, Prudhon jouait Pyrrhus et Maubant prêtait aux fureurs d'Oreste sa voix superbe.

J'ai là devant moi, le programme d'une de ces représentations de la Comédie-Française ; il porte la date du 20 novembre 1870... La conférence sur les Sœurs de France et les infirmières civiles est faite par M. Ernest Desmarets ; le second acte de *Tartuffe* est joué par Talbot, Mlle Émilie Dubois, Mme Provost-Ponsin, et c'est Prudhon qui joue Valère.

Le troisième et le quatrième acte des *Femmes savantes* ont pour interprètes Leroux, Talbot, Coquelin cadet, Mmes Jouassain, Victoria Lafontaine, Croizette, Édile Riquier et le pauvre Seveste qui, quelques jours plus tard, va mourir à l'ambulance du foyer des artistes, joue Vadius ! A ce même programme, figurent *la Lettre du mobile breton*, de Coppée et *les Paroles d'un conservateur à propos d'un perturbateur* de Victor Hugo sont récitées par Coquelin... *Les Pigeons de la République* d'Eugène Manuel — le poète des *Ouvriers* et de *la Robe* — sont dits par Mme Favart ; *les Précieuses ridicules* terminent la soirée : Coquelin y joue Mascarille et Prudhon Lagrange.

Rien n'est plus intéressant que d'entendre Prudhon évoquer ces souvenirs du siège de Paris. Le foyer des artistes est transformé en ambulance : la monumentale cheminée le chauffe de ses énormes bûches ; les lits des blessés sont rangés la tête contre le mur de chaque côté de la salle et laissent entre eux un large passage. Les bustes des poètes sont là qui contemplent les malades et semblent veiller sur eux... Le Voltaire de Houdon continue à sourire sur son fauteuil de marbre : aucun voile n'est jeté sur le patriarche de Ferney : une simple bande de percaline protège son piédestal. Puis notre chère Madeleine Brohan, spécialement déléguée au service de la charpie, entre, escortée de la belle Delphine Marquet. Les internes et les infirmières occupent au bout du couloir la petite salle du buffet, tandis que « l'ingénue », Émilie Dubois, descend à la cuisine placée au rez-de-chaussée — à l'orchestre ! — et y cherche un bouillon de convalescent... Alors arrive le mois de décembre... L'administrateur Édouard Thierry, annonce que, par ordre, les représentations sont suspendues... Constant Coquelin, Laroche, Cadet, Frédéric Febvre, Prudhon, Seveste laissent au magasin du théâtre les costumes de Molière et endossent les tuniques de « moblots » et nos comédiennes-infirmières, toutes vêtues de noir, regardent partir leurs camarades, se demandant si elles les reverront jamais ! Le Théâtre-Français a définitivement fermé ses portes : il est converti en une immense ambulance. Et nous autres, bambins de neuf ans, nous avions, en août, — quatre mois auparavant ! — aperçu à Auteuil, descendant la rue Lafontaine, d'innombrables régiments dont les soldats chantaient joyeusement en chœur : « A Berlin ! » Mon père est là-bas au bastion garde national, et ma mère nous a emportés loin du drame horrible auquel nous ne comprenons pas grand'-chose, si ce n'est que les lettres paternelles, confiées aux ballons, s'égarent au milieu de la tourmente !...

*
* *

Je n'oublierai jamais avec quelle émotion poignante Prudhon me raconta tous ces épisodes de la guerre et du théâtre, le jour où notre cher et excellent Georges Chalamet me présenta à lui. Il y a vingt-huit ans de cela !.. J'avais obtenu de Léonce Détroyat un petit coin au journal *l'Estafette*. J'étais jeune, ardent, enthousiaste : j'aimais le théâtre comme on l'aime à vingt ans et je suivais toutes les représentations de la Comédie-Française. Prudhon, je crois vous l'avoir dit, y fut un de mes parrains... Madeleine Brohan et Jeanne Samary étaient ses amies et « Madame Madeleine » me fit immédiatement l'honneur de m'inscrire d'office parmi les cinq membres de cette amicale Société des Chevreuillets dont je vous ai expliqué le fonctionnement.

Prudhon, malgré les services qu'il rendait à son théâtre et les nombreux succès qu'il y remportait aussi bien dans le

répertoire classique que dans la comédie moderne, attendait
le sociétariat, mais l'implacable comité, encouragé par son
administrateur Perrin, continuait à ne pas élire de sociétaires! Heureusement, Prudhon, à la quinzième représentation du *Monde où l'on s'ennuie*, remplaça son doyen Got
dans Bellac ; son succès y dépassa de beaucoup celui du
créateur et notre comité, pris d'un accès de générosité,
nomma en une même séance cinq sociétaires : Mmes Pauline Granger, Gabrielle Tholer, Adeline Dudlay, MM. Prudhon et Silvain.

On l'a dit : énumérer les rôles que reprit ou créa Prudhon
depuis le jour où il fut nommé sociétaire, c'est faire l'histoire de notre première scène... Le mot de M. Jules Claretie ne veut pas de commentaire : ce n'est pas seulement
un artiste qu'on récompense en Prudhon, c'est la Comédie-Française tout entière qu'on honore.

(3 janvier 1910).

INONDATIONS ET SIÈGE

Nos théâtres, nos concerts, nos cirques, nos music-halls ont repris leur vie normale, et il faut tout d'abord rendre justice aux personnels des musiciens d'orchestre, des machinistes, des figurants, à tous ces braves gens qui sont les collaborateurs, anonymes mais indispensables, du succès d'un ouvrage dramatique. Ils ont été tous et toutes, sans aucune exception, extraordinaires d'intelligence, de vaillance et d'entrain. Cela, il faut le dire et le redire : on ne le répétera jamais assez.

Combien de fois, durant ces tristes jours, j'ai entendu répéter : « Ce sont les représentations du siège qui recommencent ! » Celui-ci, vieil habitué du Théâtre-Français, rappelait que les portes de la Maison de Molière avaient été fermées en septembre, quelques jours après Sedan ; celui-là, non moins affirmatif, racontait que, jusqu'en janvier 1871, des représentations de toutes sortes avaient été improvisées, et surtout des spectacles diurnes... Spectacles diurnes, vous entendez bien... Car, en ces temps lointains — quarante ans ! — on ne connaissait pas les matinées. Seul, Ballande risquait la partie en son théâtre du boulevard du Temple, que dirige aujourd'hui si intelligemment M. Rolle. Il y remontait les chefs-d'œuvre classiques qu'il faisait précéder de conférences. Ce fut bien après Ballande que Perrin donna l'ordre d'afficher la première matinée de la Comédie-Française : elle se composait du *Joueur* avec Delaunay et Coquelin, des *Précieuses ridicules* avec Coquelin, et du *Médecin malgré lui* avec Got ; au total, neuf actes classiques interprétés par la tête de troupe. Perrin voyait, en cette institution nouvelle, une source de gros bénéfices pour son théâtre, et il appliquait fort habilement une idée qui, il est juste de le reconnaître, était celle de son prédécesseur.

Ce fut ce prédécesseur, Édouard Thierry, un parfait homme de lettres, qui nous a laissé sur ces tragiques représentations du Siège et de la Commune des documents précieux entre tous. Je ne sais, en effet, rien d'aussi attachant, rien d'aussi poignant que ce Journal intitulé : *la Comédie-Française pendant les deux sièges*. Édouard Thierry, avec une fidélité scrupuleuse, y a consigné, heure par heure, tout ce qui se passait au Théâtre-Français. Notre amie Madeleine Brohan, qui aimait tant à évoquer ce passé plein de souvenirs, nous disait un jour :

— Ce que Thierry a donné là est un drame, et un drame d'autant plus beau qu'il est impartial. Il faut avoir vécu ces heures-là pour se rendre compte de ce que vaut un tel ouvrage !

Puis, reprenant son gracieux sourire, Madeleine Brohan ajoutait :

— Songez que moi qui vous parle, j'ai eu beaucoup à me plaindre de Thierry comme administrateur ! Si je vous affirme que l'historien a été supérieur, c'est que cela est...

Les paroles de Madeleine Brohan me revenaient à la mémoire l'autre soir, tandis qu'à la Comédie-Française M. Jules Claretie, entouré de son admirable personnel, accomplissait un stupéfiant tour de force... Au semainier, préfet de police du théâtre, il confiait le soin de rassurer le public, et ce semainier, M. Duflos, plein de sang-froid et d'entrain, accumulait les annonces et se tirait merveilleusement d'une tâche qui, à chaque acte, devenait moins commode. On avait pris mille précautions de nature à distraire ce public : on avait, par exemple, décidé de ne pas baisser le rideau à la fin des actes et, tout naturellement, les changements de décors enchantaient les spectateurs qui ne semblaient plus du tout se soucier des moyens de locomotion qu'ils chercheraient, à la fin du spectacle, pour regagner leur domicile... Sur le théâtre, on était fort anxieux, car à mesure que l'heure avançait, la lumière diminuait. Et malgré tant de difficultés, cette pittoresque représentation de *Sire* se terminait au milieu des applaudissements ...

A l'Odéon, un brave machiniste à qui je demande « comment ça va » me répond, étonné de ce que je prenne de ses nouvelles :

— Mais ça va très bien, monsieur ! Aujourd'hui on met les bouchées doubles et cela est bien naturel. Me voilà, moi, rajeuni de quarante ans ! C'est le siège de Paris...

*
* *

Le vaillant machiniste de l'Odéon et les aimables habitués de la Comédie exagéraient quelque peu... La lecture du dramatique *Journal* d'Édouard Thierry nous renseigne exactement sur tous ces points... Lisez plutôt.

On est alors en plein siège: les deux foyers de la Comédie sont convertis en ambulances et les bustes sourient à des lits de douleur. De décor point, ou plutôt un seul qui représente un salon. De costumes, pas davantage... On en découvre bien, mais à quoi bon des costumes, du moment où il est

impossible de jouer une pièce entière et de rassembler les
artistes que leurs devoirs appellent, ceux-ci aux remparts,
celles-là à l'ambulance ?... Le mois de janvier arrive, et le
comédien Seveste. celui-là même que chaque année la Comédie-Française honore si pieusement, meurt à Buzenval : on le
ramène dans une ambulance militaire, qui porte le nom
d'ambulance de la Comédie-Française. Il avait lui-même
choisi le combat d'avant-poste... Lorsque, le 15 janvier 1871,
le théâtre célébrait, sous le canon, la date de l'anniversaire
de Molière, Seveste manquait à la fête : il était de faction à
Courbevoie, et le lendemain il adressait à Édouard Thierry
la jolie lettre que voici :

Monsieur et cher Directeur,

Vous ne sauriez croire combien je fus peiné en songeant que,
cette année, pour la première fois, il me faudrait renoncer à l'honneur de fêter l'anniversaire de la naissance de notre Patron.

Ce ne fut pas là un des moindres chagrins que me causa cette
guerre ; mais si je n'ai pu prendre une part active à la brillante
matinée donnée à cette occasion, croyez que d'ici je me suis associé au devoir rempli par mes camarades, et que je suis loin d'oublier en un jour tout ce que j'ai tenu de la Maison de Molière.

Vous connaissez mes excuses, mais mes regrets sont plus grands
qu'on ne saurait se l'imaginer, et je vous prie d'en agréer la nouvelle assurance, ainsi que les vœux que je forme pour la prospérité future de la Comédie-Française.

SEVESTE.

Le théâtre, en dépit des obus, tenait à honneur de célébrer Molière, et le 18 janvier, trois jours après la fête du
Patron, Seveste arrive, porté sur une civière. Le pauvre
comédien a l'os broyé à la cuisse ; il souffre horriblement...
Tous ses camarades vont à sa rencontre et veulent l'embras-

ser. Les notes d'Édouard Thierry sont ce jour-là les sui-
vantes :

19 janvier. — Émile Augier est venu en se rendant à l'Académie.
Les docteurs Coquerel et Mallez ont vu Seveste. Ils jugent l'amputation inévitable, sans vouloir toutefois rien décider avant la venue
de M. Richet... Tout le monde est désolé de ce malheur et Guillard pleure en songeant qu'Ernest Coquelin est, lui aussi, devant
l'ennemi. Mlle Tholer, qui faisait Lucinde dans *le Médecin malgré lui*, a aussi son frère engagé dans le combat. Elle a failli se
trouver mal. Mlle Émilie Dubois nous dit que le docteur Mallez
parle de la nécessité de mettre Seveste dans une loge d'acteur, s'il
s'agit de lui faire subir une opération. — Seveste a prié Mlle Reichenberg d'annoncer à sa famille ce qui lui est arrivé. Mlle Reichenberg n'a pas ce courage, ni Prudhon, ni aucun de ses camarades. Je ne l'ai guère plus qu'eux. Prudhon ne croit pas qu'il
faille porter tout de suite cette triste nouvelle à une mère, à une
grand'mère, à une sœur, qui ne vivent que par Seveste!.. Seveste
demande qu'on laisse les siens dans l'ignorance. Nous ne pouvons
organiser un service pour lui seul. Le bois nous manque pour
chauffer une loge le jour et la nuit... Seveste consent à ce qu'on
lui coupe la jambe... *Après tout*, dit-il, *Monsieur Thierry fera
bien de moi un régisseur!*

Édouard Thierry termine ainsi ses émouvantes notes du
19 janvier :

On dit que nous ne devrions pas jouer la comédie. Si nous ne la
jouons pas, qui donnera du pain à la famille Seveste? Jouons,
c'est l'avis de Lavoix, de Marie Royer et de tous ceux à qui la
question est posée. M. Denormandie pense que le général Trochu
veut sortir de Paris pour ne pas livrer comme à Sedan et à Metz
une armée française prisonnière. — Vu tantôt Pailleron. Il pense
que nous sommes à la veille d'un dénouement et ce dénouement
lui fait peur.

Le 27 janvier, voici la note :

Étienne Arago est venu apporter 300 francs, de la part de M. Jules
Ferry, pour Seveste.

Le 29, c'est la fin du siège, et Édouard Thierry rédige ainsi son bulletin de la journée :

Représentation du *Misanthrope* avec *les Jeux de l'Amour et du Hasard* ; Lafontaine a paru un peu étonné de jouer avec Mlle Croizette, sans qu'ils eussent répété ensemble.

Ecrit à M. Méline le programme de notre représentation du mercredi, pour qu'il en fasse part à ses amis.

Le 31 :

Seveste est mort. Prudhon se charge d'aller à la mairie et à l'église Saint-Roch pour commander un convoi. Vu M. Méline qui nous donne un mot pour que nous ayons aux obsèques de Seveste un détachement de la garde nationale.

Le 1er février :

Le convoi de Seveste était escorté par des carabiniers parisiens. Au cimetière quatre discours et le capitaine des carabiniers invite la foule à crier : Vive la France !

Le 3 février, on donne *Bataille de Dames* et *Il ne faut jurer de rien*, car on continue à répéter et à jouer, quand et comme on peut... Le 4, la note d'Édouard Thierry est conçue en ces termes :

On dit que M. Jules Ferry a invité les directeurs de théâtre à recommencer lundi les représentations.

. . . .

Ces notes théâtrales, politiques et militaires, d'une si poignante concision, où les noms du général Trochu, de Jules Ferry et de M. Méline se croisent avec ceux d'Augier et de Pailleron, de Madeleine Brohan et de Sophie Croizette, de Seveste et de Prudhon, ces notes dont la lecture nous serre le cœur, montrent que les représentations qui viennent d'être données pendant les inondations, n'avaient fort heureusement rien à voir avec celles du siège...

Je souhaite, pour ma part, que l'administrateur de la
Comédie-Française de 1910, qui est l'auteur du *Drapeau* —
un chef-d'œuvre ! — nous fasse à son tour, à l'exemple
d'Édouard Thierry, le récit de ce qu'il a vu en ces derniers
jours... Nous voulons un livre, un roman, un drame. J'imagine qu'*Heures d'inondation* de M. Jules Claretie prendrait
place, dans la glorieuse histoire de la Comédie-Française, à
côté de cet admirable *Journal des deux sièges* d'Édouard
Thierry...

(4 février 1910).

GOT

SOUVENIRS SUR « L'AMI FRITZ »

La remise à la scène de *l'Ami Fritz* à la Comédie-Française éveille chez moi bien des souvenirs... C'était en 1876. Je suivais alors les cours du lycée Condorcet : j'avais comme camarades de classe François Arago et Fernand Widal, qui tous deux ont fait un beau chemin : mon très cher et éminent ami Paul Hervieu était « dans les grands », notre brillant confrère Fernand Vandérem « dans les petits », et l'éminent président de la Société des gens de lettres, M. René Doumic, manifestait en pleine distribution des prix ses opinions politiques et criait « Vive le Roi ! »... Car nous parlions tous ou politique ou théâtre. Mes préférences à moi allaient à l'art dramatique, et spécialement à la Comédie-Française : mes thèmes et mes versions étaient médiocres, mais j'occupais la première place en « récitation », et je me préparais à étonner notre illustre doyen, M. Alfred Mézières, examinateur à la Sorbonne, à qui j'allais débiter, par cœur et sans manquer un mot, une scène de *Cinna*...

On répétait à cette époque *l'Ami Fritz* au Théâtre-Français, et la réception de la pièce d'Erckmann-Chatrian avait soulevé de vives protestations. Un des plus distingués collaborateurs du *Figaro*, Saint-Genest (les anciens du *Figaro* ont bien connu cet homme charmant) considérait qu'Erckmann et Chatrian avaient, par leurs romans qu'ils intitulaient nationaux, affaibli l'esprit militaire : il les accusait de faire du patriotisme à rebours et contestait jusqu'à leur talent. Saint-Genest jouissait dans la presse d'une légitime autorité et, de ce fait, il entraînait à sa suite nombre de confrères. Dans de telles conditions, la première de *l'Ami Fritz* devait être fort orageuse.

Émile Perrin, opérant une petite révolution, avait convoqué à la dernière répétition (les « générales » étaient totalement inconnues) quelques critiques auxquels s'étaient joints les parents des interprètes et les amis du théâtre... Cette « avant-première », donnée devant une centaine de personnes, avait été triomphale : les privilégiés qui y assistaient avaient vu en *l'Ami Fritz* non point certes une profonde étude de mœurs mais une délicieuse idylle de notre chère Alsace...

Les spectateurs de la première représentation (j'avais, au prix de quels efforts, obtenu un parterre !) ne partagèrent pas cet enthousiasme : les uns, carrément hostiles aux auteurs, au directeur et même aux interprètes, prétendaient que le comité du Théâtre-Français avait commis une lourde faute en recevant une œuvre qui arrivait mal à propos et bien trop tôt après la guerre ; les autres, se plaçant à un point de vue purement littéraire, trouvaient la pièce sans intérêt et reprochaient aux personnages de manger et de boire d'un bout à l'autre de l'ouvrage. « Ils mangent tout le temps, écrivait le lendemain de la première un des plus notoires protestataires, et quand ils ne mangent plus, ils parlent de ce qu'ils ont mangé ou de ce qu'ils vont manger ! »

Il y avait là beaucoup d'exagération. Sarcey, lui, était plus équitable ; il ne pensait pas que ces trois actes se maintiendraient au répertoire, mais il avait été conquis par la perfection de la mise en scène. Il partait de ce principe, que l'art du décor et du costume, du groupement des masses et de l'arrangement des détails est secondaire, souvent inutile, parfois nuisible à l'action. Mais ici c'était tout autre chose : avec une admirable netteté, il expliquait, dans son feuilleton, pourquoi ce qui d'habitude est l'accessoire devenait, en la circonstance, l'indispensable, et il arrivait à prouver que le réalisme de la mise en scène se trouvait être indiqué par les nécessités de l'ouvrage... En effet, le dîner au premier acte, au second acte l'ascension de Suzel au cerisier d'abord et ensuite la scène de la cruche, forment l'action du drame : il est donc logique que Suzel cueille des vraies cerises, et il n'est pas moins naturel que Fritz et ses compagnons mangent de la véritable soupe et d'authentiques beignets de pommes... Perrin, de son côté, avait fort bien compris la tâche qui incombait au metteur en scène et il s'en acquitta avec un goût au-dessus de tout éloge.

La représentation, malgré quelques protestations, avait assez bien marché... Ce fut Got, merveilleux sous les traits du Rebb, qui, vers minuit, faillit tout gâter... En sa qualité de doyen, il avait mission d'annoncer au public les noms des auteurs : il commença par adresser les trois saluts protocolaires, puis, au lieu de dire selon la vieille tradition : « la pièce que nous avons eu l'honneur, etc... », il s'écria, d'une voix stridente : « la pièce que la Comédie-Française a eu l'honneur... », et il appuya sur le mot « honneur » avec une insistance telle que les mécontents se fâchèrent et répondirent par des sifflets aux bravos de la majorité des spectateurs. Le lendemain, l'incident était commenté par toute la critique, et Got très sévèrement traité.

*
* *

Il y a une quinzaine d'années, le jour même où Got jouait pour la dernière fois *l'Ami Fritz*, j'allai lui rendre visite dans sa loge, au dernier entr'acte... Ce soir-là notre doyen, si calme d'habitude, était extrêmement ému...

— Vous savez, mon enfant, me disait-il tout en « faisant sa tête » pour le troisième acte, vous savez qu'on a raconté sur cette pièce un tas de choses plus bêtes les unes que les autres ! Comme toujours, on a négligé la vérité ... Et la vérité est qu'on a méconnu Erckmann et Chatrian et qu'on a mené sur leur dos une odieuse campagne... Moi-même j'ai tenu un rôle en cette histoire !... J'ai pris leur parti, et si cela était à refaire, je recommencerais... Nous avions répété deux longs mois et, chaque jour, pendant que nous travaillions, paraissaient de fulminants articles auxquels nous n'avions pas le droit de riposter. Nous n'en souffrions que davantage et pour les auteurs et pour notre théâtre, et voilà dans quelles conditions, un peu particulières tout de même, nous avons livré la bataille. J'arrivai face au public et je ne vous cache pas que j'avais une envie folle de le haranguer... Une injustice avait été commise : il me semblait que j'avais, en ma qualité d'artiste et de doyen, le devoir de proclamer à haute voix tout ce qui en était... Vous comprenez alors pourquoi, à la fin de la soirée, j'ai, par un geste, par une inflexion de voix, exprimé publiquement et loyalement une opinion qui n'était pas seulement la mienne mais celle de tous mes camarades. La pièce n'en a pas moins, à l'heure qu'il est, vingt ans de succès ininterrompus ; nous sommes encore là tous à notre poste et, quoi qu'on prétende, pas

une scène, pas un mot de cet *Ami Fritz* n'a bougé... Au fond,
je ne me fais pas plus fort que je ne suis... J'ai du chagrin
de quitter ce rôle-là !

Pour que Got avouât qu'il avait du chagrin, il fallait qu'il
en eût, et beaucoup... Tandis que l'avertisseur chantait à
travers le corridor : « le troisième acte va commencer ! », Got,
selon sa coutume, lançait force paradoxes sur l'art du comédien... Je le regardais, je l'observais, je l'écoutais, et je
compris — en cet instant suprême ! — le joli mot de ma
chère amie Madeleine Brohan : « Une représentation de
retraite ? M'enterrer moi-même ! Tenir mes cordons du
poêle ! Jamais, au grand jamais ! » Ce jour-là en effet, Got
enterrait ce rôle que M. de Féraudy a si brillamment res-
suscité : ce soir-là il avait vraiment de la peine notre vieux
Breton...

Notre cher Cadet, aux côtés de son doyen, avait créé le personnage épisodique de Frédéric : immédiatement après cette
création, il avait gagné le sociétariat et il était bien trop superstitieux, le pauvre Cadet, pour abandonner ce rôle qui lui
avait porté bonheur... Et Barré, escortant joyeusement Cadet,
et dessinant Hanezo d'un trait aussi large que s'il se fût agi
de Chrysale, de Diafoirus ou de Verdelet ! Et le bon Garraud,
cordial Christel, qui avait — nous racontait-il — accompli
le voyage de Colmar tout exprès pour y chercher l'accent
alsacien !... Et Mme Jouassain, inoubliable dame Pluche,
magistrale Bélise, trop anguleuse cependant pour incarner
l'excellente Catherine d'Erckmann-Chatrian ! Et Mme Thé-
nard, créatrice de Lisbeth et aujourd'hui spirituelle conférencière !... Et notre ami Truffier, qui esquissait si joliment
la silhouette du naïf Joseph !... Et Frédéric Febvre, qui
quelque jour nous racontera, en son style savoureux et pittoresque, les aventures de ce Kobus dont il fit un type si

pittoresque ! Et Mme Suzanne Reichenberg, que nous avons revue, l'autre semaine, rayonnante de grâce en ce personnage de Suzel que l'adorable Marie Leconte idéalise à son tour ! Se rappelle-t-on seulement qu'à la sixième de *l'Ami Fritz*, l'impeccable Suzanne Reichenberg dut être remplacée par Jeanne Samary ? Oui, l'admirable soubrette de Molière, dans l'unique but de rendre service à son théâtre, apprenait en quelques heures cet énorme rôle de Suzel et le jouait après un simple *raccord !* Que de fois elle nous a dit, la pauvre Jeanne Samary :

— J'ai accompli ce tour de force, savez-vous pourquoi ? Parce que j'avais vingt ans !... Maintenant, je n'oserais plus ...

Que de disparus, que de retraités parmi tous ces grands artistes ! *L'Ami Fritz* — Got avait raison ! — est cependant là, toujours fort bien portant et entrant dans sa trente-quatrième année, ce qui constitue un âge assez coquet pour un ouvrage qui devait quitter l'affiche à la vingtième !...

Les voilà bien les fameuses lois du théâtre !...

(12 avril 1910).

Photo Bert

RAPHAËL DUFLOS

Vous venez, Monsieur, d'être nommé professeur de déclamation au Conservatoire. Vous y remplacez le regretté Leloir
dont l'enseignement donna de si remarquables résultats.
Leloir était, en effet, un traditionnaliste : non seulement il
avait pris auprès de Régnier les plus utiles leçons, mais dès
son jeune âge, il avait applaudi les grands comédiens et à
cette école-là son talent s'était assoupli, élargi et perfec-
tionné. S'il excellait en certains personnages modernes
comme le marquis d'Auberive des *Effrontés* et celui du
marquis de *Mademoiselle de la Seiglière*, c'était parce qu'il
s'était d'abord attaqué à Orgon, à Sganarelle, à Harpagon, à
Chrysale et aussi à Arnolphe qui était devenu son meilleur
rôle. Au Conservatoire, Leloir prêchait l'exemple : il luttait
obstinément contre les tendances qu'ont les jeunes gens à
préférer une saynète moderne à une belle scène classique,
autrement difficile à mettre au point. Il avait voulu, en juin
dernier, assister à l'examen de ses élèves et tristement il
nous disait :

— Je me sens très malade... J'ai retardé mon départ d'un
jour... Malheureusement je ne serai pas là, le mois prochain,
au concours final... Quel chagrin ! Si vous saviez combien
je les aime ces petits que j'ai aidés à grandir ! Et puis, cela

est si cruel d'être jugé sur une scène qui dure quelques
minutes, qu'on débite en tremblant de peur et dont va
dépendre tout votre avenir !... J'ai connu ces minutes
d'effroyable angoisse. Maintenant je vais me soigner et, à la
rentrée, je proposerai à mes collègues d'établir une règle
absolue. Je demanderai que toutes les scènes modernes soient
rigoureusement exclues des examens et des concours. Je
suis certain que M. Gabriel Fauré nous soutiendra de toute
son autorité. Il faut faire cesser ces malentendus qui sur-
gissent trop souvent entre le professeur et l'élève à propos
du choix d'une scène de concours. Malentendus inévitables,
c'est certain ... L'élève incline pour la scène à effet et nous
avons beau, nous, lui répéter que le jury et le public préfèrent le classique au moderne : il ne veut, lui, rien entendre :
il invoque les palmarès et, victorieusement, il cite les noms
des anciens premiers lauréats qui ont concouru dans des
ouvrages modernes. Il nous est difficile de résister à de tels
arguments, alors qu'un règlement formel dissiperait ces
malentendus.

Leloir murmurait tout cela fiévreusement, d'une voix
éteinte. Par un extraordinaire effort de volonté, il était
venu, une dernière fois, en ce Conservatoire qu'il aimait
tant et servait si bien... On eût dit qu'il dictait ses volontés
suprêmes... Nous l'écoutions désolés... Un de nous demanda
alors si ces diverses questions ne pourraient être définitivement tranchées au moment de l'installation du Conservatoire
rue de Madrid. Leloir eut à ce moment un silence déchirant,
qui prouvait bien qu'il ne s'illusionnait guère. Puis, comme
s'il cherchait à se tromper lui-même, il se reprit et balbutia, simulant un sourire :

— Le Conservatoire rue de Madrid ! Je serai peut-être
debout avant lui !...

* *

La succession d'un homme qui comprenait ainsi ses devoirs est lourde... Mais vos états de services sont là, éclatants et innombrables sont les rôles que vous avez interprétés depuis le jour où, triomphant disciple de Worms, vous remportiez le premier prix de comédie dans une scène de *Tartuffe* et le second prix de tragédie dans Xipharès de *Mithridate.*

Le savant bibliothécaire-archiviste de la Comédie-Française, M. Couët, m'assure qu'à la Comédie-Française vous avez repris ou créé quarante-neuf rôles. Voilà un fort joli résultat, si l'on considère que vous avez d'abord appartenu à l'Odéon de La Rounat et à la Gaîté où La Rochelle vous confiait fort judicieusement la destinée des reprises de la *Belle Gabrielle* et d'*Henri III et sa cour.* N'avez-vous pas été également le pensionnaire du Gymnase et du Vaudeville ?...

Quarante-neuf rôles ! Il y en a de toutes sortes : des modernes et des classiques ; il y a des jeunes premiers, des amoureux, des premiers et des troisièmes rôles ; il y a des raisonneurs et des confidents, il y a même des pères nobles !... Vous avez été et vous êtes encore l'interprète de nos écrivains modernes et je n'aurai pas l'indiscrétion de vous prier de m'indiquer le rôle que vous aimez le mieux. Il est entendu qu'un comédien doit être éclectique. C'était là un des préceptes de votre directeur Perrin...

— Ne discutez pas cette pièce, disait-il de sa voix traînante au semainier qui la montait et la commentait. Il est convenu qu'elle est très belle. Seulement, vous n'avez pas à savoir pourquoi elle est belle. Moi non plus, du reste... A chacun son emploi...

Quels sont donc ces quarante-neuf rôles ?

Tout d'abord don Carlos d'*Hernani* qui, en 1884, est votre rôle de début à la Comédie-Française. Vous trouvez le moyen d'y triompher, même après Worms, votre maître, qui, quelques années auparavant, en 1878, s'y montrait admirable. En 1885, vous jouez *Ruy Blas*, oui, le rôle même de Ruy Blas et vous vous préparez ainsi à interpréter don Salluste ; vous êtes aussi Alvarez du *Supplice d'une femme...* En cette même année, vous reprenez *Don Juan d'Autriche*, mais cette remise à la scène d'une pièce, qui n'est pas une des mieux venues de Casimir Delavigne, ne donne que de médiocres résultats. L'année suivante, vous abordez le répertoire et vous apparaissez sous les traits de don Sanche du *Cid* et de Nerestan de *Zaïre;* vous êtes aussi Fabrice de l'*Aventurière* et Laërte d'*Hamlet.*

Vous aviez déjà tenu pas mal de rôles et le sociétariat semblait devoir être la consécration de vos succès. Mais le comité était sévère à cette époque et, malgré les instances de Worms, cet honneur vous est refusé. Vous remettez alors votre démission et acceptez un engagement superbe qui vous permet d'être, durant sept ans, le grand jeune premier du Vaudeville et du Gymnase. *L'Affaire Clémenceau* vous vaut un triomphe au Vaudeville : de même *Charles Demailly* au Gymnase, et, après des créations sans nombre, vous faites votre rentrée chez Molière dans *Henri III et sa cour,* qui vous avait déjà porté chance, alors que fort imprudemment Perrin et La Rounat, abandonnant leurs droits de directeurs de la Comédie-Française et de l'Odéon, cédaient « le lauréat Duflos » à leur collègue La Rochelle. En 1895, vous êtes Montègre de l'*Ami des femmes*, entre Worms et Mme Bartet, puis M. Paul Hervieu vous confie la création de Fergan des *Tenailles* : vos partenaires sont M. Le Bargy

et Mlle Brandès, celle-ci, comme vous, élève de Worms.
L'œuvre admirable de M. Paul Hervieu est acclamée : vous
contribuez à ce triomphe et vous voilà nommé sociétaire. En
1896, vous jouez d'abord *Grosse Fortune*, une jolie pièce de
Meilhac qui ne se trouvait pas tout à fait à sa place à la Comédie, ensuite l'intéressante *Manon Roland* d'Émile Berge-
rat et Camille de Sainte-Croix, et, pour terminer l'année,
l'*Évasion* de M. Brieux. En 1897, vous reprenez la *Loi de
l'homme*, une nouvelle œuvre, très forte et très poignante,
de M. Paul Hervieu ; la *Vassale* de M. Jules Caze, puis vous
jouez pour la première fois, et fort bien, le marquis de Presles
du *Gendre de M. Poirier*. En 1898, vous personnifiez
le duc de Coutras de *Catherine* de M. Henri Lavedan et
Christian VIII de *Struensée*. En 1899, vous reprenez Nanjac
du *Demi-Monde* et Sartorys de l'exquise *Froufou* de Meilhac
et Halévy, tandis que MM. Maurice Donnay et Gaston
Devore vous distribuent des rôles importants dans *le Tor-
rent* et *la Conscience de l'enfant*... En 1900, repos... La
Comédie, à la suite de l'incendie, est forcée de se réfugier
au Nouveau-Théâtre et à l'Odéon : elle reprend *Patrie* de
Sardou et les *Fossiles* de M. de Curel, mais elle ne donne
aucune pièce nouvelle... En 1901, le *Fils naturel*, une des
plus belles œuvres de Dumas, une de celles qui jamais ne
devraient quitter le répertoire, reparaît sur l'affiche et vous
y jouez Sternay : puis, vous créez le *Nuage* de M. Gustave
Guiches. En 1902, vous êtes Cléante de *Tartuffe* et Prieur
du *Passé* de M. Georges de Porto-Riche ; l'année suivante,
Farraud dans les *Affaires sont les affaires* de M. Octave
Mirbeau. En 1904, vous reprenez Néron de *Britannicus*,
Chavigny du *Caprice* et Olivier de Jalin du *Demi-Monde*, et
vous rendez à M. Alfred Capus le service de vous charger du
petit rôle de Clénor dans sa jolie comédie *Notre jeunesse*.

1905 est l'année du *Duel* de M. Henri Lavedan et celle des *Mouettes* de M. Paul Adam, qui vous valent un double succès d'interprète et de metteur en scène; vous reprenez Octave des *Caprices de Marianne*, Nourvady de la *Princesse de Bagdad* de Dumas, remise à la scène pour les débuts de Mme Raphaële Sisos, et Stanislas de *Francillon*. En 1908, vous créez *Chacun sa vie* de MM. Guiches et Gheusi et reprenez Montaiglin de *Monsieur Alphonse*. En 1908, vous jouez Louis XIII de *Marion Delorme* et Pascal d'*Amoureuse*, et, en 1909, *Connais-toi*, de M. Paul Hervieu.

Votre dernière création est celle de *Connais-toi*, et je constate que vous avez été plusieurs fois l'interprète de M. Paul Hervieu. La sobriété, la simplicité, la vérité de ses personnages vous séduisent et ce théâtre vous attire. Ne vous en défendez pas. Monsieur, cela est tout à votre honneur. Nos anciens, qui étaient des sages, prétendaient qu'un comédien doit toujours avoir son auteur. Got fut le comédien d'Augier, Delaunay celui de Musset, José Dupuis celui de Meilhac et Halévy et Worms le favori de Dumas et de Sardou. Vous êtes, vous, un des artistes préférés de M. Paul Hervieu... Restez fidèle à ce théâtre : il n'en est pas de plus beau.

*
* *

Élève de Worms, écrivais-je tout à l'heure. Élève de Worms, écriviez-vous de votre côté quand vous sollicitiez, au Conservatoire, la place de votre camarade Leloir. Vous aviez bien raison : élève de Worms, c'est un titre. Votre maître fut un grand, un très grand comédien, le plus grand de notre temps à mon sens, et le maître valait le comédien. Il faut, en effet, avoir assisté à ses cours pour se rendre compte de la supériorité de cet enseignement. J'ai eu, comme vous, cette joie-là et

j'eus la bonne fortune, il y a vingt-huit années, d'obtenir de
M. Émile Rety, secrétaire général du Conservatoire, l'auto-
risation de suivre, en qualité d'auditeur, les classes de Got,
de Delaunay, de Worms et de Maubant. Vous étiez élève,
Monsieur, et cette faveur, assez exceptionnelle, était concé-
dée à un autre jeune homme qui sortait de Polytechnique et
remplit aujourd'hui les hautes fonctions d'ambassadeur à
Vienne. Notre éminent ami Philippe Crozier suivait ainsi
l'exemple de deux de ses collègues au ministère des Affaires
étrangères : MM. Gabriel Hanotaux et Henry Marcel.

La façon d'enseigner de Got, de Worms et de Delaunay
était — vous les avez tous vus à l'œuvre ! — infiniment intéressante et le doctoral Maubant lui-même ne se montrait pas
indigne de figurer en une telle compagnie. D'aucuns, non
sans malice, insinuaient qu'il conseillait plutôt qu'il enseignait, mais ils reconnaissaient que s'il roulait énergiquement
les *r*, il avait aussi le mérite de savoir admirablement son
répertoire....

L'enseignement des collègues de Maubant au Conservatoire était vraiment supérieur, et Got, Worms et Delaunay formaient un trio rare... Le seul défaut de Got, c'était
de n'établir aucune distinction entre l'École Normale de la
rue d'Ulm et celle de la rue du Faubourg-Poissonnière : il
avait ses théories, il avait ses idées, il avait surtout sa méthode
de la diction à l'aide du rythme et, tout en accumulant ses
ingénieux paradoxes et ses abracadabrantes boutades, il proclamait que ses principes étaient applicables à tous les emplois, à tous les genres et à tous les sexes, aussi bien à l'ingénue de comédie qu'à la princesse de tragédie, aussi bien
au grime qu'au jeune premier.

Delaunay, à l'inverse de son doyen, se confinait dans le
classique, plaçant, bien entendu, Musset (Perdican ne pou-

vant penser autrement !) sur la même ligne que Racine et
Molière. Il était surtout — le mot est de votre grand camarade Mounet-Sully — un professeur de style. Je le vois
encore escalader la petite scène du Conservatoire, et indiquer Camille de *On ne badine pas avec l'amour*, Cécile de
Il ne faut jurer de rien, Marianne des *Caprices* et Jacqueline du *Chandelier*… Il montrait la même perfection que lorsqu'il incarnait au théâtre Perdican ou Valentin, Octave ou
Fortunio.

Votre maître Worms réunissait toutes ces qualités. Augier,
Dumas et Sardou n'avaient pas un interprète qui l'égalât; mais
les triomphes qu'il remportait dans la comédie moderne ne
l'empêchaient pas d'insister sur les bienfaits du répertoire
et de l'enseignement classique. Il jouait Alceste supérieurement, magistralement, comme on ne l'avait jamais joué avant
lui, et il savait bien — et vous savez bien aussi ! — que ces
succès-là font autrement d'honneur à un artiste que toutes les
victoires de la comédie moderne.

*
* *

J'imagine que vous serez le continuateur de ces belles traditions classiques. Un très grand maître de l'Université
M. Raymond Poincaré, prononçait il y a quelques années, à
la distribution des prix de notre École de déclamation, un
magnifique discours que devraient bien méditer tous les
jeunes gens se destinant au théâtre. « Le Conservatoire, disait-il, n'est pas une école d'originalité et d'inspiration,
parce que l'originalité ne s'acquiert pas et que l'inspiration
ne s'enseigne point. » Et aux applaudissements de toute
cette jeunesse, il ajoutait qu'aux natures les plus originales
et les mieux inspirées le Conservatoire peut et doit donner

la méthode, l'ordonnance, l'harmonie intellectuelle et artistique, autrement dit la grammaire et l'orthographe du
métier.

Les principes qu'exposait si éloquemment M. Raymond
Poincaré furent ceux des Worms, des Got, des Delaunay,
de même qu'ils avaient été ceux des Régnier, des Provost,
des Samson, des Monrose, des Beauvallet, de même qu'ils
sont aujourd'hui ceux des maîtres de notre École.

Vous suivrez, Monsieur, la même route. Votre passé de comédien répond de votre avenir de professeur... Car si nous
vous louons d'avoir bien servi la cause de nos écrivains en
jouant, créant ou reprenant — rien qu'à la Comédie-Française! — quarante-neuf rôles, nous vous savons plus gré
encore d'être le fidèle interprète de Molière, de Corneille,
de Racine, de Musset et de Victor Hugo.

Comment enfin oublier qu'hier, en cette même Comédie-
Française, chargé de diriger les répétitions de deux chefs-
d'œuvres du répertoire, *le Mariage de Figaro* et *les Fausses
Confidences*, vous accomplissiez cette tâche avec un goût
et une sûreté au-dessus de tout éloge? Or, mettre en scène,
n'est-ce pas enseigner?...

Voilà bien des raisons pour lesquelles j'ai la certitude
qu'après avoir honoré l'École de déclamation comme élève,
vous l'honorerez de nouveau comme professeur.

(15 avril 1910).

A PROPOS D' « ADRIENNE LECOUVREUR »

La célèbre pièce de Scribe et Legouvé que la Comédie-Française vient de remettre au répertoire fait le bonheur des historiographes. L'an dernier, M. Charles Martel, dans des articles pleins d'intérêt, nous avait raconté ce que fut, pour *Adrienne Lecouvreur*, la collaboration des deux dramaturges ; plus récemment, Mlle Valentine Thomson, avec beaucoup d'ingéniosité et d'à-propos, a évoqué la figure de Rachel, créatrice du rôle d'Adrienne. Et pourtant, après la lecture de tant d'ouvrages consacrés à la grande tragédienne, nous nous demandons si, comme l'affirmèrent Alfred de Musset, Théophile Gautier et Legouvé, elle gardait à la ville tout son prestige ou bien si elle détruisait l'illusion qu'elle produisait à la scène. La statue, suivant le mot de Gautier, n'avait-elle vraiment aucune peine à devenir duchesse ? On a si souvent et si longuement disserté sur la vie de Rachel que notre opinion, au milieu de tant de documents et de légendes contradictoires, se trouble et flotte.

Le *Journal* de Got, dont il a été souvent question ces temps-ci, est, en ce qui concerne *Adrienne Lecouvreur*, particulièrement curieux à consulter. A la date du 6 avril 1849, c'est-à-dire au lendemain de la première de la pièce, Got écrivait :

Est-ce que la Comédie-Française achève son engloutissement ?

Mlle Rachel vient d'obtenir un immense succès dans une pièce de pacotille de Scribe et Legouvé, *Adrienne Lecouvreur*. Si, après avoir livré déjà pieds et poings liés son vieux répertoire à un sujet unique, d'une grande valeur sans doute, mais impossible en fin de compte comme pivot régulier d'une aussi grande machine que la nôtre, on va se mettre à la discrétion d'un caprice, d'un mal de gorge ou d'un congé, avec des pièces et des succès de commande, l'art est perdu pour longtemps, l'art littéraire surtout, sans contredit... Oui, je le soutiens malgré l'enivrement passager d'une série de recettes, on vient d'entrer là dans une voie déplorable... *Adrienne Lecouvreur* et le choléra sont à Paris.

L'appréciation est sévère et surprend bien un peu de la part de l'artiste qui, après le départ de Régnier, prenait possession du rôle de Michonnet d'*Adrienne Lecouvreur*, et qui dans le Grignon de *Bataille de dames* des mêmes Scribe et Legouvé, devait, en compagnie de Madeleine Brohan et de Suzanne Reichenberg, de Thiron et de Laroche, remporter un nouveau succès... Mais Got était bien trop avisé pour manifester publiquement de telles opinions. Il était l'ami intime d'Augier, il admirait passionnément son œuvre, il menait tous ses ouvrages à la victoire, et cela ne l'empêchait pas de réclamer l'honneur d'interpréter Michonnet et Grignon, non point parce qu'il aimait le théâtre de Scribe et de Legouvé (il le tenait, on le voit, en assez médiocre estime), mais tout simplement parce que c'étaient là de très beaux rôles. Peut-être aussi notre futur doyen trouvait-il qu'il méritait mieux que la « figuration » dont il avait été gratifié par les auteurs d'*Adrienne*, le jour de la distribution de la pièce...

Dirai-je que Got, quoi qu'il pensât du théâtre de Scribe et Legouvé, recommandait soigneusement à ses élèves du Conservatoire de débiter, aux concours publics, le monologue de Grignon de *Bataille de dames* ?

— Je ne vous donne pas ce morceau pour un chef-d'œuvre, s'écriait-il, mais il est « théâtre », ce qui est l'essentiel et vous êtes certain d'y « faire de l'effet »...

Got allait même — qui l'eût cru ? — jusqu'à vanter les bienfaits de *Valérie*, une pièce de Scribe tout à fait oubliée — bien plus « de pacotille » qu'*Adrienne Lecouvreur*, celle-là ! — et peut-être vous souvenez-vous qu'à l'époque où Mlles Brandès, Rosa Bruck et Marsy remportaient *ex æquo* au Conservatoire la première récompense, une jeune fille, répondant au nom d'Alice Panot (elle est la mère de la charmante Marie-Thérèse Piérat aujourd'hui sociétaire de la Comédie-Française), exhumait une scène de cette *Valérie :* elle trouvait le moyen d'intéresser le public au malheureux sort de la petite aveugle de Scribe et de l'y intéresser si complètement qu'elle y gagnait son prix.

Avouons-le donc : si les pièces, qualifiées par Got de pacotille, se maintiennent au répertoire de notre première scène durant soixante et onze années, résistant ainsi à toutes les modes et triomphant de tous les publics, c'est qu'elles possèdent l'inappréciable supériorité d'être des pièces bien faites, avec un commencement, avec un milieu, avec une fin et aussi avec des « bons rôles ». Car quel est l'artiste qui, en 1849 aussi bien qu'en 1910, ne sera pas séduit par le « bon rôle » ? Il est souverain « le bon rôle » ! Son action est magique et Got était le premier à s'y laisser prendre... Il avait beau discuter *Adrienne* et *Bataille de dames* : il était bien forcé de s'incliner devant Grignon et Michonnet, deux rôles « en or » où le comédien n'a, comme on dit, qu'à parler.

Tous « bons rôles » en effet, dans cette *Adrienne*, « pièce de pacotille » ! Tous à l'exception peut-être — et encore ! — de Maurice de Saxe ! « Bon rôle » Michonnet, que Coquelin lui-même emportait en ses tournées ! « Bon rôle » Adrienne

créé par Rachel, repris par Mme Favart, par ·Mme Sarah
Bernhardt, par Mme Jane Hading et qui, à la Comédie, vaut
le plus éclatant des triomphes à notre admirable Julia Bartet ! « Bon rôle » l'abbé de Chazeuil qui permit jadis à Boucher d'y faire apprécier sa classique diction et son éternelle
jeunesse ; à Jules Truffier de le moderniser de si spirituelle manière ; à M. Dehelly, excellent amoureux du répertoire, d'y remporter un de ses plus jolis succès ! « Bon
rôle » également le prince de Bouillon ! Nous y entrevîmes
le comédien Kime qui créa magistralement à l'Odéon Isi-
dore Girodot du *Testament,* le reprit ensuite au Théâtre-
Français et quitta la scène sans avoir obtenu le sociétariat
qu'il méritait... Nous y applaudîmes et Leloir et Laugier,
le premier fin, mordant, s'ingéniant à faire de ce prince de
convention un marquis de la Seiglière, le second moins
léger, plus rond et peut-être aussi plus vraisemblable. « Bon
rôle » encore, bien que difficile entre tous, celui de la princesse de Bouillon, dans lequel Mlle Sorel, resplendissante
de beauté, vient d'affirmer une fois encore la souplesse
de son jeu et la perfection de sa diction. « Bon rôle »
qui séduisit la plupart de nos grandes coquettes et tout
d'abord Mme Arnould-Plessy, Reine de l'emploi, à laquelle
seule Madeleine Brohan disputait la première place. Après
Mme Plessy, nous y applaudîmes Gabrielle Tholer — disparue trop tôt, l'aimable femme ! — qui, revenant de Pétersbourg, héritait de la plupart des rôles de Sophie Croizette
et jouait avec tant de bonne grâce Araminte, la marquise
de Prie, la comtesse Almaviva, Célimène, Elmire, et qui,
quoiqu'elle fût une grande coquette, était une remarquable
baronne d'Ange, un premier rôle !... A Mlle Tholer succédait
Mlle Marie-Louise Marsy, superbe et rayonnante princesse :
puis, ce fut le tour de Mme Pierson, laquelle s'acheminait

vers ces personnages de mères où elle devait, comme Madeleine Brohan autrefois, renouveler son talent. Enfin, la pauvre Wanda de Boncza, poudrant ses beaux cheveux noirs, abordait le rôle : elle nous y donnait l'impression d'une princesse un peu frêle, mais si jolie et si séduisante !...

Voilà bien des noms de grandes coquettes... Un pourtant manque à l'appel : celui de ma très chère amie Madeleine Brohan : elle n'avait jamais joué, à Paris du moins, la princesse d'*Adrienne*, et elle nous disait :

— Je dois beaucoup à Scribe et à Legouvé et il est bien possible que s'ils n'avaient pas eu l'idée de me faire débuter, à ma sortie du Conservatoire, dans leurs *Contes de la Reine de Navarre*, je serais restée un affreux pour-compte !

Et Madeleine Brohan — j'aime à répéter ce nom aimé ! — paisiblement installée en son fauteuil sous l'horloge du foyer des artistes, attendait que l'avertisseur Besnard vînt annoncer « le trois » du *Monde où l'on s'ennuie*, et, à notre grande joie, elle passait en revue les pièces de Scribe, celles de Legouvé et les interprètes de chacune d'elles. D'un trait léger, sur ce ton de gracieux badinage qui donnait tant de saveur à ses récits entrecoupés de mots et d'anecdotes, avec cette voix claire et prenante que l'âge n'avait pas atteinte, elle nous parlait de cette Comédie-Française qu'elle représentait si dignement.

En lisant ce *Journal* de Got, je ne cessais de penser à notre chère « Madame Madeleine » et je trouvais qu'elle aussi aurait bien dû, notre toujours regrettée Présidente, nous laisser ses « Souvenirs ». L'histoire de la Comédie racontée par elle ! En eût-il été de plus jolie et d'aussi décisive ? Car elle écrivait comme elle parlait : seulement elle écrivait pour les quelques amis qu'elle chérissait, et il est certain que si un éditeur était venu lui proposer de publier ses

« Mémoires », elle aurait doucement éconduit l'indiscret
visiteur...

En somme, il ne faut pas médire de ce *Journal* de Got ;
il est amusant et attachant ; il est même instructif et
nous constatons que, suivant l'exemple de leurs illustres
prédécesseurs, beaucoup de nos grands comédiens d'aujour-
d'hui traitent de « galère » le beau théâtre à la gloire duquel
ils contribuent assurément, mais qui ne contribue pas
moins à la leur... Nous avons donc, nous, raison de répéter
que sur le plateau, à la cour ou bien au jardin, plus ça va.
plus c'est la même chose...

(7 mai 1910).

LES COMÉDIENNES AU COMITÉ DE LECTURE

Mmes Bartet et Pierson viennent d'être appelées à siéger au comité de lecture du Théâtre-Français et cette décision a été accueillie avec joie par tous, aussi bien par leurs camarades que par les auteurs dramatiques.

Pourquoi les sociétaires femmes étaient-elles jusqu'aujourd'hui exclues de ce tribunal ? Des comédiennes, on le sait, eurent naguère place en ce comité : on a raconté que, si elles n'avaient pas été réélues, c'était parce que leur orthographe laissait à désirer ; on prétendait même qu'un bulletin, signé d'une main féminine, portait ces simples mots : « Je vote oui... Voilà de la belle ouvrage ! »

Je ne vous apprendrai rien en vous disant que cette légende, comme la plupart des légendes de théâtre, est fausse et ici encore j'invoque le témoignage de ma grande amie Madeleine Brohan. Un jour que nous lui demandions si ce « voilà de la belle ouvrage », était imputable à une de ses camarades, elle nous répondit :

— Voulez-vous la vérité ? Eh bien ! ce bulletin avait été confectionné par un comédien qui protestait ainsi contre l'intrusion des femmes au comité !... On procéda à une enquête, puis l'histoire fut enterrée, et quelques mois après, nous apprenions que notre pauvre sexe ne serait plus repré-

senté en ce grave aréopage. Était-ce un bien ou un mal ? Je
ne sais pas au juste ! C'était, en tous les cas, une responsa-
bilité de moins qui nous incombait...

Telle était la version rapportée par Madeleine Brohan : version du reste absolument exacte. N'empêche que la fausse
légende se colportait, travestie selon les besoins, effrayant parfois les intéressés. Je me souviens, à ce propos, qu'il y a bien
des années — plus d'un quart de siècle ! — M. Logerotte, sous-
secrétaire d'État aux beaux-arts, qui m'avait fait l'honneur
de m'attacher à son cabinet, avait l'idée d'opérer quelques
réformes en nos théâtres et particulièrement au comité de
lecture de la Comédie. M. Logerotte manda Perrin en son
cabinet et, comme tout bon attaché, j'eus l'indiscrétion d'assister à l'entretien. Mon chef était animé des plus pacifiques
intentions : il voulait seulement que son règne, à l'exemple
de celui de son prédécesseur Edmond Turquet, fût illustré
par quelques retentissants ukases concernant nos scènes
d'État. Perrin, lui, n'aimait pas beaucoup que l'administration supérieure se mêlât des affaires de la Comédie. Il fit
d'abord la sourde oreille, s'excusant de ne pouvoir répondre
à la convocation ministérielle sous prétexte que les répétitions de la pièce nouvelle rendaient sa présence indispensable au théâtre : mais notre surintendant tint bon et Perrin
se décida à se rendre au ministère.

C'était la première fois que j'avais l'honneur de voir — de
près ! — Émile Perrin, et vous pensez si cet officiel colloque
m'intéressa... M. Logerotte confia à Perrin son idée : il ne
contestait nullement la prospérité de notre premier théâtre
et il ne marchandait pas à l'administrateur ses compliments,
mais il trouvait qu'on ne jouait pas assez Corneille et Racine
et qu'on prenait trop de libertés à l'égard de Molière en pra-
tiquant certains soirs — les soirs d'abonnements ! — de

larges coupures en ses œuvres ; il estimait enfin qu'il n'était pas d'une administration prévoyante de présenter toujours au public les mêmes artistes... Ces observations faites, M. Logerotte aborda la question du comité de lecture et invita Perrin à préparer un rapport dans lequel il lui dresserait l'histoire de ce comité.

— Un rapport historique ? fit Perrin qui, jusqu'à ce moment, s'était contenté d'écouter...

— Oui, historique ! reprit M. Logerotte. Est-ce que je m'explique mal ? Vous m'indiquerez, monsieur l'administrateur, pour quelles raisons les sociétaires femmes ne sont plus admises à ces assemblées.

— Les sociétaires femmes ? riposta Perrin surpris, contemplant de son œil invariablement inquiet son interlocuteur.

Visiblement, Perrin n'était pas préparé à un tel assaut : mais il avait bien trop d'esprit pour ne pas parer le coup, et aussitôt, de sa voix doucement nasillarde, il répliqua :

— Ce serait une révolution, monsieur le ministre ! Vous n'y pensez pas !...

A ce mot « révolution », M. Logerotte esquissa une large grimace. Révolutionnaire, lui le plus modéré des hommes ! Perrin avait touché juste. Un énorme silence se fit : on reparla de Molière mutilé, de Corneille négligé, de Racine oublié, et le « rapport historique » fut remis aux calendes grecques, tout comme la réforme du comité de lecture. Puis, M. Logerotte se leva, Perrin prit son chapeau, le surintendant et l'administrateur se serrèrent les mains et Perrin retourna à sa répétition. Ce jour-là, je compris que Perrin était un homme supérieur.

*
* *

Un tel projet n'était cependant pas aussi révolutionnaire que le prétendait Perrin. Les deux sociétaires femmes les plus anciennes du théâtre, celles qui logiquement devaient être appelées à l'honneur que réclamait notre surintendant, étaient Mmes Madeleine Brohan et Clémentine Jouassain et j'imagine qu'elles n'auraient point du tout déparé le tribunal dont MM. Got, Delaunay, Maubant, Coquelin, Febvre, Worms, Mounet-Sully et Laroche étaient les redoutables arbitres.

Mme Jouassain, la vice-doyenne, tenait seule et sans partage l'emploi des duègnes : elle avait, vous vous en souvenez, un physique qui convenait à merveille à ses rôles : Bélise des *Femmes savantes* ; Mme Argan du *Malade imaginaire* ; dame Pluche de *On ne badine pas avec l'amour* ; Clémentine du *Testament de César Girodot*, pour ne citer que les principaux ; elle avait aussi l'autorité et le style. Ajoutererai-je que la femme était fort spirituelle, pas toujours très indulgente à l'égard de ses camarades, et qu'elle avait le culte de la Comédie à un point tel qu'elle n'admettait pas qu'on pût appartenir à un autre théâtre ? Rien, en somme, ne s'opposait à ce qu'elle devînt au comité de lecture la collègue des illustres artistes précités.

La doyenne Madeleine Brohan était, je vous l'ai dit bien souvent, une femme absolument supérieure. Elle venait, à cette époque, de remporter dans *le Monde où l'on s'ennuie* le plus beau succès de sa seconde carrière. Seconde carrière, car avant d'aborder l'emploi des mères, elle avait, en compagnie de Mme Arnould-Plessy, tenu celui des grandes coquettes. Elle jouait excellemment Célimène : elle jouait surtout avec un art supérieur Elmire de *Tartuffe*. « Elmire, nous disait-elle, savez-vous ce que c'est qu'Elmire ? C'est Henriette des *Femmes savantes*, mariée à un bourgeois sur le retour ! » Et elle indiquait, d'un trait délicieux et très personnel, cette face particulière du personnage. Elle se montrait également charmante de bonne grâce et d'esprit dans les comédies de Musset : la Marianne des *Caprices* trouvait en elle une parfaite interprète et elle détaillait à ravir le personnage si complexe de Jacqueline du *Chandelier*...

Mais tous ces succès, Madeleine Brohan les avait remportés à l'heure même où sa sœur Augustine triomphait, — seule et sans rivale elle ! — en Suzanne du *Mariage de Figaro*, en Cathos des *Précieuses ridicules*, en Nicole du *Bourgeois gentilhomme* et dans toutes les soubrettes de Molière et de Marivaux. Augustine faisait tort à Madeleine : la soubrette éclipsait la coquette et Madeleine n'avait pas les succès qu'elle pouvait attendre. Heureusement l'artiste aussi bien que la femme allait prendre une éclatante revanche. Certes, celle qui idéalisa la marquise de Villemer, la duchesse de Réville et la baronne de Vaubert, n'avait pas plus de talent qu'au temps où elle jouait Elmire et Célimène ; seulement, ce talent s'était élargi, affiné, transformé, renouvelé... La comédienne n'hésita pas — grave affaire ! — à changer d'emploi : quant à la femme, elle avait, à l'exemple de sa sœur Augustine, un esprit étincelant, l'esprit des Brohan. Enfin ce qui valait mieux, elle avait aussi la bonté, une bonté discrète, délicate, une bonté qui faisait l'admiration de tous ceux qui avaient la joie de la connaître.

En appelant Madeleine Brohan et Clémentine Jouassain au comité de lecture, on eût rendu justice à deux grandes artistes et la « révolution », tant redoutée par Perrin, aurait eu les meilleurs effets.

*
* *

Qui se serait jamais douté que le projet du sous-secrétaire d'Etat Logerotte, si habilement écarté par feu Perrin, triompherait un jour ? La vérité, la voici, et ce fut encore Sarcey qui la proclama : « Le comité de lecture a ses défauts inhérents à toute institution humaine. Tout ce qu'on inventera et tout ce qu'on a essayé expose à plus de chances d'erreur, de prévention et de parti pris. Conservons-le non comme parfait, la perfection n'étant pas de ce monde, mais parce qu'il est impossible de rien trouver de mieux. »

Ces lignes furent écrites en 1868... Il est donc probable, il est donc certain que l'Oncle, s'il vivait encore, féliciterait hautement l'administrateur général de 1910 d'avoir donné à Mmes Bartet et Pierson la place à laquelle elles ont droit en ce comité.

(13 juin 1910).

NOCES D'ARGENT

Un quart de siècle ! Vingt-cinq ans ! Je vois encore, comme
si c'était hier, mon cher ami Henry Régnier se précipiter
dans mon bureau du ministère des Beaux-Arts, et je l'entends nous annoncer, rayonnant de joie, que M. Jules
Claretie succédait à Émile Perrin. A cette époque, Henry
Régnier remplissait les fonctions de sous-chef du service des
théâtres dont mon excellent ami M. des Chapelles était
le chef ; son père, le comédien Régnier, ne s'était pas contenté de compter parmi les plus grands artistes de son temps
(le temps de Samson, de Provost, de Monrose, de Bressant, de Beauvallet et aussi celui de Got et de Delaunay,
débutants qui apparaissaient, triomphants, à l'horizon) : à
l'art du comédien il joignait celui du professeur et c'était
un titre pour des jeunes gens se destinant au théâtre que
d'appartenir à la classe de Régnier au Conservatoire. Qui
disait élève de Régnier, disait lauréat de l'École de déclamation !... Parmi ces disciples, Constant Coquelin tint le premier rang et rien, je vous l'ai dit, n'était plus amusant que
de l'entendre expliquer à l'aide de quels procédés, emprun-
tés tantôt à Régnier, tantôt à son second maître Samson,
il était parvenu à s'emparer des rôles les plus difficiles du
répertoire.

Élèves de Régnier ! Ils sont légion ceux qui revendiquent ce haut parrainage, et peut-être serait-il piquant de relever, dans l'intéressant ouvrage de M. Constant Pierre sur le Conservatoire, quels ont été ces élèves et ce qu'ils devinrent à leur sortie de l'École de déclamation.

En même temps qu'il enseignait supérieurement l'art de la diction et de la mise en scène (il remplit le poste de directeur de la scène à l'Opéra durant plusieurs années), Régnier était dramaturge. A force d'interpréter des rôles, il avait fini par en fabriquer lui-même : il ne signa pas la charmante et pittoresque *Mademoiselle de la Seiglière*, mais Jules Sandeau reconnaissait, de la meilleure grâce du monde, que tout le succès de la pièce revenait au créateur de Destournelles.

Toutes ces anecdotes, c'était Henry Régnier qui — il y a un quart de siècle ! — me les racontait. En sa qualité de fils à papa, il passait sa vie dans les coulisses de la Comédie ; il connaissait tous les auteurs, tous les artistes et vous devinez que, malgré les rappels à l'ordre infligés par mon chef de bureau M. Gerspach, céramiste éminent, j'étais heureux de voisiner avec le sous-chef du bureau des théâtres. Sur sa table de travail s'étalaient complaisamment des lettres signées de directeurs et d'écrivains, et les magnifiques papiers verts qui les recouvraient exerçaient un irrésistible attrait sur mon jeune cerveau de commis du bureau des manufactures nationales... Ces papiers verts étaient tout simplement ce que nous nommons des dossiers !...

Le théâtre ! Il me semblait que tout le bonheur résidait en ce seul mot... Ajouterai-je que déjà, quoique très jeune, je brandissais, et avec quelle turbulente sévérité, le sceptre de la critique ? Très sérieusement, tous les dimanches soir, en mon sous-sol de feuilletoniste, je fustigeais les préposés à la dramaturgie (*sic*) et quand aujourd'hui — après un quart de siècle ! — je relis ces fulminants articles, quand je constate que j'ai, en pleine connaissance de cause, attristé de braves et excellentes gens, je me sens pris, je vous le répète, d'un immense remords.

Mes virulents réquisitoires avaient le don d'exaspérer Henry Régnier, et tous les lundis, dès mon arrivée au ministère, je recevais ma semonce, ce qui ne m'empêchait pas de recommencer le dimanche suivant... Un jour, Henry Régnier se fâcha tout rouge... Il s'agissait justement de la succession de Perrin au Théâtre-Français. Notre directeur des Beaux-Arts, M. Albert Kaempfen, avait terminé l'intérimat dont il s'était fort adroitement acquitté, et les candidatures allaient leur train. On prononçait les noms de Camille Doucet, de Ludovic Halévy, d'Henry Fouquier, de La Pommeraye, et chacun avait ses partisans convaincus. Ni Ludovic Halévy, ni Camille Doucet ne songeaient à reprendre du service actif : le secrétariat perpétuel de l'Académie suffisait largement au doux Camille Doucet, et le délicieux collaborateur de Meilhac aimait bien trop son indépendance pour administrer un théâtre, très prospère assurément, mais où les « parts entières » avaient pris peut-être... trop d'importance. Quant à La Pommeraye, il laissait dire, n'ayant point fait acte de candidat, et lorsqu'on demandait à Henry Fouquier si vraiment la succession de Perrin le tentait, et si de gaieté de cœur il renoncerait au journalisme où il s'était créé une place exceptionnelle, il répondait aimablement :

— Préfet de police et administrateur de la Comédie-Française, je n'ai été ni ceci ni cela... Et si vous saviez combien ça m'amuserait de voir de près ce beau théâtre ou bien de fouiller, pendant quelques jours, dans les dossiers de la préfecture de police !...

Fouquier avait une façon particulière d'insister sur ces mots « pendant quelques jours », une façon qui laissait des doutes tels que Sarcey ripostait en éclatant de rire :

— Allons, Fouquier, avouez-le ! Vous seriez rudement ennuyé si le Ministre René Goblet vous jouait le mauvais tour de vous nommer administrateur de la Comédie-Française. Vous serez éternellement le candidat honoraire !... Vous nous restez... Ça vaut bien mieux...

Candidat honoraire, rien de plus vrai, et c'était ce « candidat honoraire » qui exaspérait Henry Régnier. Une vieille querelle séparait ces deux hommes et Régnier n'admettait pas que j'eusse plaisir — moi un débutant ! — à être admis chaque semaine à ces charmants déjeuners que l'Oncle présidait avec tant de cordiale simplicité, que Fouquier vice-présidait si gaiement, et où nous nous sentions tous en pleine confiance... Henry Régnier croyait à la légende stupide : il s'imaginait que la maison de Sarcey était un lieu de perdition, et si je l'avais écouté, j'aurais renoncé à tout jamais à prendre le chemin de l'hôtel de la rue de Douai. Mais il avait beau faire et beau dire : la respectueuse et reconnaissante affection que je professais à l'égard de l'Oncle et du « candidat honoraire » restait intacte.... Il m'était impossible d'oublier qu'aux heures difficiles du début, Sarcey d'abord, Fouquier ensuite, m'avaient soutenu et donné courage. Je considérais ce double parrainage comme un très grand honneur...

Mais tout cela n'était encore rien... Ce qui déchaîna la colère d'Henry Régnier, ce fut l'article de six colonnes — tout le rez-de-chaussée hebdomadaire, parbleu ! — que j'intitulais : Henry Fouquier, administrateur général de la Comédie-Française.... Henry Régnier jugeait le feuilleton d'autant plus inopportun qu'un candidat nouveau surgissait,

— un *outsider !* — qui allait rallier tous les suffrages et se trouvait être patronné par deux des prétendus postulants, Ludovic Halévy et Camille Doucet. Ce candidat de la dernière heure était critique, journaliste, romancier, historien, dramaturge : partout et toujours il avait réussi, et il venait de donner au Gymnase de Victor Koning deux pièces qui avaient obtenu le plus mérité succès : *Monsieur le Ministre* et *le Prince Zilah.* Enfin, indépendamment d'un talent que personne ne lui contestait, il possédait le bien suprême, la vertu supérieure, celle devant laquelle tout s'incline : le Bonheur, et non seulement il l'avait pour son propre compte, mais il le répandait autour de lui... Et le doyen Got, dodelinant de la tête, de s'écrier :

— Un homme qui porte la veine ! Mazette !... Mais c'est le rêve !...

*
* *

Sarcey, Fouquier, Henry Régnier, Lapommeraye, Camille Doucet. Ludovic Halévy, tous disparus les uns après les autres, durant ce quart de siècle !... Et, tandis que je lisais les articles consacrés aux noces d'argent de l'administrateur général de la Comédie-Française de 1910, je revivais ces heures exquises où chacun combattait pour ses amis, loyalement, sans détour, sans arrière-pensée, sans accuser les adversaires des pires méfaits, et je me disais que la belle fête que prépare la Comédie-Française constitue la plus haute des récompenses pour ce chef respecté, honoré, aimé, qui, depuis vingt-cinq années, maintient, assure et prépare — administrer c'est prévoir ! — la prospérité matérielle, artistique et morale de notre premier théâtre.

(24 octobre 1910).

AUTOUR DE « COMME ILS SONT TOUS »

Suivant la coutume, la Comédie-Française donne le bon
exemple. Dès septembre, alors que la plupart de nos directeurs gardent leurs théâtres hermétiquement clos, sans se
préoccuper de la clientèle toujours grandissante des étrangers et des provinciaux, la Comédie nous offre un ouvrage
nouveau : *Comme ils sont tous.* Elle a d'ailleurs admirablement travaillé durant ces mois d'été la jeune Comédie,
et l'Oncle, s'il vivait encore, distribuerait, sans nul doute,
force compliments à ces débutants qui, menés au feu par
leurs anciens, font discrètement leur apparition chez Molière dans des rôles du grand répertoire classique... Seule
façon, en somme, de montrer qu'on a du talent et qu'on sera
un jour « de la Maison ».

Voilà donc le retour à une tradition qui, bien que vieille,
n'en est pas moins excellente. Les jeunes artistes — les « volontaires de la Comédie », s'écriait le doyen Got, ancien bri-
gadier aux chasseurs à cheval ! — se plaignaient naguère de
ne pas être *encadrés* : ils demandaient ainsi que deux ou
trois anciens consentissent à les soutenir de leur autorité
en les conduisant à la bataille... Et nos « volontaires »
(ils doivent en remercier M. Claretie) ont obtenu gain de
cause, plusieurs « parts entières », et des plus notoires,

ne dédaignant pas de jouer la comédie rue Richelieu en plein mois d'août... Seconde mesure non moins heureuse que la première.

Il y a mieux... Tandis que chaque soir, en juillet et en août, la jeune Comédie donnait si vaillamment, les après-midi étaient consacrés à la pièce nouvelle que nous allons applaudir. Les auteurs, MM. Adolphe Adcrer et Armand Ephraïm, gens de talent et d'esprit, ont pensé qu'au moment où tant de leurs confrères réclament impatiemment ce qu'ils appellent « leur tour », le mieux était d'être là, de répéter et de voir le plus tôt possible leurs noms inscrits sur l'affiche de notre premier théâtre.

J'ai, quant à moi, beaucoup de raisons pour souhaiter un beau succès à *Comme ils sont tous...* La première c'est qu'Adolphe Adcrer et Armand Ephraïm sont depuis fort longtemps mes amis. A cette raison s'en ajoute une autre, une raison de cœur, comme disaient nos anciens qui s'y connaissaient... Vous allez en juger.

⁂

En 1886 — vingt-quatre ans ! — l'Odéon supérieurement dirigé par M. Porel, célébrait l'anniversaire de la naissance de Molière : le 15 janvier, il donnait un à-propos intitulé *la Première du Misanthrope...* Je débutais dans le journalisme théâtral et tout ce qui se passait en Odéonie m'intéressait vivement. J'assistai donc à la représentation de *la Première du Misanthrope* et quelle ne fut pas ma surprise lorsqu'à la chute du rideau j'appris, par la voix d'Albert Lambert le père, fort pittoresque Molière, que cet à-propos, aussi joli de fond qu'élégant de forme, avait pour auteurs MM. Adolphe Aderer et Armand Ephraïm...

— Aderer ? demandai-je à Porel, me précipitant sur le
« plateau » avec cet imperturbable aplomb du jeune feuilletoniste qui s'imagine exercer un sacerdoce. Aderer ? C'est
bien le professeur de rhétorique de Condorcet ?

— C'est son fils ! reprit Porel, et je suis très content de
lui avoir ouvert les portes de l'Odéon, à lui et à Ephraïm !

Le dimanche suivant, en mon grave et obscur sous-sol de
la *Nation*, je félicitai directeur, auteurs, artistes, et je m'empressai de confier à mes lecteurs que, huit ans auparavant,
en 1878, le père d'un des auteurs de *la Première du Mi-
santhrope* m'avait enseigné la rhétorique à Condorcet.

J'avais, en effet, préparé mon premier bachot — il y en
avait deux à cette époque ! — sous la direction de mon très
cher maître Aderer. Jusqu'à Pâques, M. Gidel s'était chargé
de nous révéler les beautés du *Conciones*, mais M. Gidel renonçait au professorat et était nommé proviseur de Louis-le-
Grand... Si nous éprouvions à Condorcet quelque regret
de ce départ, nous nous consolions en voyant arriver parmi
nous M. Aderer.

Grand, mince, élancé, l'œil rieur, le menton allongé, la
moustache épaisse cachant des lèvres narquoises, toute sa
personne donnait une impression de malicieuse finesse. Il
n'était pas le professeur dissertant sur un sujet longuement
médité : il parlait d'abondance, sans une note, jetant tant et
tant d'idées, ouvrant tant et tant de parenthèses que nous
nous demandions parfois comment il allait rattraper le fil !...
Il n'avait pas la manie de rattacher les écrivains les uns aux
autres, de les classer, de les cataloguer et de commenter leur
filiation. Il était chargé de la « section latine » (la section
française appartenait à notre cher professeur Eugène Talbot),
ce qui ne l'empêchait pas de faire de nombreuses incursions
à travers son cher « dix-huitième »... Son cours devenait

ainsi la plus séduisante des causeries : il avait des emballements délicieux et des admirations folles ; il avait aussi ses lois, ses règles, ses principes d'esthétique, et pourtant, lorsqu'on le priait — grave problème ! — de définir le beau, crânement, librement, il répondait :

— Le beau ? Mais c'est ce qui nous plaît !...

Cette indépendance ne l'abandonnait jamais... Je me souviens qu'un jour, à la stupéfaction de tous, un arrêté ministériel prescrivit brusquement aux professeurs le port de la robe et de la toque. D'où partait cet ukase ? On n'en savait rien : il fallait cependant s'y soumettre, et notre maître Aderer se gardait bien de désapprouver publiquement une mesure qu'il trouvait, comme tous ses collègues, aussi inutile que vexatoire. Or, savez-vous ce qu'il imagina ?... Le lendemain de la publication de cet arrêté, on l'aperçut, lui, professeur de rhétorique, arpentant, tranquille et souriant, la cour du lycée, tenant d'une main sa toque, de l'autre sa robe émaillée de décorations multicolores. Il montrait ainsi qu'il était en règle avec l'administration supérieure, et en même temps il s'en moquait gentiment et juste assez pour que la décision ministérielle fût rapportée.

Nous évoquons souvent, Adolphe Aderer et moi, ces souvenirs de jeunesse... Nous éprouvons une joie extrême, lui à parler de son père qu'il adorait, moi du maître exquis grâce auquel j'obtins mon premier diplôme... Nous revoyons, après *la Première du Misanthrope*, les cordiales réunions du petit cinquième de la rue de Copenhague. Nous étions là quelques camarades, nous sentant en pleine confiance en ce modeste logis dont Mme Adolphe Aderer faisait si gracieusement les honneurs. J'entends encore Armand Ephraïm nous conter, plein d'entrain et d'esprit, les péripéties de ses débuts dans l'Université, tandis qu'Eugène

Lautier, arrivant de Campagnan, sa terre natale, nous séduisait par sa prodigieuse érudition... J'entends encore Antoine Banès déchiffrer les jolies valses de son joyeux *Toto* qui s'apprêtait à triompher aux Menus-Plaisirs de l'aimable Lagoanère... Et Adolphe Aderer dégustait dans un coin du salon sa tasse de thé et soupirait mélancoliquement :

— Quand quitterons-nous ces toits de la rue de Copenhague ? Il me faudra écrire beaucoup d'articles, beaucoup de romans et beaucoup de pièces de théâtre !

**

Le rêve s'est réalisé... On a trimé, on a bûché ; le journaliste, le romancier, le dramaturge ont obtenu tous les honneurs, remporté tous les succès et on a quitté le petit cinquième de la rue de Copenhague !... Mais le professeur, on l'oublie... Car depuis vingt années Adolphe Aderer, licencié, agrégé et possesseur de tous les brevets universitaires, enseigne, à l'exemple de son père, la littérature française à nos futurs bacheliers, et souvent, une fois que les articles de théâtre et de politique sont terminés, on passe la nuit à corriger les devoirs de la veille ou à préparer le cours du lendemain !

Oui, professeur Adolphe Aderer, comme son père, comme son collaborateur Armand Ephraïm... Le sait-on, cela ? Durant des années, nous menons la même existence, nous nous coudoyons tous les jours au théâtre et nous ne savons rien les uns des autres ; nous nous ignorons... Ainsi le veut la vie de Paris...

Vous comprenez maintenant pourquoi je souhaite à *Comme ils sont tous* beaucoup de succès... Raison de cœur,

écrivais-je en commençant cet article... Raison de cœur,
je redis en le terminant... Et ces raisons-là seront toujours
les meilleures...

(5 *septembre 1910*).

(1) La pièce de MM. Adolphe Aderer et Armand Ephraïm a, on
le sait, remporté le plus joli succès.

WORMS

Il n'est pas un artiste que j'admirais aussi profondément :
il n'en est pas un que j'aimais plus. L'homme avait la simplicité, la sûreté et la probité de son incomparable talent.
C'était lui qui, il y a bientôt trente ans, alors que je débutais dans le journalisme, m'avait, avec Madeleine Brohan et
Prudhon, fait connaître la Comédie-Française et y avait guidé
mes premiers pas. Worms était alors en plein triomphe : tous
les auteurs, Emile Augier, Alexandre Dumas, Victorien Sardou, Pailleron, Meilhac, le réclamaient pour créer leurs rôles ;
tous savaient que le metteur en scène valait le comédien et
que l'homme ne le cédait en rien à l'artiste. Et qui dira
l'ami qu'était Gustave Worms ? J'ai eu la douce joie, la
joie délicieuse entre toutes, d'apprécier cette amitié... Il n'en
était pas de plus loyale, de plus fidèle. Les Worms ! Mes
chers amis Gustave Worms et Blanche Barretta !

*
* *

Au nom de toute la Comédie-Française, celle d'autrefois
et celle d'aujourd'hui, M. Jules Claretie a rendu au grand
artiste disparu le plus mérité des hommages ; il a rappelé
le beau mot de Dumas : « Écoutez la voix de Worms : c'est

comme la musique de l'honneur » ; puis il a prononcé ces justes et décisives paroles : « De la première à la dernière heure, depuis le temps où l'imprimeur donnait la vie au livre jusqu'au moment où le comédien donna la renommée aux poètes, Worms fut ce qu'il y a de plus rare dans l'existence : un exemple accompli. Sur la scène, il était admirable : à son foyer, il était incomparable. » Voilà bien, en effet, ce que fut Worms : voilà comment il comprit la vie.

*
* *

On a énuméré les rôles de Worms, et lorsqu'on considère cette liste, on ne sait si c'est à Alceste ou à André de Bardannes, au marquis de Villemer ou à Don Carlos, à de Jalin ou à de Ryons, à Henri III ou à Cœlio qu'il convient d'accorder la préférence. De tous ces personnages Worms a fait des êtres en chair et en os : il les a pensés, il les a pétris, il les a vécus. Mais ce qu'on ne saurait trop répéter, c'est que ce maître comédien — le plus parfait, à mon sens, de notre temps — exerça sur l'art dramatique une action prépondérante.

Je vous l'ai souvent dit : comme Got, Worms fut un inventeur ; tous deux, et Worms plus complètement encore que Got, nous donnèrent sur la scène l'illusion de la vie, et cela sans procédé, sans manière, sans recherche de l'effet, sans souci de l'applaudissement, par la seule simplicité de leur jeu et de leur diction : tous les deux ont été les précurseurs de ce fameux Théâtre Libre qui, malgré d'inutiles exagérations, nous a tout de même débarrassés de certaines conventions surannées. Et Worms et Got allèrent plus loin ; ils ont fait école, et leurs élèves, dont quelques-uns

sont des maîtres, prouvent la supériorité de leur enseignement.

Worms n'admettait aucunement la leçon apprise et le
conventionnel « ronron » : il prétendait que le professeur
doit laisser les qualités de l'élève se développer naturellement et normalement ; il enseignait un rôle suivant
la nature de chacun. « Le mouvement et la vie, tout le
théâtre est là, s'écriait-il, qu'on interprète Molière ou
Dumas, Corneille ou Hugo ! »... Seulement, il avait bien
soin d'ajouter qu'avant d'imprimer à un personnage le
mouvement et la vie, il est indispensable de posséder l'orthographe du métier. Suivant lui, le Conservatoire n'est pas
une école d'originalité, mais une école nécessaire, parce
qu'aux artistes les mieux doués — aux natures ! — il in-
culque les règles premières.

Avec non moins de force, il expliquait que c'est longtemps après sa sortie du Conservatoire qu'un élève est à
même de profiter des leçons qu'il y a prises. Il avait, lui,
remporté un second prix de tragédie, et il disait :

— Je n'ignorais pas que les premiers rôles de tragédie ne
seraient jamais mon affaire, bien que Perrin m'eût un jour
demandé de jouer Rodrigue... Mais mon professeur Beauvallet ne cessait de nous répéter que tout artiste, comédien
ou tragédien, a l'obligation de faire d'abord ses gammes.
Or, pour Beauvallet, les gammes, c'était une scène du *Cid*
ou d'*Andromaque*. Et Beauvallet avait raison. Voilà pourquoi, reprenant aujourd'hui pour le compte des autres ce
qui nous réussit à nous, les anciens, je conseille à tous et à
toutes d'apprendre l'alphabet en épelant Corneille et Racine !

Oui, il est très vrai que le professeur, chez Worms, valait le
comédien... Ses élèves sont aujourd'hui légion à la Comédie-
Française et dans tous les théâtres de Paris. Ici, à la Comédie-

Française, ce sont MM. Raphaël Duflos, Leitner, Dessonnes
Mlles Cerny, Lara, Delvair ; là, ce sont Mlle Brandès, M. de
Max, Mlle Suzanne Desprès, M. Lugné Poë, Mme Moréno ;
aux Variétés, c'est M. Prince... J'en oublie... Et il faut entendre tous ces artistes parler de leur maître ! Jamais un
professeur ne fut plus aimé, plus vénéré. Ajouterai-je qu'il
les payait de retour et leur rendait cette affection ? Il savait, le cas échéant, plaider leur cause et dire d'eux ce qu'il
fallait dire. Au comité d'administration de la Comédie-Française, il fut, durant de longues années, l'avocat de beaucoup d'entre eux et gagna des parties parfois bien compro-
mises.

Et au Conservatoire !... Un jour qu'aux examens de juin
le jury avait, après discussion et vote, établi la liste des
élèves dignes d'être admis le mois suivant aux concours publics, Worms, devant le grave aréopage assemblé, s'exprima
ainsi :

— Voulez-vous me permettre, messieurs, de vous adresser une requête ? J'ai la certitude que, sans y prendre garde,
un nom vient d'être omis sur votre liste, remarquez qu'en
y ajoutant celui que je vais donner, vous ne lèsez aucunement
les intérêts de qui que ce soit. C'est en toute sincérité que je
vous demande d'admettre cet élève au concours final ; je
réponds de lui.

Les jurés connaissaient Worms ; ils passèrent au vote et, à
l'unanimité, ils adoptèrent sa proposition ; l'élève fut, suivant
le terme consacré, *repêché*... Et savez-vous la récompense
qu'obtint ce *repêché*, le mois suivant au concours public ?
La première de toutes : le premier prix !... Bien plus notre
lauréat était, séance tenante, engagé à la Comédie-Française.
Vous rappellerai-je que ce *repêché* n'est autre que M. Dessonnes, qui est aujourd'hui un des meilleurs artistes de la

jeune troupe de notre premier théâtre. Où serait l'élève si
son maître n'avait été là pour gagner sa cause? Triste et
ignoré, il courrait la province et l'étranger au milieu de
tournées bâtardes !...

Worms aimait à évoquer le souvenir de ces années qu'il
passa au Conservatoire, comme élève et comme professeur.
Il y a quinze jours à peine — oui, quinze jours ! — nous
parlions ensemble de ce Conservatoire. J'avais été chargé,
l'été dernier, par M. Dujardin-Beaumetz de lui proposer de
prendre place au Conseil supérieur de l'École. M. Gabriel
Fauré estimait l'homme : il savait les services que Worms
pourrait encore rendre à cette École de déclamation qu'il
avait si bien servie et où son nom est si populaire. Worms,
très touché de l'offre, accepta.

— Je serai content, nous répondit-il en souriant, de reprendre un peu de service actif !

Ce retour de Worms au bercail fut salué avec joie aussi
bien par ses collègues du Conseil supérieur que par les professeurs et les élèves : l'accueil particulièrement cordial qu'on
lui fit le jour où, en termes exquis, M. Dujardin-Beaumetz
lui souhaita la bienvenue, l'avait profondément ému... Il
devinait que je me désolais, étant malade, de ne pas assister
à cette séance et il voulut bien, en sortant du ministère,
monter chez moi. Avec sa simplicité coutumière il me dit :

— On n'avait pas du tout besoin de moi, mais ça m'a
rajeuni de me trouver là ! Il me semblait que je ressusci-
tais.

Il n'avait jamais été plus jeune et plus gai... Car c'étaient
ceux qui ne le connaissaient pas qui le représentaient
comme un désabusé de la vie et voulaient qu'il jouât Alceste
sous prétexte qu'il était « à la ville » le personnage rêvé par
Molière. Worms Alceste à la ville, quelle erreur !.., S'il

tardait à aborder ce gigantesque rôle, il avait ses raisons. Il
avait vu dans Alceste les artistes les plus notoires : d'abord
Geffroy, puis Bressant, Leroux, Lafontaine, Maubant, Delaunay, Laroche, Marais, d'autres encore ; chacun interprétait le rôle à sa façon ; mais aucun n'était un Alceste complet, et Worms se demandait anxieusement s'il se tirerait à
son honneur d'un personnage dans lequel on attendait tant
de lui. Il se décida pourtant à risquer la partie et il la gagna
d'emblée : immédiatement, dès le premier soir, il fut un
Alceste de tous points incomparable : acclamé d'acte en acte
et de scène en scène, il nous donna une chose unique.

J'ai là devant moi, accroché au mur de mon cabinet de
travail, le portrait de Worms dans Alceste : il fait pendant à
celui de sa charmante femme Blanche Barretta dans Victorine. Avec ces deux portraits, que Worms avait eu la délicate
pensée de réunir en un même cadre, je recevais cette jolie
lettre... On venait alors de jouer *le Misanthrope* pour les
débuts de Mlle Cerny.

Nemours, 2 juillet 1908.

Mon bien cher ami,

J'ai été très ému en lisant votre article sur *le Misanthrope*. Vous
remuez là le passé. J'ai revécu un moment ce temps d'appréhension
où je tentais de rendre cette figure si complète et si effrayante
pour l'interprète. Faire vivre ce personnage, avec ses emportements
un peu puérils, sa tendresse profonde, son ardeur de vérité, de
probité, son horreur du mensonge, tout ce que comporte ce rôle
redoutable et si simple pourtant !.. Si j'ai réussi à peu près, c'est
à l'auteur seul que je le dois, car je n'ai travaillé qu'avec lui, sans
m'occuper de ce qu'on avait écrit. Je n'ai voulu entendre ni les uns
ni les autres. J'ai mis le meilleur de moi dans ce travail : je n'ai
cherché ni le comique que les uns prétendent y voir, ni le drame
que quelques autres veulent y trouver. J'ai joué ou j'ai essayé de

jouer le rôle comme il est écrit, sans plus, et je crois que c'est et
que ce sera toujours la meilleure manière. S'identifier complètement avec l'auteur, et surtout avec celui-là, sans souci du résultat,
en cherchant à être vrai, et humain par conséquent.

Je ne veux pas me laisser prendre par ce sujet car ma lettre
serait trop longue. Merci, mon cher ami, merci de vos bonnes
paroles... Votre article a fait battre un peu plus vivement ce cœur
de vieux comédien qui sommeille et qui, sous les ombrages de
Nemours, a pu se convaincre qu'il avait de vrais amis et que son
souvenir n'était pas tout à fait mort pour eux. Ma femme a été bien
touchée aussi et elle me charge de vous embrasser tous deux, ce
que je fais avec la plus grande joie.

Votre ami

G. Worms.

Que de modestie, que de simplicité en ces lignes où je
retrouve tout entiers l'homme et l'artiste ! Probité, vérité,
horreur du mensonge, bonté, c'était Worms... Lisez maintenant cette autre lettre, non moins jolie, sur *la Princesse de
Bagdad*. La Comédie-Française remettait à son répertoire
l'œuvre de Dumas, si cahotée à son apparition en 1880, et
j'avais prié Worms de me fournir — par retour du courrier de Nemours ! — des renseignements sur la première
représentation. Sa réponse fut la suivante :

Nemours, jeudi 27 juin 1906.

Mon ami Adrien me demande une réponse par retour du courrier,
rien que cela ! Et toi, mon bonhomme, qui arrives tout bêtement
de la pêche, à cent mille lieues du théâtre, là-bas, près de Poligny
réponds si tu peux à la demande d'un vieil ami qui se moque de
Poligny et de la pêche comme d'un vieux soulier ! Vrai, c'est du
toupet ! En rassemblant mes souvenirs, car tout cela est bien loin,
j'arrive à me reporter à cette *première* très émouvante. Le rôle
que Dumas avait bien voulu me confier comportait quelques dangers,
car il fallait faire avaler *l'or vierge* et la scène plus que scabreuse

du premier acte. Je me souviens de cette longue scène comme d'une
des plus difficiles de ma carrière. Un véritable duel avec le public
qui me guignait à chaque mot, attendant le moment d'une faiblesse,
d'un écart pour démolir tout notre échafaudage si laborieusement
édifié. Je crois que jamais cœur n'a battu plus fort... A la sortie,
j'étais épuisé, mais vainqueur... M. Perrin est accouru de sa loge
pour me féliciter et me remercier, mais la tâche avait été rude...
Cependant je vois encore l'auteur, froid et supportant la tempête
avec un calme complet. Le public était si hostile... qu'on criait : « A
bas Dumas !... » et, bien entendu, une partie de ses amis... (j'en
pourrais citer, mais ce n'est pas mon genre). J'ai été tant soit peu
houspillé dans les scènes avec l'enfant, mais j'aimais la bataille...
J'ai lutté avec joie, heureux de donner à l'auteur, pour lequel j'avais
une profonde affection, cette marque de mon dévouement... Ma
camarade Croizette a été admirable et comme dernier éclair de cette
carrière si courte, séduisante au-delà de toute expression. Voilà,
misérable, tout ce que j'ai à dire pour l'instant!.. Plus tard, nous
verrons... Tendresses à vous deux...

G. Worms.

Écoutez encore ceci. Il y a quelques années, Worms avait
eu le chagrin de perdre une fille qu'il adorait... *L'Ami des
femmes* réalisait à cette époque, quatre fois par semaine, le
maximum de la recette, et Dumas était d'autant plus heureux
de cette revanche que la pièce, autrefois au Gymnase, n'avait
eu qu'un succès médiocre. Worms était bien trop l'homme
du devoir pour solliciter un congé et, le lendemain des obsèques de sa fille, il se trouvait à son poste, jouant aussi
magistralement de Ryons que de coutume : le métier a
de ces tristesses !... Mais quelle ne fut pas sa surprise
quand, au troisième acte, il s'aperçut que, sans le prévenir,
ses camarades avaient supprimé plusieurs répliques. En
sortant de scène, il prit le manuscrit et il comprit à quel
sentiment de délicatesse ses camarades avaient obéi. Dans
le texte, il y avait un mot sur les enfants qui s'en vont en

pleine jeunesse : un mot qui ne s'appliquait que trop au
père désolé... Worms regagna sa loge et fondit en larmes...
Jamais mieux que ce soir-là il n'avait senti combien il était
aimé !...

Worms avait quitté le théâtre bien avant l'heure : il n'en
est pas moins resté un des fidèles de sa chère Comédie-
Française et souvent encore il venait prendre l'air de la Maison. Il était également un des fidèles de nos matinées des
Trente ans de théâtre au Trocadéro. Une de ses dernières
lettres n'était-elle pas adressée à l'excellent comédien Guyon
qui, au Trocadéro précisément, avait repris *Brouillés depuis
Wagram*, le petit chef-d'œuvre de Grangé et Lambert-
Thiboust et y avait obtenu un succès fou ? Aussitôt rentré
chez lui, Worms, se doutant bien qu'il causerait une joie
extrême à cet artiste modeste entre tous, lui envoya un de
ces petits mots qu'il tournait si joliment...

Worms avait fait plaisir : il était heureux... Seulement, il ne
voulait pas qu'on racontât ses bienfaits ; obliger lui paraissait
une chose toute naturelle, et la manière discrète et simple
qu'il avait de rendre service doublait encore le prix de sa bonté... Un homme d'exception, un homme qui, toute sa vie, suivit le droit chemin sans une faiblesse, sans une défaillance.

Une des dernières joies de Worms fut d'assister au succès
de son fils dans le rôle d'Armand Duval de *la Dame aux
Camélias*, si plein de souvenirs pour lui. Il espérait bien
que son Jean — comme il disait tendrement ! — illustrerait
à son tour ce nom de Worms, déjà deux fois glorieux et
vénéré. Il est parti trop tôt ; mais le fils réalisera le rêve
du père....

(24 novembre 1910).

A PROPOS DE « L'AVENTURIÈRE »

Mlle Cécile Sorel vient de remporter dans *l'Aventurière*
le plus éclatant succès : jeu, diction, composition, exécution,
costumes, tout y est : rarement, elle a été aussi bien inspirée. Clorinde est d'ailleurs un très beau rôle, plein d'*effets*,
qui a séduit indistinctement les grandes coquettes, les
grandes jeunes premières et même les tragédiennes. J'y ai
applaudi, pour ma part, la créatrice, Mme Arnould-Plessy,
puis Mmes Sarah Bernhardt, Croizette, Marsy, Pierson,
Adeline Dudlay, Jane Hading, Marthe Brandès, Raphaële
Sisos, Delvair, Cécile Sorel : soit onze interprètes. Quand je
dis onze, je me trompe : j'oublie un nom, celui d'une comédienne charmante, Gabrielle Tholer, morte prématurément,
alors que sa carrière s'annonçait extrêmement brillante.

Les fidèles de notre premier théâtre me sauront gré, j'en
suis sûr, d'évoquer le souvenir de cette exquise artiste et nos
jeunes comédiennes seront fort surprises d'apprendre que ce
fut Gabrielle Tholer qui, comme elle n'avait obtenu qu'un
second prix au Conservatoire, légua une somme assez importante « destinée à être remise chaque année à l'élève femme
gratifiée du *second prix* de comédie... » (*sic.*) Que de
regrets, que de mélancolie en cette disposition testamentaire,
si simple en apparence !...

Photo Nadar

SUZANNE REICHENBERG

Gabrielle Tholer avait été déçue de n'avoir gagné qu'un *second* prix au Conservatoire, mais elle ne perdit pas courage. Elle était entrée, ce second prix sous le bras, à la Comédie-Française et l'administrateur Édouard Thierry lui avait promis des rôles : hélas! les rôles ne venaient pas. Thierry parti, Perrin lui donna les mêmes espérances et ne les réalisa pas plus que son prédécesseur. De guerre lasse, Gabrielle Tholer quitta la Comédie et signa un engagement en Russie : elle y remporta les plus brillantes victoires, puis après quelques années au théâtre Michel, elle fit sa rentrée à la Comédie dans ce difficile rôle d'Araminte des *Fausses Confidences* qui valut récemment à Mlle Cerny un si joli succès... La jeune comédienne était devenue une véritable artiste et son retour au bercail fut triomphal. A cette époque — 1880, trente ans ! — Sophie Croizette, la grande favorite du public, quittait brusquement le théâtre et Gabrielle Tholer arrivait juste à temps pour lui succéder. Elle reprit presque tous les rôles de Sophie Croizette, même Suzanne d'Ange du *Demi-Monde*, ne se doutant pas qu'elle était avant tout une « grande coquette » et non un « premier rôle ». Délicieuse en Araminte, Gabrielle Tholer n'était pas moins bien inspirée quand elle personnifiait la marquise de Prie de *Mademoiselle de Belle-Isle* de Dumas père, entre Delaunay qui jouait Richelieu, Febvre d'Aubigny et Mme Emilie Broisat Mlle de Belle-Isle : elle avait, au quatrième acte, dans la fameuse scène avec Richelieu, une façon câline et malicieuse de murmurer le classique : « Ingrat ! » qui était d'une comédienne rare. Ce fut elle également qui, le jour où Perrin remonta *le Mariage de Figaro*, joua la comtesse : elle avait pour partenaires Coquelin, admirable Figaro ; Delaunay, délicieux Almaviva ; Suzanne Reichenberg, adorable Chérubin ; Blanche Barretta, incomparable Suzanne; Thiron et Barré, tous deux inénarrables en Brid'oison et en Antonio, et Mme Jouassain qui, d'un trait magistral, campait la silhouette de Marceline. Au milieu de ces grands artistes, Gabrielle Tholer tenait parfaitement sa place ; enhardie par le succès et encouragée par son professeur qui était justement la créatrice de *l'Aventurière*, Mme Arnould-Plessy, elle aborda certains « premiers rôles », entre autres Clorinde, et là était l'écueil... Elle possédait toutes les qualités de la grande coquette : l'élégance, la beauté, l'allure ; dans Clorinde elle forçait son talent. Cependant Émile Augier l'y trouva excellente et lui distribua le rôle de la marquise d'Auberive, lors de la reprise des *Effrontés*...

Il faut, à ce propos, rendre cette justice à Émile Augier qu'il montrait à l'égard de ses interprètes une fidélité absolue. Got, qui fut, comme on sait, son artiste favori et son intime ami, nous disait un jour ;

— Ayez donc la curiosité de consulter les distributions des pièces d'Augier et vous constaterez que c'est toujours aux mêmes artistes qu'il s'adresse !... On raconte que j'ai été son comédien. C'est vrai et je m'en vante... Mais je ne suis pas le seul ! Il fallait qu'Augier fût bien peu satisfait d'un interprète pour qu'il se privât de ses services. Dès l'instant où on lui plaisait, c'était réglé : on pouvait être certain qu'on serait son homme — ou sa femme ! — jusqu'à la mort !...

Je regrette que Got, en ses si savoureux *Mémoires*, ait négligé ces petits points d'histoire théâtrale : il n'a rien dit non plus (je le crois du moins) de *l'Aventurière*, alors qu'un des chagrins de sa vie était d'avoir vu le rôle d'Annibal lui « passer devant le nez ». Il s'offrit bien, quelques années avant de quitter le théâtre, la fantaisie de s'y essayer, mais nous y avions applaudi Constant Coquelin, qui nous avait émerveillés par sa gaîté, son esprit et sa prodigieuse jeunesse : puis, une fois Coquelin parti du Théâtre-Français, nous y avons vu Leloir qui, sans avoir la maîtrise de son devancier, avait habillé, composé et nuancé le personnage avec un art très particulier. Got comprit, après quelques soirées, que mieux valait ne pas insister et il abandonna ce rôle qu'il avait si ardemment désiré.

*
* *

Qui donc se rappelle aujourd'hui que ce rôle de Clorinde, convoité et interprété par tant de comédiennes, fut sur le point d'être tenu par l'artiste qui idéalisa les ingénues de Molière et de Musset : Mme Suzanne Reichenberg ? Eh oui ! Agnès faillit revêtir le costume de Clorinde et voici dans quelles circonstances...

On venait de donner *les Corbeaux*... Suzanne Reichenberg, au troisième acte du chef-d'œuvre de Becque, avait joué une scène de folie : on l'y avait acclamée : elle s'était, en effet, surpassée et, de l'avis même de Becque, qui n'était pas toujours commode, elle avait sauvé une partie fort dangereuse. A cette représentation des *Corbeaux*, Augier, félicitant Suzanne Reichenberg, lui dit :

— Ce triomphe m'enchante moi personnellement, parce qu'il me prouve que vous serez, quand vous voudrez, ma Clorinde de *l'Aventurière* !

— Clorinde ! fit l'artiste interloquée. Vous n'y pensez pas... C'est une grande coquette, mon cher maître. Jamais je ne me permettrai de tenter une pareille aventure !

— Une coquette, d'accord. Mais vous ne vous doutez pas qu'une artiste qui a joué *les Corbeaux* comme vous, a le droit de tout oser. Vous étiez, jusque hier, la plus parfaite ingénue qui eût paru au Théâtre-Français : vous êtes maintenant une très grande comédienne...

Suzanne Reichenberg, malgré l'insistance d'Augier, refusa de jouer le rôle... On devine bien qu'elle ne s'était pas décidée de gaieté de cœur à décliner l'offre particulièrement flatteuse qui lui était faite. Elle avait — elle l'avoua plus tard à Augier — demandé conseil à son illustre camarade Delaunay qui lui avait tenu le langage suivant :

— Il est exact, ma chère amie, que dans *les Corbeaux* tu as été supérieure et que tu ne nous as jamais rien donné d'aussi complet. Je le sais d'autant mieux que c'est moi qui ai monté la pièce et ai présidé à toutes les répétitions... Mais au théâtre, tout est convention : les auteurs, les comédiens ont leurs conventions : nous avons les nôtres et le public a les siennes. Or, il est admis, décrété, que tu es une ingénue et que le rôle de Clorinde ne peut, sous aucun prétexte, être tenu par une ingénue. Cela est ainsi : nous n'y pouvons rien ni toi, ni moi, ni Augier lui-même. Garde-toi donc d'aller contre cette convention ! Serais-tu aussi admirable en Clorinde que tu l'as été dans *les Corbeaux*, tu aurais le tort énorme de froisser les préjugés de ce public qui t'aime, qui t'applaudit, qui t'acclame, mais à la condition que tu joues les rôles que tu as l'habitude de jouer. J'ai eu, comme toi, une foule de projets de ce genre que je n'ai pu mettre à exécution parce que, pour le public, je suis un amoureux, rien qu'un amoureux, tout au plus un jeune premier et pas autre chose... Nous sommes au fond tous deux logés à la même enseigne ! Nous avons des emplois, des emplois conventionnels si tu veux, et nous n'en devons pas sortir si nous désirons conserver le rang que nous avons eu tant de mal à obtenir. Cours donc bien vite remercier Augier.

En te proposant de jouer Clorinde, il s'est souvenu qu'autrefois, lorsque son *Aventurière* — première version ! — était une comédie et non un drame, le rôle fut interprété par Mlle Anaïs qui, comme toi, était une adorable ingénue...

L'ingénue suivit les conseils du jeune premier et Agnès ne fut pas Clorinde. Seulement, un jour qu'en cette même *Aventurière* le rôle de l'aimable Célie se trouvait sans titulaire, Suzanne Reichenberg rendit visite à Émile Augier et, du ton le plus gentil, elle murmura :

— Vous n'avez pas de Célie ? Voulez-vous de moi ? Je suis sûre que je jouerai très bien le rôle...

Augier esquissa un sourire et reprit :

— Va pour Célie ! Mais Célie, ce n'est tout de même pas Clorinde !...

C'est Suzanne Reichenberg elle-même qui m'a raconté cette petite histoire d'autrefois...

(5 décembre 1910).

LE PREMIER DES MUSSETTISTES : DELAUNAY

C'est aujourd'hui la fête d'Alfred de Musset. La Comédie-Française honore le poète en inscrivant au programme de la matinée et de la soirée les chefs-d'œuvre qu'elle maintient fidèlement à son répertoire : *On ne badine pas avec l'amour, Il ne faut jurer de rien, Les Caprices de Marianne, A quoi rêvent les jeunes filles, Les Nuits, Un Caprice...* Mais Delaunay n'est plus là, et notre pensée va à celui qui idéalisa Perdican et Valentin, Fortunio et Octave, Cœlio et le poète, et qui illumina tous ces personnages de sa rayonnante jeunesse.

La dernière fois que Delaunay parut en public, ce fut au palais de Versailles, en 1896, quelques années après sa représentation de retraite à la Comédie-Française. Le gouvernement recevait les souverains russes : M. Alfred Rambaud, le maître historien, l'ancien chef de cabinet de Jules Ferry, était ministre de l'Instruction publique ; notre éminent ami Henry Roujon dirigeait les beaux-arts et j'avais été chargé par eux d'organiser cette soirée.

— Si nous demandions à Delaunay de reparaître ce soir-là ? dis-je à M. Henry Roujon.

— Allez vite ! répliqua le directeur des Beaux-Arts, approuvé par le Ministre.

Je pris donc le train de Versailles et j'arrivai chez Delau-

DELAUNAY

nay, en sa jolie maisonnette de la rue des Missionnaires. Les mains tendues, l'illustre comédien vint à moi et je lui indiquai le but de ma démarche. Bien que visiblement flatté de la requête que je lui transmettais, il refusa d'abord... Il vivait loin du théâtre : on avait mis un peu brutalement à la retraite le professeur du Conservatoire ; on avait négligé de l'appeler au Conseil supérieur de l'École, et ces petites vexations l'avaient profondément affligé...

— Je suis un disparu, un oublié, murmura-t-il, et voici que le ministre et le directeur des Beaux-Arts imaginent de me ressusciter ! Comme c'est aimable à eux d'avoir pensé au vieux comédien, car je suis vieux, très vieux maintenant... Regardez mes cheveux... Ils sont tout blancs. Ils l'étaient déjà en mes dernières années de théâtre, mais j'essayais de donner le change. Dame ! Perdican et les cheveux blancs, ça ne cadre guère !...

Delaunay se mit alors à me conter mille anecdotes de théâtre — le théâtre pour lui c'était toute la vie ! — puis avec un charme indicible et de sa caressante et incomparable voix d'or, il me dit *la Soirée perdue*. Jamais je n'éprouvai une telle émotion : c'était quelque chose de rare, de supérieur, quelque chose que — j'en avais la sensation ! — je ne reverrais jamais plus...

De *la Soirée perdue* il passa à *l'Espoir en Dieu*. Il avait quitté son fauteuil et se tenait debout au milieu de la chambre : il jouait tout en disant, et le geste n'avait rien perdu de sa suprême élégance... Je revoyais Perdican comme aux plus beaux jours, le front mâle et fier, s'avançant le talon sonnant, l'œil plein d'orgueil et assuré de conquérir sa cousine Camille... Il n'y avait plus de doute : Delaunay viendrait au palais de Versailles : j'assistais là à une répétition et à une répétition unique entre toutes.

Il y vint, en effet. La compagnie était digne de lui : nous avions obtenu le concours des artistes qui n'avaient pas paru la veille et l'avant-veille aux galas de l'Opéra et de la Comédie-Française : Constant Coquelin, Réjane, Rosita Mauri, Julia Subra, Marie Delna, Delmas, Fugère, enfin Mme Sarah Bernhardt, pour laquelle Sully-Prudhomme avait écrit un magnifique à-propos : *la Nymphe de Versailles.*

— Eh bien ! C'est convenu. Neuf heures pour le quart ! fit Delaunay. Je serai aussi exact qu'autrefois. Envoyez-moi un bulletin : ce sera le dernier de ma vie !... Il prendra place ici au milieu de ces tableaux, de ces dessins et de ces autographes que vous voyez réunis en cette galerie de souvenirs — souvenirs de plus de quarante années de théâtre ! Et tenez ! Je vais vous montrer quelque chose qui vous intéressera, vous l'ami de ma grande camarade Madeleine Brohan.

Ce quelque chose, c'était un superbe portrait d'Alfred de Musset agrémenté d'une dédicace signée de son frère Paul de Musset :

A PERDICAN, A FORTUNIO, A VALENTIN

Au-dessus de cette dédicace, et de la main même du poète, les mots suivants :

APPROUVÉ CETTE ÉCRITURE :

ALFRED DE MUSSET

Ce cadre avait son histoire. Delaunay ne possédait pas une seule lettre de Musset, et Madeleine Brohan, sachant combien il en était désolé, avait eu la charmante pensée que voici. Un jour qu'elle rendait visite à Delaunay, elle lui de-

manda s'il consentirait à lui prêter ce fameux portrait ; elle
désirait, disait-elle, en avoir une copie. Autorisée par Delaunay, elle l'emporta, et dans la marge qui l'encadrait,
trouva le moyen — exécutant elle-même ce petit travail !
— d'abord de glisser les mots écrits par Alfred de Musset :
« Approuvé cette écriture » ensuite d'y ajouter la signature,
également authentique, du poète. Puis elle retourna le portrait chez Delaunay, ravi mais un peu intrigué. Heureusement Madeleine Brohan avait joint au portrait une de ces
lettres comme elle seule savait en écrire, et, dans cette
lettre, elle racontait à Delaunay qu'elle s'était adressée à
un marchand d'autographes de sa connaissance qui, après
bien des recherches, avait fini par dénicher — chez un huis-
sier ! — un billet à ordre au bas duquel Alfred de Musset
avait apposé sa signature en même temps que le traditionnel
« Approuvé cette écriture... » Et voilà comment, grâce à la
délicate et ingénieuse amitié de Madeleine Brohan, Delaunay fut gratifié de l'autographe qu'il n'avait pu trouver.

Delaunay avait, on le devine, religieusement conservé
cette lettre de Madeleine Brohan. Toute la correspondance
des Brohan, les lettres d'Augustine, de Madeleine et de leur
mère Suzanne étaient d'ailleurs classées en une armoire de
la « galerie aux souvenirs ». N'était-ce pas Suzanne Brohan
qui, en 1881, lorsque Delaunay manifesta l'intention de
prendre sa retraite, lui adressait ce gracieux billet :

Cher monsieur Delaunay,

En sortant dimanche du Théâtre-Français, je me sentais toute
rajeunie. Que c'est donc bon de voir jouer comme cela la comédie
et quel bijou que cette pièce montée ainsi ! Pourquoi songer à quitter ce bon public qui vous aime et ne vous voit jamais assez ? Et
puis, est-ce que vous pourriez quitter Thiron ce petit oncle de Hol-

lande, si rond, si gai, si drôle dans ses essais de colère, si facilement ému ? Et ce sublime abbé de Got, si occupé, si graâve et si comique, chère douce bête à bon Dieu ! Vous êtes adorables tous les trois. Je ne parle pas, par modestie et parce que c'est moi qui l'ai faite, de cette belle et fantasque baronne, si bonne et si folle, ni de cette fine ingénue Cécile parce qu'elle est ma fillcule et qu'elle fut longtemps mon écolière et ma quasi-fille : mais enfin, Madeleine et Suzanne ne gâtent pas un ensemble qu'on ne trouve nulle part ailleurs. Restez, cher monsieur Delaunay, restez !...

Votre amie

Suzanne BROHAN.

C'était, en effet, une interprétation merveilleuse que celle d'*Il ne faut jurer de rien*; mais il faut reconnaître que celle du *Chandelier* n'était pas moins parfaite avec Delaunay jouant Fortunio, Frédéric Febvre Clavaroche, Thiron maître André, Coquelin cadet le clerc de notaire et Sophie Croizette succédant, en Jacqueline, à Madeleine Brohan. Lorsque Perrin remonta la pièce que la censure avait interdite, vingt-deux années avaient passé depuis la première représentation de 1850, et Delaunay était aussi étincelant de jeunesse qu'au premier jour.

— Vous êtes le plus jeune des jeunes gens, s'écriait l'administrateur général de la Comédie-Française sur le « plateau », devant tous les interprètes réunis. Le rôle est vous, cher Delaunay, et vous êtes lui !...

On ne pouvait mieux dire... Le poète et l'interprète ne faisaient qu'un : tout le théâtre de Musset reposait en Delaunay. Ceux et celles qui eurent la joie d'être ses partenaires le savent bien : ils le savent bien aussi ces élèves qu'il aimait tant et dont il se montrait si fier : Mlles Muller, du Minil, MM. Albert Lambert fils, Dehelly, Numa, Tarride, Gauthier, Desjardins, Burguet — je cite un peu au hasard

et je m'en voudrais d'oublier Mme Marsy, une des plus belles
grandes coquettes qu'il nous ait été donné d'applaudir, et
la charmante Mlle Darlaud qui, comme Mme Marsy, a trop
tôt quitté le théâtre, et l'excellent Pierre Laugier disparu en
plein talent, et la ravissante Ludwig qui, sans nul doute,
serait devenue une des grandes artistes de la Comédie, et
Henri Samary, frère de Jeanne et de Marie, si aimable jeune
premier, et la pauvre Biana Duhamel, morte si tristement
et — c'est le nom que j'aurais dû citer tout d'abord ! —
Louis Delaunay, le fils de l'immortel amoureux, aujour-
d'hui un des plus solides comédiens de notre premier
théâtre.

Entre tous ces glorieux souvenirs, Delaunay aimait à
évoquer celui de sa représentation d'adieu à la Comédie-
Française. Ce soir-là, il avait reparu dans ses rôles favoris,
et il nous disait :

— Jamais je ne fus plus ému, ému à un point tel qu'en
entrant en scène je craignais d'être forcé d'en sortir. Le
trac, l'horrible trac !... Mon programme comprenait deux
intermèdes : l'un consacré au chant, pour lequel j'avais obtenu le concours de mon célèbre ami Faure ; l'autre à la
poésie. Mes chères camarades Reichenberg, Barretta, Bartet
et Samary disaient des poésies de Musset et elles avaient
eu la délicate attention d'intituler ce numéro « A Musset » :
elles voulaient ainsi associer en un même hommage le
poète et son interprète. Eh bien ! voyez-vous : la petite histoire du cadre de ma chère Madeleine et puis celle de
« A Musset », le soir de ma représentation de retraite, voilà
qui nous console des petites déceptions inhérentes, hélas ! à
notre métier.

*
* *

Selon son désir, Delaunay reçut le bulletin qui le convoquait le 8 octobre 1896 au palais de Versailles : à neuf heures
pour le quart, il était là... Quand il arriva dans les coulisses,
ses camarades l'acclamèrent ; quand il parut en scène, des
applaudissements partirent de tous les coins de la superbe
salle du palais de Versailles, et quand il eut dit le dernier
vers de *la Soirée perdue,* les bravos redoublèrent, frénétiques... La représentation terminée, le président Félix
Faure alla à lui : il le connaissait de longue date et lui rappela l'époque où il montait dans sa loge et où, entre bons
camarades, parmi lesquels Lambert-Thiboust et José Dupuis,
on causait théâtre. Après lui avoir transmis les félicitations de l'Empereur de Russie, le Président Félix Faure
quitta les coulisses du palais de Versailles, des coulisses improvisées pour la solennelle circonstance, et Delaunay restait là, heureux, brisé par l'émotion.

— A mon tour, fit Coquelin fondant en larmes, à mon
tour, mon cher Delaunay, de t'embrasser pour moi d'abord,
ensuite au nom de tous tes camarades, les anciens et les
nouveaux ! Nous t'aimons bien va !... Mais tu sais qu'après
toi personne n'osera plus toucher à Musset !...

Ce que Perrin disait naguère à Fortunio, Coquelin le redi-
sait avec plus de force. Et voilà pourquoi aujourd'hui, à
l'heure où les Mussettistes donnent leur fête, j'ai tenu à
rendre hommage à l'artiste incomparable dont le nom res-
tera éternellement attaché à celui du poète...

(11 décembre 1910).

Photo Boissonnas-Taponier

LE BARGY

A Monsieur Le Bargy.

Trente ans de théâtre ! Vous les avez presque jour pour jour, mon cher Le Bargy. Vos débuts à la Comédie-Française eurent lieu à la fin 1880 ; l'année précédente, vous remportiez au Conservatoire un premier prix de comédie et un premier accessit de tragédie ; immédiatement Perrin vous engageait et vous faisiez votre volontariat avant d'entrer chez Molière.

Au Conservatoire, vous suiviez les classes de Got en comgnie de M. de Féraudy ; vous étiez, lui et vous, ses élèves favoris... L'illustre doyen déclarait qu'il répondait de votre avenir à tous les deux, non seulement parce que vous disiez juste, mais aussi et surtout parce que vous compreniez ce que vous disiez. Et Got, hochant la tête, de s'écrier, de ce ton maussade qui donnait tant de prix à ses boutades :

— Vous savez que c'est extrêmement rare un comédien qui sait ce qu'il dit !.., La plupart ont l'air de comprendre : mais de l'air à la chanson, il y a loin...

Vous n'en étiez pas moins, tout en étant élève de Got, assidu aux cours de Delaunay, et cela s'expliquait d'autant mieux que vous vous prépariez à jouer ces rôles d'amoureux et de jeunes premiers où il montrait une incomparable maîtrise. Delaunay, selon la juste expression de votre doyen, notre cher Mounet-Sully, était un professeur de style ; l'enseignement de Got, au contraire, qui faisait merveille à l'École normale, n'était peut-être pas toujours à la portée des élèves du Conservatoire... Mais vos études au lycée d'Amiens avaient été supérieures ; le vénérable M. René Goblet, qui était votre député et vous soutenait de sa très légitime autorité, certifiait que vous réussiriez en n'importe quelle carrière : vous deviez donc, mieux qu'un autre, profiter des leçons de style de Delaunay et des excellents avis de Got.

Le fait est que votre concours de tragédie au Conservatoire dans Néron de *Britannicus* dénotait une singulière compréhension de ce rôle, fort difficile pour un débutant. Assurément vous méritiez mieux qu'un premier accessit : mais le jury a souvent des raisons que le public ne comprend pas : il tenait sans nul doute à marquer que vous étiez un comédien plutôt qu'un tragédien, ce en quoi il n'avait pas tort : aussi s'empressait-il de vous gratifier de la première récompense de comédie, que vous partagiez avec M. Brémont, élève de Régnier, aujourd'hui un des professeurs de déclamation dont la place est au Conservatoire.

Les parfaites *Annales du théâtre de la musique* attestent que ce même jour, au concours de comédie, vous avez détaillé à ravir la classique scène de la fontaine de *On ne badine pas avec l'amour*. Laissez-moi vous dire à ce propos que le brillant succès que vous a valu ce rôle de Perdican lors des récentes fêtes en l'honneur du poète, devrait bien vous encourager à revenir au répertoire de Musset. Vous êtes, en effet, un classique : vous avez commencé par interpréter Molière et Musset (vous avez été Valentin, Perdican, Fortunio et Cœlio) et vous reconnaîtrez que cette étude du

répertoire contribua largement à vos belles victoires dans la
comédie moderne.

N'est-ce pas, d'ailleurs, un rôle du grand répertoire classique, Clitandre des *Femmes savantes*, qui vous servait de
début à la Comédie-Française, en même temps que votre
regretté camarade Leloir apparaissait sous les traits du bonhomme Chrysale ? Les artistes les plus notoires vous
menaient à la bataille, Perrin prétendant fort justement que
le seul moyen d'aider à la réussite d'un débutant, c'est de
l'encadrer... Got et Coquelin jouaient Trissotin et Vadius ;
M. Silvain, Ariste ; Mmes Madeleine Brohan, Jouassain et
Lloyd, Philaminte, Bélise et Armande; l'étourdissante
Jeanne Samary, Martine : enfin Mme Blanche Barretta interprétait Henriette avec l'art exquis que vous savez.

*
* *

Vos premières années à la Comédie furent dures... Votre
chef de file Delaunay était alors en pleine gloire et j'imagine que si votre autre chef d'emploi, Worms, n'eût consenti
à vous céder quelques rôles, vous auriez de guerre lasse
abandonné la partie... En ce temps-là, nous nous réunis-
sions chaque soir entre camarades après le théâtre, et vous
n'avez pas oublié nos joyeuses parties de domino qui com-
mençaient à minuit et demi et se terminaient fort tard dans
la nuit. L'illustre président de ces agapes était le grand Falguière ; M. Adrien Hébrard, Georges Chalamet et notre
ami Prud'hon étaient nos autres partenaires : la partie
terminée, nous faisions route ensemble et nous arpentions
la rue Auber tout en nous contant nos idées, nos projets,
nos espérances... Déjà vous me reprochiez d'être un des
fidèles de l'Oncle : un jour même qu'une discussion s'était

élevée entre lui et vous au sujet de l'interprétation d'un
rôle, vous protestiez et, dans une lettre qu'il rendait
publique, vous mettiez en cause ses neveux. Fièrement, je
revendiquai l'honneur d'être de ce nombre : je pris la
mouche et la plume et je répondis à votre épître à Sarcey
par un virulent article; car je remplissais les graves fonctions de feuilletoniste dramatique et je croyais fermement
— ô naïveté de la jeunesse ! — que mon hebdomadaire rez-
de-chaussée théâtral exerçait sur mes contemporains une
irrésistible action.

Notre brouille finit par un incident imprévu. La Comédie-
Française donnait *Denise ;* je me trouvais, ce soir-là, sur le
« plateau » dans le « guignol » ; vous étiez jeune sociétaire et
sévèrement vous vous empressiez de demander au semainier
pourquoi des « étrangers » se permettaient de circuler sur la
scène... Vous ignoriez que, le matin même, votre ministre,
qui était le mien, m'avait nommé inspecteur des théâtres...
J'étais, comme nous disons, de « service ». Vous prîtes le
parti de rire de votre méprise et loyalement on se réconcilia.

* *

Delaunay avait alors quitté le théâtre et beaucoup de ses
rôles vous revenaient de droit. Votre talent s'était perfec-
tionné et ceux-là mêmes qui, à vos débuts, vous faisaient
un grief d'imiter le célèbre jeune premier — on imite toujours quelqu'un quand on commence ! — reconnaissaient que
votre personnalité ne se discutait plus... Déjà vous possédiez
cette autorité particulière que donne le titre de sociétaire et
à mesure que les « douzièmes » arrivaient, vous osiez davantage. Le comité, le jour où il vous avait appelé au sociétariat, vous avait accordé un tiers de part et, chaque année ré-

gulièrement, il vous allouait, à vous et à votre camarade de
Féraudy, un nouveau douzième. Vous aviez été, avec
M. de Féraudy, élève de Got au Conservatoire : vous étiez
entrés ensemble à la Comédie ; comme Got et Delaunay autrefois, vous suiviez la même route.

Cette route était pour vous comme pour lui triomphale.
Je laisse aux biographes le soin de dresser la longue liste des
rôles que vous avez créés ou repris depuis 1880. Ils rappelleront
que vous êtes l'admirable interprète de Victor Hugo, d'Augier,
de Dumas, de Paul Hervieu, d'Henri Lavedan, de Maurice
Donnay, d'Alfred Capus : ils évoqueront vos magnifiques
créations des *Tenailles*, du *Dédale*, de *la Loi de l'homme*, de
Connais-toi, du *Marquis de Priola*, de *l'Autre Danger*, du
Duel, des *Deux hommes*, et ils se garderont d'oublier Septmonts de *l'Étrangère*, Olivier de Jalin du *Demi-Monde*, de
Simerose, puis de Ryons de *l'Ami des Femmes*, les *Effrontés*,
le Fils de Giboyer, don Carlos d'*Hernani*, Saverny de *Marion Delorme*....

S'il vous fallait, parmi tant de rôles, indiquer celui que vous
aimez le mieux, vous seriez, j'imagine, fort embarrassé. Votre
maître Got, lorsqu'on lui posait une telle question, répondait
invariablement : « Je les préfère tous ! » et il ajoutait :

— Seulement, dites-vous bien que trop souvent le public
ne se rend pas compte du mal que nous avons à mettre debout certains rôles... Il en est que nous jouons dix fois et
dans lesquels nous dépensons beaucoup de talent : d'autres, par contre, ne nous coûtent aucune peine : nous n'avons
qu'à parler et nous les jouons durant des mois et des années !... Il en est de même des pièces, et c'est ce qui nous console.... Combien d'ouvrages médiocres s'éternisent sur l'affiche, alors que de belles œuvres en disparaissent après
quelques soirées !

L'observation de Got était juste : incontestablement, l'effort de l'interprète ne se trouve pas toujours suffisamment compris et récompensé. Qui, par exemple, se souvient aujourd'hui de *Struensée* ? Le public vous y acclama ; vous nous avez donné là une chose unique ; malheureusement, *Struensée* n'arriva pas à se maintenir au répertoire... Et ce rôle du marquis de Presles, tenu par tant d'illustres artistes, et où, de l'avis des plus sévères, vous égalez le créateur, l'inimitable Bressant ! Et votre rôle de début, Clitandre des *Femmes savantes*, que vous ne jouez plus que trop rarement et où, le temps aidant, vous avez atteint l'absolue perfection ! Ici dans le répertoire classique, les victoires comptent double : un comédien peut tout jouer, tout tenter, quand il a pioché Molière et Racine, Marivaux et Musset. C'est votre cas, et voilà pourquoi aujourd'hui on vous demande aussi instamment de nous rendre le *Don Juan* de Molière.

*
* *

Don Juan... Suivant mes aimables confrères les courriéristes, la remise à la scène du chef-d'œuvre de Molière aurait été la cause de votre démission de sociétaire.

Démission ! Est-ce possible ? Après trente ans de succès, vous quitteriez le théâtre qui vous doit beaucoup, mais auquel, de votre côté, vous ne devez pas moins... Vous deviendriez, disent les uns, directeur d'une scène nouveau-modèle que vous feriez construire ; vous voudriez, racontent les autres, entreprendre de longues tournées et porter à l'étranger ce que J.-J. Weiss appelait si joliment le rayon de France...

Et après ? Ne regretterez-vous pas bientôt ce théâtre où vous avez grandi et où vous triomphez ? Avez-vous aussi pensé qu'une fois installé directeur à Paris, vous n'auriez plus le droit — c'est le mot — de jouer les pièces que je nommais plus haut, par cette seule raison qu'elles appartiennent non pas à l'artiste qui les a créées mais au théâtre qui les a représentées ?... Combien Coquelin se désolait de ne pouvoir interpréter à Paris, ni Poirier, ni Noël de *la Joie fait peur* (deux de ses meilleurs rôles qu'il ne joua qu'en province et à l'étranger), ni Annibal de *l'Aventurière*, ni Destournelles de *Mademoiselle de la Seiglière*, ni *Gringoire !*...

La liberté, l'indépendance, le plaisir de voir de beaux pays, la joie et l'honneur de gouverner, tout cela est plein d'attraits : mais le regret qu'on n'avoue ni à ses amis ni à soi-même, le regret profond, cuisant, éternel, qu'on a d'avoir quitté la grande Maison ! Car ceux qui l'attaquent, vous le savez bien mon cher ami, ce sont ceux qui ne la connaissent pas... Restez-y.... Nos trente ans de théâtre à chacun de nous m'autorisent à vous donner cet avis...

(26 décembre 1910).

LE NOUVEAU DÉCRET
DES PENSIONS ET DES RETRAITES

Les pensionnaires et les employés de la Comédie-Française viennent d'avoir de belles étrennes. M. Jules Claretie, dont les noces d'argent chez Molière furent si brillamment fêtées, n'a pas voulu être en reste avec son personnel : il a fait si bien les choses que le nouveau décret des pensions (MM. Edmond Stoullig et Joannidès l'appelleront ainsi dans la glorieuse histoire de notre premier théâtre) a été signé juste à point pour l'année 1911.

C'est que M. Jules Claretie n'est pas seulement l'avisé administrateur que vous savez (s'il n'avait été administrateur de la Comédie, il eût été un ambassadeur admirable, disait Dumas fils), il est en même temps un homme très bon : son plaisir est de répandre le bien autour de lui, sa joie est de sentir qu'il est aimé.

Assurément il nous est bien facile, à nous « gens de théâtre » comme nous nous intitulons non sans quelque solennité, d'émettre des opinions et de prodiguer nos conseils, mais nous ne songeons pas toujours assez que l'administrateur d'un théâtre aussi spécial que la Comédie-Française se trouve, du 1er janvier au 31 décembre, aux prises avec les goûts, les caractères, les susceptibilités professionnelles de celui-ci et de celle-là ; nous ne songeons pas qu'il a le devoir de résoudre les questions d'auteurs et les questions d'artistes, celles des pièces et celles des rôles, et que c'est là une tâche infiniment délicate.

Les sociétaires, en effet, sont les associés du théâtre dont l'administrateur est le gérant responsable ; ce sont certes de fort aimables gens, mais des gens qu'on ne gouverne qu'à la condition de les bien connaître. Ces associés, il ne faut pas non plus l'oublier, vivent durant de longues années en état de société artistique et commerciale ; ils et elles sont membres du comité de lecture et du comité d'administration ; ils choisissent les œuvres à représenter ; on les consulte sur les engagements : ils statuent sur les avancements. Nécessairement, ces artistes ont leurs amis, et des amis parfois considérables : l'un, qui est sociétaire à part entière et qui, de ce fait, exerce une action importante dans le théâtre, est le vieil ami d'un journaliste lequel, à ses moments perdus, fait du théâtre ; mais les pièces de cet ami ont été présentées à la Comédie à l'heure où le comité de lecture reposait en paix et où l'administrateur était l'arbitre suprême. Et voilà, du coup, sinon des adversaires — M. Jules Claretie n'en a pas ! — mais deux mécontents dans la place : d'abord l'auteur refusé, ensuite l'ami de cet auteur.

Un autre sociétaire, non moins « à part entière » que celui-ci et par conséquent non moins influent, insinue qu'une demi-douzaine d'artistes — pas davantage ! — assure le persistant succès du théâtre et que pour ces « étoiles » il faudrait instituer des « doubles parts entières ». Voyez-vous ça !... Ce sociétaire, lui aussi, a des amis, des amis journalistes, des amis « gens de théâtre » : il voit du monde, il dîne en ville, et l'autre soir précisément, il était le voisin de table d'un député notoire auquel il confia son projet des « doubles parts entières ». Le député, séduit par cette conception nouvelle, a promis d'en parler au ministre. Voilà donc ainsi posée la question des « doubles parts entières » qui, toujours d'après notre sociétaire, comporterait l'avantage de résoudre l'irritant problème des tournées.

Bref, chacun a son idée, chacun la développe avec ingéniosité : complaisamment nos aimables confrères interviewent les sociétaires qui se hâtent de donner une forme à tous les projets en ébullition, et tandis que « l'imaginative » de nos artistes a libre cours, l'administrateur, lui, est contraint de rappeler les uns et les autres à la réalité ; il ne demande pas mieux que d'étudier à leur heure toutes ces réformes, mais il veut d'abord que la « machine » tourne et qu'elle marche. Grâce à une longue expérience, grâce aussi à sa minutieuse connaissance de l'intelligence de chacun de ses collaborateurs, il sait que ces projets, conçus dans la meilleure intention du monde, ne sont, en général, que des feux de paille qui s'allument en hiver et s'éteignent en été ; il sait surtout que le rôle de l'administrateur consiste à *prévoir* et à *maintenir*. Voilà ce que M. Jules Claretie, en diplomate supérieur, a excellemment compris ; voilà pourquoi non seulement le présent, mais aussi l'avenir de la Comédie-Française est assuré ; voilà enfin comment ce bienfaisant décret des pensions a paru à son heure, sous la forme d'un éloquent merci adressé à tous ces modestes et anonymes artisans de la prospérité actuelle de la Comédie-Française.

Peut-être se souvient-on que plusieurs fois ce problème de la réglementation des pensions avait été agité. Déjà, lorsqu'il donna à la Chambre son intéressant rapport des Beaux-Arts, M. Couyba signala la question à l'attention de ses collègues : à son tour, M. Gustave Rivet, dans son remarquable rapport, la reprit au Sénat. Je me rappelle même qu'il y a quelques années plusieurs hauts fonctionnaires tinrent au Conseil d'État une très importante séance à laquelle j'eus l'honneur d'assister : la commission des retraites de l'Opéra et celle des retraites de l'Opéra-Comique avaient donné les plus heureux résultats, et il s'agissait de savoir si la Comédie-Française ne pourrait être assimilée à ces deux scènes. D'aucuns, M. Jules Claretie le premier, le doyen Mounet-Sully le second, eurent soin de faire observer que le comité d'administration de la Comédie-Française a seul qualité pour s'occuper de telles affaires : je me permis, quant à moi, d'ajouter que l'administration d'une société organisée comme la Comédie-Française n'a aucun rapport avec la direction d'un théâtre. J'incline à croire que ce fut cette opinion qui prévalut puisqu'à la suite de cette mémorable et tumultueuse séance, la commission cessa de fonctionner...

Le projet a, comme vous pouvez le constater, accompli un beau chemin : M. Jules Claretie, après y avoir longuement réfléchi, a considéré qu'il était mûr et que le moment était venu de l'appliquer. On vous en a indiqué la clause principale : jusqu'aujourd'hui les sociétaires, autrement dit les associés, avaient seuls *droit* à la retraite : toutefois, grâce à une excellente tradition de générosité, les pensionnaires, qui n'avaient pas été jugés dignes d'obtenir ce titre si envié de sociétaire et qui n'en avaient pas moins rendu de sérieux services au théâtre, bénéficiaient de cette même faveur : non seulement les pensionnaires mais aussi les nombreux employés, hommes et femmes, régisseurs, souffleurs, avertisseurs, tapissiers, couturières, bref tout le personnel.

Les bonnes traditions — j'insiste intentionnellement sur ce mot *tradition* parce qu'on en méconnaît parfois le sens et la portée — le voulaient ainsi ; mais de droit absolu, point :

un pensionnaire ou un employé pouvait quitter le théâtre ou bien être remercié, sans qu'une retraite lui fût accordée; en fait, cet oubli n'était pas commis; en droit, il pouvait l'être.

Vous comprenez maintenant pourquoi j'ai raison d'affirmer une fois encore que la Comédie est un théâtre exceptionnel, admirable, unique au monde, bien que le Burgtheater de Vienne s'ingénie, sans y parvenir, à copier ses statuts et ses règlements. (Le malheur du Burgtheater c'est qu'il ne possède ni un double répertoire classique et moderne comparable au nôtre, ni une troupe d'ensemble aussi solide que celle de la Comédie-Française.) Vous comprenez aussi pour quelles raisons artistiques, matérielles et morales, tout artiste rêve de se créer, à la Comédie, une place, si petite qu'elle soit.

Le jeune homme, arrivant de sa province, débarque au Conservatoire; il débite, tremblant de peur, une scène qu'il a piochée durant des années : le jury le reçoit; le pauvre garçon devient élève du Conservatoire, et vous voulez qu'à cette minute — minute supérieure ! disait l'auteur de *Denise* — où il franchit la première étape, il ne pense pas à la Comédie-Française ! Mais c'est là un rêve — excusez le mot ! — réglementaire...

Et ce chanteur de café-concert, charmant artiste du reste, qui a joué aux côtés de Mme Bartet et de Mlle Marie Leconte, et qui, malgré ce redoutable voisinage, a triomphé ? Croyez-vous donc que lui aussi, entre deux chansons de pioupiou, il n'ait pas caressé le rêve d'appartenir un jour, sur le tard, à la grande Maison ? Et le camarade de celui-ci qui s'est piqué au jeu, qui joue Pourceaugnac ou Sganarelle en Odéonie et qui, au concert, gagne jusqu'à cinq cents francs par soirée ? Soyez certain qu'à ces magnifiques appointements,

qui lui valent châteaux, chevaux, voitures et autos, il préfé-
rerait de beaucoup l'honneur suprême, le droit d'inscrire sur
sa carte de visite : « De la Comédie-Française » !

Vous dirai-je qu'assez souvent je reçois les confidences
de vieux artistes qui ont du talent, sont avantageusement
connus et n'ont qu'un désir : terminer leurs jours à la
Comédie-Française, non point pour y tenir des rôles, mais
pour y apporter une lettre (*sic*) et avant tout pour avoir
l'honneur d'être pensionnaires de la Grande Maison.

— Vous ne devinez pas mon désir ? murmure le brave
homme. Je vous l'ai confié il y a bien des années, alors
que j'étais le pensionnaire de Koning, au Gymnase... Je ne
connais pas M. Claretie, mais lui, il me connaît ! Je lui ai
écrit bien des fois et toujours il m'a répondu !... La Comédie-Française ! Ah ! je sais qu'il est de bon ton maintenant de
proclamer que beaucoup de ceux qui y sont ne trouveraient
pas d'engagements au boulevard ! Allons donc ! Ça, c'est des
histoires fabriquées par les camarades qui voudraient bien,
eux, en être de la Comédie-Française, et qui n'ont pas le
courage de l'avouer... Et moi, voyez-vous, je vous confesse
que c'est le rêve de ma vie d'artiste !

A la seule façon dont ces braves gens scandent ces mots
« la Comédie-Française », on devine que le prestige de notre
premier théâtre n'a pas diminué à leurs yeux. Et c'est tant
mieux si la Grande Maison résiste victorieusement aux
attaques que ne cessent de diriger contre elle ceux qui en
réalité n'en connaissent pas le fonctionnement.

Ce nouveau décret des pensions et des retraites est une
nouvelle preuve de son admirable vitalité...

(1ᵉʳ janvier 1911).

LE CENTENAIRE DE JULES SANDEAU

Le centenaire de Jules Sandeau a été célébré hier...
M. Jules Claretie a fort judicieusement pensé que la meilleure
manière d'honorer Jules Sandeau c'était d'inscrire sur l'affiche de la Comédie-Française son œuvre la plus charmante
et la plus populaire, *Mademoiselle de la Seiglière*, qui en
réalité n'a jamais quitté le répertoire.

Je me souviens qu'au temps déjà bien éloigné où mes
parents me conduisaient au théâtre pour me récompenser
de « l'exemption » obtenue au lycée, les deux ouvrages modernes que la Comédie-Française donnait le plus souvent
étaient *le Gendre de M. Poirier* et *Mademoiselle de la Seiglière*. Des pièces elles-mêmes nous ne nous inquiétions guère
et peu nous importait de savoir quelle était la part de collaboration qu'avait apportée le grand comédien Régnier, le créateur de Destournelles de *Mademoiselle de la Seiglière*. Seuls
les artistes retenaient notre attention : ce qui nous amusait,
c'était de comparer les diverses interprétations d'une comédie... En revanche, ce qui nous irritait — nous pouvons bien
l'avouer aujourd'hui ! — c'était la complainte de nos anciens : « Vous n'avez pas vu les créateurs de *Mademoiselle de
la Seiglière* ? Vous êtes trop jeune ! Quels grands artistes !
Samson, Régnier, Maillart, Madeleine Brohan et Nathalie !

Et Delaunay qui, par déférence pour Sandeau et pour son camarade Régnier, Delaunay le plus parfait des Perdicans et des Fortunios, qui consentait à jouer le bout de rôle de Raoul de Vaubert ! »

Hélas ! Nous ne nous doutions pas qu'un jour arriverait — il est arrivé ! — où nous-mêmes nous deviendrions ces anciens et où, pleins de regrets, nous répéterions mélancoliquement à nos cadets : « *Mademoiselle de la Seiglière* ? Mais c'est toute notre jeunesse ! Nous y avons applaudi Thiron, le délicieux Thiron qui nous semblait réaliser, en ce rôle du marquis, l'idéal de la perfection... Et Coquelin en Destournelles ! Quelle verve, quelle jeunesse ! quelle allure ! Et Febvre, Bernard Stamply si magnifiquement campé ! Et après Febvre, Laroche, maintenant retiré au fond de la Bretagne, et après Laroche, Worms, comédien unique qui, suivant le juste mot de Dumas, agrandissait ses rôles ! Nous n'avons applaudi, en Hélène, ni la créatrice, notre chère « Madame Madeleine », ni Mme Favart, mais nous y avons admiré Sophie Croizette, rayonnante de beauté, — trop belle ! disait Régnier, — qui possédait un charme si particulier qu'elle excusait tous les contre-sens de distribution. A Sophie Croizette succédaient d'abord Mme Émilie Broisat, aimable, élégante, distinguée, ensuite Mme Blanche Barretta, l'idéale des « amoureuses » qui illuminait le personnage de sa grâce souriante. Que d'artistes et que de grands artistes ! »

Voilà notre complainte à nous les jeunes d'autrefois et les anciens d'aujourd'hui ... Tout naturellement ceux qui viennent après nous et n'ont pas connu ces artistes, proclament que MM. Coquelin cadet, de Féraudy, Truffier sont les seuls, les vrais Destournelles, et qu'en ce rôle de Bernard Stamply MM. Albert Lambert fils et Leitner restent sans

égaux : ils ajoutent qu'une très excellente comédienne, Mlle
Renée du Minil, suivant l'exemple de « Madame Madeleine».
joua d'abord Hélène, puis changea d'emploi et qu'elle retrouve aujourd'hui dans le personnage de la baronne de
Vaubert le même succès qu'il y a quelques années dans Hélène... Un rôle, avouons-le, un tantinet conventionnel que celui de cette brave baronne, un rôle qui permit à toutes les
« jeunes mères », Mmes Madeleine Brohan, Édile Riquer,
Blanche Pierson, Fayolle, Persoons, d'y déployer toutes les
ressources de leur talent. Et nos cadets auraient bien tort
d'oublier Mlle Géniat, charmante Hélène, et MM. Leloir et
Pierre Laugier, qui sans valoir leurs glorieux prédécesseurs,
jouèrent excellemment le marquis. J'ose même espérer que
les historiographes de la Comédie-Française voudront bien
nous rappeler que ce fameux rôle du marquis fut tenu supérieurement par Frédéric Febvre, qui avait été un exquis
Stamply. Enfin, dans une cinquantaine d'années, les habitués de la Comédie-Française consulteront à leur tour les
archives de notre premier théâtre et liront le programme de
la *Matinée du Centenaire de Jules Sandeau : 19 février
1911. Mademoiselle de la Seiglière.* Interprètes :MM. Truffier, Leitner, Louis Delaunay, Croué, Guilhène, Mlles Du
Minil et Maille.

*
* *

Mon cher et regretté ami Henry Régnier, le fils du collaborateur de Jules Sandeau, aimait à parler de cette *Seiglière.*
Il était âgé de quatre ans quand la Comédie-Française afficha la première de la pièce, et s'il n'y assista pas ce fut tout
comme... On prétendait que la collaboration de Régnier
avait été sollicitée par Sandeau pendant les répétitions, au

moment où l'ouvrage allait être représenté. Cette légende —
encore une fausse légende ! — agaçait Henry Régnier à un
point tel que, sur les instances de quelques amis dont j'étais,
il écrivit, pour une revue, un article très documenté, excellent de pensée et de forme, dans lequel il exposait la genèse
du roman ainsi que celle de la collaboration.

Le roman parut en 1846 et fit sensation ; quant à la pièce,
elle fut jouée à la Comédie cinq ans après, en novembre 1851 :
Sandeau en avait exactement quarante... Henry Régnier raconte — j'ai pieusement conservé l'article aujourd'hui introuvable ! — que l'œuvre avait été lue par son père, sous le titre
du *Château de la Seiglière*, un dimanche du mois de janvier
de cette année 1851. Le comité de lecture, présidé par l'administrateur général commissaire du gouvernement près la
Comédie-Française Arsène Houssaye, comprenait Samson,
Ligier, Beauvallet, Provost, Brindeau, Leroux, Maillart, Got,
Delaunay auxquels se joignaient (les femmes, comme
aujourd'hui, prenaient place en cet aréopage) Mmes Anaïs-
Aubert, Noblet, Augustine Brohan, Mélingue, Denain :
seuls Geffroy et Mlle Rachel s'étaient excusés... 15 votants,
15 boules blanches... Bravos, acclamations, félicitations aux
auteurs... Arsène Houssaye annonçait qu'on répéterait le
lendemain même de la lecture, mais l'administrateur général comptait sans Alfred de Musset qui — plus ça va,
plus c'est la même chose ! — réclamait un *tour* en faveur
de ses *Caprices de Marianne*. Lisez d'ailleurs ce petit mot
qu'adressait à ce propos Jules Sandeau à son collaborateur
Régnier :

« 28 janvier 1851.

« Mon cher ami,

« Je suis consterné. *Les Caprices de Marianne* vont passer... D'un autre côté, il est question d'une pièce en vers où jouerait Madeleine Brohan et qui serait représentée avant notre *Château de la Seiglière !*

« Voyez-donc Houssaye et tâchez de parer ce double coup !

« Tout à vous,

« JULES SANDEAU. »

On attendit, mais pas trop longtemps, et le 4 novembre, onze mois après la lecture, *Mademoiselle de la Seiglière* faisait son apparition à la Comédie-Française. La pièce allait aux nues, acclamée d'acte en acte et de scène en scène : la presse était unanime à enregistrer ce triomphe, et tous les feuilletonistes exprimaient le regret que l'auteur de *Marianne*, de *Madeleine*, du *Docteur Herbeau*, de *Sacs et Parchemins* et de cette *Seiglière* si ingénieusement adaptée aux exigences scéniques n'eût pas les honneurs de l'Académie. Un critique pourtant, nommé Brisset, déclarait que Samson avait, à force de talent, atténué les énormités du rôle du marquis (*sic*) et un autre critique, Auguste Lireux, reprochait à Sandeau d'avoir fait de la politique et à Régnier de ne pas avoir suffisamment respecté le dénouement du roman. « Dans le roman, écrivait le sévère Auguste Lireux, Stamply se donnait la mort et Hélène prenait le voile, ce qui était bien... Mais il m'est difficile d'admettre les conscessions accordées par le romancier Sandeau au dramaturge Régnier. »

* *
*

Que tout cela est loin ! Nous ne songeons même plus aujourd'hui à discuter *Mademoiselle de la Seiglière* ! Nous chérissons cette comédie par reconnaissance, comme nous adorons ces douces chansons qui ont bercé nos premières années. Nous n'ignorons pas que tous ces personnages sont quelque peu artificiels et nous souhaiterions à chacun d'eux plus de vérité et moins de convention. Mais nous sommes maintenant, je vous l'ai dit, « les anciens », et nous avons perdu cette vilaine manie d'analyser et de disséquer... Nous affectionnons cette gentille famille de la Seiglière, le papa et la jeune fille, et l'astucieux Destournelles et le fougueux Stamply, et aussi les bons Vaubert : nous les affectionnons tous et toutes, sans y prendre garde, peut-être bien parce qu'ils ont charmé nos pères ! Nous les aimons par souvenir, j'allais dire par respect... Et voilà pourquoi nous avons eu plaisir à revoir ces naïves et souriantes figures de rêve...

(20 février 1911).

LECTEURS ET COMITÉS DE LECTURE

On a beaucoup parlé ces jours-ci des comités de lecture ainsi que des lecteurs de nos deux Théâtres-Français : peut-être ne serait-il pas inutile de dissiper à ce sujet certains malentendus.

Le comité de lecture de l'Odéon statue sur les rapports qui lui sont présentés par le lecteur du théâtre; c'est avant tout un comité de surveillance, et le directeur a le droit de recevoir une pièce sans consulter ce comité. Les choses ne se passent pas de la même manière à la Comédie-Française, qui est une Société artistique et commerciale, gérée par un administrateur. A la Comédie, les fonctions de *lecteur*, que notre distingué confrère Marcel Ballot exerçait avec tant d'autorité depuis la mort d'Hippolyte Lemaire, sont aujourd'hui remplies par MM. Édouard Noël et Émile Blavet : elles exigent non seulement du tact, mais aussi une profonde connaissance du théâtre... Un illustre lecteur de la Maison, Henri Lavoix, me disait un jour :

— Songez que trois cents manuscrits environ sont déposés à la Comédie-Française du 1ᵉʳ janvier au 31 décembre ! L'administrateur général commence par nous remettre ces manuscrits : seuls les auteurs dont les noms ont déjà paru sur l'affiche de la Comédie-Française sont dispensés de cette première formalité. Nous sommes deux préposés à cette besogne : chacun prend connaissance de cent cinquante pièces en une année... Sur chaque pièce il rédige un rapport substantiel, motivé, concluant soit à la lecture de l'ouvrage devant le comité, soit au refus. Ce comité, présidé par l'administrateur général et composé des sociétaires les plus importants, n'a pas, ainsi qu'on le croit, l'unique mission de juger les œuvres que les lecteurs trouvent dignes de lui être soumises. Avant de se réunir en comité de lecture, il tient le rôle de comité d'examen, toujours présidé par l'administrateur... A ce comité d'examen nous assistons, nous lecteurs, et nous lui présentons tous nos rapports, qu'ils concluent au refus de l'ouvrage ou à l'acceptation. Vous voyez que notre tâche est assez compliquée. Nous sommes, passez-moi le mot, à l'avant-poste du théâtre : nous éclairons la lanterne du comité et croyez bien que s'il est pénible aux comédiens de jeter dans l'urne un bulletin de refus, et plus cruel encore à l'administrateur de transmettre cette décision à l'auteur, il est également fort délicat pour le lecteur de procéder à l'enquête préparatoire dont je vous expose les multiples péripéties.

Ce que Henri Lavoix appelait en son langage imagé les « péripéties » de la fonction de lecteur, c'étaient simplement les détails : mais il était homme de théâtre dans toute l'acception du terme et les moindres anecdotes — il en avait beaucoup et les contait fort joliment — prenaient, en passant par sa bouche, l'allure de petites comédies... Pailleron, son intime ami, lui disait un soir au Théâtre-Français, pendant un des fameux entr'actes du *Monde où l'on s'ennuie* : « Lavoix, vous êtes l'archevêque du temple de Molière ! » Et le fait est qu'il avait, le bon Lavoix, l'air d'un prélat et d'un prélat heureux de mener une douce vie entre la Bibliothèque nationale dont il était un des hauts fonctionnaires et la Comédie-Française où il passait la fin de ses soirées : je dis la fin, car Lavoix dînait tous les jours en ville et n'éprouvait aucun embarras à avouer que c'était là son plaisir favori : convive charmant d'ailleurs, plein d'esprit et d'entrain, parlant pour deux et mangeant comme quatre.

*
* *

Édouard Cadol occupa lui aussi le poste de lecteur de la Comédie-Française. Il apportait dans l'exercice de sa fonction autant de conscience qu'Henri Lavoix, mais moins de bonne humeur. Au fond, Cadol ne pouvait se consoler d'avoir abandonné la carrière d'auteur dramatique. Avec quelle mélancolie il évoquait le souvenir de ces aimables *Inutiles* que nous applaudîmes naguère au théâtre Cluny sous la direction de La Rochelle et qui valurent un si beau succès à une de nos meilleures comédiennes, Mlle Fayolle, alors débutante, aujourd'hui duègne en chef du Théâtre-Français !

Édouard Cadol était l'auteur de beaucoup de comédies qui n'avaient qu'un défaut, celui d'être trop bien faites : sa montre d'auteur dramatique n'était plus à l'heure et lorsqu'on prononçait devant lui les mots de « théâtre libre » et de « tranche de vie », son visage, qui n'était jamais très gai, s'assombrissait davantage encore... Cadol n'avait pas le scepticisme souriant d'Henri Lavoix : il n'admettait nullement la nécessité périodique d'une évolution théâtrale; il en était encore à l'époque de *la Belle Affaire* à l'Odéon de Charles La Rounat...

Cette *Belle Affaire*, qui tint l'affiche de notre second Théâtre-Français durant deux mois, avait son histoire. Elle avait vu le jour au Château-d'Eau où le mélodrame trouvait son dernier refuge ; du Château-d'Eau elle avait émigré à l'Odéon ; sur le judicieux conseil du directeur de la scène, M. Porel, les cinq actes avaient été réduits à trois et cette amputation avait fort bien réussi ; aussi Cadol, encouragé par le succès des soixante représentations odéoniennes, n'avait-il plus qu'un rêve : voir *la Belle Affaire* déménager de nouveau et entrer au répertoire de la Comédie-Française. Son rêve aurait-il été réalisé ? Je l'ignore ! Ce qui est certain, c'est que le jour où il apprit qu'un des postes de lecteur était vacant, Cadol soupira, plein de résignation :

— Lecteur, c'est bien tentant, mais ne plus être auteur, c'est bien triste !... Pauvre *Belle Affaire*, elle n'aura pas eu de chance ! Elle n'ira pas à la Comédie...

C'était Paul Perret, le compagnon de lecture de Cadol, qui colportait ce mot, protestant ainsi contre les lecteurs-dramaturges et partant de ce principe, vraiment trop farouche, qu'un lecteur ne peut être auteur dramatique : à quoi Cadol répondait, s'adressant à Paul Perret feuilletoniste de la *Liberté*, qu'un critique ne peut juger les œuvres sur lesquelles il rédige des rapports.

La vérité c'est qu'ici comme partout ailleurs, il y a la manière... Le fait d'être lecteur n'empêcha jamais Paul Perret de remplir avec indépendance et talent les sacerdotales fonctions de critique : de son côté, Cadol pouvait nous procurer le plaisir d'applaudir une de ses pièces sur une scène de genre... Adrien Decourcelle, ancien lecteur de notre premier théâtre, n'était-il pas l'auteur de deux petits chefs-d'œuvre de la souriante comédie-vaudeville : *la Joie de la maison* et *Je dîne chez ma mère ?* Le même Adrien Decourcelle n'avait-il pas donné à la Comédie-Française, en collaboration avec Jules Sandeau, *Marcel*, un acte fort émouvant que Frédéric Febvre joua à ravir ?

*
* *

On a cité d'autres noms de lecteurs ; ceux de Narcisse Fournier et de Guillard : je ne suis pas assez vieux pour les avoir connus. Je me rappelle seulement que les anciens de la Comédie-Française parlaient avec vénération de Guillard, archiviste et bibliothécaire plutôt que lecteur. Il tenait presque toujours ses assises chez Verteuil, bien que son bureau fût installé au cinquième, dans les combles du théâtre. C'était là, dans le cabinet du secrétaire général, occupé aujourd'hui par notre ami Prud'hon, que les auteurs, les comédiens, les historiographes de la maison et les chroniqueurs à la recherche d'un sujet d'article, lui rendaient visite. Il avait tout lu, tout vu, tout appris, et jamais, au grand jamais, l'administrateur Édouard Thierry n'aurait pris une décision sans le consulter. Il fallait entendre Got (il avait été pendant vingt ans en guerre ouverte avec Édouard Thierry), s'écrier de son ton bourru :

— Thierry ? Est-ce qu'il a jamais existé ? L'administrateur, le directeur, c'était Guillard ! Thierry ? Un employé, un commis d'ordre !..

Perrin, plus autoritaire que son prédécesseur, avait bien eu le vague projet de modifier le fonctionnement des lecteurs, mais il avait dû y renoncer. Il est, en effet, à remarquer que, si le comité de lecture a subi de retentissantes secousses, les fonctions de lecteur sont encore aujourd'hui ce qu'elles étaient il y a un demi-siècle. La Comédie-Française avait autrefois un lecteur : elle en a maintenant deux, par cela même que les manuscrits sont devenus plus nombreux, et deux lecteurs qui, sous la haute direction du parfait homme de lettres qu'est M. Jules Claretie, connaissent merveilleusement toutes les petites « péripéties » signalées par leur prédécesseur Henri Lavoix...

(8 mai 1911).

J'écoutais, l'autre soir, à la Comédie-Française, *le Flibustier* (M. Jean Worms y a très brillamment débuté), et je
songeais, non sans quelque mélancolie, aux cinq admirables artistes qui créèrent le beau drame de M. Jean Richepin ; deux d'entre eux, le doyen Got et notre cher ami
Worms, sont morts : les trois autres, Mmes Pauline Granger,
Blanche Barretta et M. Laroche quittèrent le théâtre, alors
que bien des succès leur y étaient encore réservés.

A l'époque où *le Flibustier* faisait son apparition à la
Comédie-Française, Mme Pauline Granger était sociétaire
depuis quelques années : elle venait de triompher dans *les
Corbeaux*, puis dans *Denise*, et ces créations de Mme Vigneron et de Mme Brissot l'avaient placée au tout premier
rang ; d'autre part, le répertoire classique trouvait en elle
la plus parfaite des interprètes : elle était une Dorine
exquise, une Frosine incomparable, mais l'administrateur
Perrin et les artistes du comité lui avaient tardivement
rendu justice et quand ils se décidèrent à lui octroyer le
beau titre de sociétaire auquel elle avait tous les droits,
elle parlait déjà de sa retraite. Les créations se succédèrent
alors les unes aux autres et, par la force même des choses,
les projets de départ furent abandonnés, puis, au moment

BLANCHE BARRETTA

où on s'y attendait le moins, Mme Pauline Granger remit sa démission et elle quitta le théâtre sans bruit, sans la moindre représentation d'adieu, imitant en cela sa doyenne, notre chère Madeleine Brohan, qui, comme on lui demandait pourquoi elle se refusait à donner « sa dernière », répondait le plus gaîment du monde : « Je ne veux pas assister à mon enterrement ! » Et voilà comment, après une carrière très belle et très digne, Mme Pauline Granger vit aujourd'hui paisiblement en famille, l'hiver à Paris, l'été à la campagne, se reposant sur ses lauriers, ne négligeant jamais, à la fin de l'année, d'adresser à ses amis d'autrefois une petite carte, sur laquelle sont inscrits ces très simples mots : « Santé, bonheur, votre fidèle amie. »

Dirai-je que le courrier de Bretagne nous apporte, lui aussi, de temps à autre, cette même carte du souvenir ? Celle-ci est signée Laroche, car c'est au fond de la Bretagne que l'excellent artiste s'est retiré et mène une existence parfaitement heureuse. Où sont les succès d'antan ? Une belle barbe blanche a poussé sur le visage glabre du comédien, et M. Laroche, tel le héros du *Flibustier,* contemple la mer qui l'enveloppe de sa caresse, de sa musique et de son infinité... Tous ses rôles il les a oubliés : un seul lui revient constamment à la mémoire, celui du *Flibustier* : il sait par cœur toute la pièce et la fière devise du vieux Legoëz résonne sans cesse à son oreille :

Ne parlons jamais mal de Dieu ni de la mer !...

Ce fut Got, on s'en souvient, qui créa Legoëz : dès la première répétition, il entra dans la peau du vieux marin : la démarche, l'allure, le débit, le geste, la mimique, tout y était, et à ceux qu'étonnait cette perfection de composition et d'exécution, notre doyen répondait :

— Vous savez, mes enfants, que je suis Breton ! Si je ne jouais pas bien le Legoëz de Richepin, je serais un piètre comédien … Et puis, ce rôle-là, je le confesse, m'a procuré une joie rare, une joie absolument unique en ma vie d'artiste. Je l'ai établi et mis debout immédiatement, instinctivement, sans me donner la peine de le creuser et de le retourner dans tous les sens. Ah dame ! c'est que depuis Lamartine et Hugo, Richepin est le seul poète qui ne perde pas haleine avant la fin d'une tirade ! Il a le souffle, l'ampleur et le grand flot lyrique : il a aussi cette clarté qui, somme toute, est la qualité essentielle du poète ou du dramaturge. Si j'aime tant ce Legoëz, c'est qu'il est net, simple et tout d'une pièce.

Il fallait alors entendre Got expliquer, sur ce ton si drôlement bourru qui lui était familier, comment il arriva à triompher du rôle de Poirier, où il se montra incomparable.

— Oh ! rien de commun, reprenait-il, dodelinant la tête, rien de commun entre le Legoëz de Richepin et le Poirier d'Augier et Sandeau !... J'ai commencé par être un très mauvais Poirier... D'abord, j'avais à lutter contre le souvenir de mon prédécesseur Lesueur qui, à la création au Gymnase, y obtint un étourdissant succès. Toute la presse et Sarcey, mon vieux camarade de Charlemagne et de Massin, le premier, me comparait à lui et me le jetait dans les jambes. Était-ce juste ? Oui, Lesueur avait un talent énorme et nul ne joua mieux que lui ni même aussi bien, *le Chapeau d'un horloger*, *la Partie de piquet*, le maréchal des logis du *Fils de famille* et nombre d'autres rôles : c'était un étonnant fantaisiste qui osait tout et qui, au Gymnase, théâtre de genre, pouvait se permettre les plus folles extravagances. Mais à la Comédie-Française, c'est une autre affaire ! Il faut que nous ne dépassions pas la note : si la charge est permise lorsque je joue Sganarelle du *Médecin malgré lui*, elle ne l'est plus quand j'interprète des rôles modernes. Enfin, Sarcey et ses confrères oublient que nous ne pouvons tenir nos rôles qu'avec notre nature... Lesueur était long et sec : je suis, moi, petit et trapu. Inévitablement, le spectateur s'accoutume à voir jouer une pièce de théâtre telle qu'elle lui a été présentée à la création. Un artiste disparaît-il ? C'est le diable de faire comprendre à ce public que le rôle aurait pu être rendu autrement que par le créateur !... Croiriez-vous que ce maudit Poirier précisément, me valut, de la part d'Augier lui-même, les plus sévères remontrances ? J'avais l'honneur d'être son intime ami : il avait pleine confiance en moi, j'étais son comédien favori... Eh bien ! tout cela ne l'empêchait pas de continuer à voir Lesueur sous les traits du bonhomme Poirier : il l'avait dans l'œil, il l'avait dans l'oreille : c'était chez lui une maladie !

Heureusement, Got était armé d'une douce philosophie et malicieusement il ajoutait :

— Ce qui me console, c'est qu'il en sera toujours ainsi, tant qu'il y aura des auteurs pour écrire des comédies, des artistes pour les jouer et des spectateurs pour les écouter. Et plus tard, lorsque j'aurai rendu mon âme à Dieu, le même refrain sera sans doute repris en mon honneur. Des amis charitables rappelleront que j'ai été Giboyer, Poirier, Maître Guérin, Legoëz, et ceux auxquels je n'aurai pas eu l'heur de plaire proclameront qu'il m'arriva souvent, trop souvent même, de jouer à contre-sens des rôles que je m'imaginais convenir à mon talent...

Notre doyen, qui avait beaucoup d'esprit, insistait sur ses échecs et ne parlait pas assez de ses succès... Ce qui reste

indéniable, c'est que Got fut avant tout le grand comédien
d'étude, d'observation et d'humanité ; non content de
marquer de sa griffe puissante des personnages qu'il agrandissait et éclairait en les portant sur la scène, il eut, je vous
l'ai souvent dit, l'insigne honneur de délivrer le théâtre
de certaines conventions de jeu et de mise en scène, et il
partagea cet honneur avec Worms. Tous deux voyaient
vrai et ils ont ouvert la voie à ce théâtre de vérité que
M. Antoine appela ingénieusement le Théâtre Libre et qui,
sous son active impulsion, prit un si merveilleux développement. Mais Worms, je vous l'ai dit aussi, fut supérieur
à tous par cela même que sa maîtrise s'affirma dans la
comédie moderne et dans le répertoire classique. S'il fut
l'admirable interprète de Dumas, d'Augier et de Sardou, il
fut également celui de Victor Hugo et de Jean Richepin,
ce qui ne l'empêchait pas d'être l'Alceste rêvé, complet,
l'Alceste tel qu'il nous le dépeignait en cette belle lettre
que j'ai publiée ici...

Pauvre Worms ! Quelle joie il eût éprouvée à assister au
succès de « son Jean » à la Comédie-Française ! Avec quelle
tendre affection le père avait indiqué au fils ce rôle de Jac-
quemin qu'il créa magistralement il y a vingt-trois ans !
Nous n'avons pas cessé, l'autre soir, de penser à notre grand
ami...

(3 juillet 1911).

A PROPOS DE CHÉRUBIN

Mlle Valentine Thomson vient de consacrer à *Chérubin et l'amour* un ouvrage du plus rare intérêt. Me sera-t-il permis de présenter quelques observations à propos de ce personnage ?..

Chérubin est un rôle spécial qui ne relève d'aucun « emploi » : il a été interprété tour à tour par les ingénues, les amoureuses, les soubrettes, les jeunes premières; le très savant archiviste de la Comédie-Française, M. Couët, vous dira même qu'il a été tenu par une tragédienne et par la première de toutes : Mme Sarah Bernhardt.

La grande artiste débutait au Théâtre-Français : elle sortait de l'Odéon où, sous la brillante direction de M. Félix Duquesnel, elle avait remporté les plus éclatants succès : elle avait créé une foule de rôles, entre autres le « travesti » Zanetto du *Passant* : l'acte de François Coppée appartenait au répertoire de l'Odéon et l'administrateur général de la Comédie rêvait de s'en emparer; mais M. Félix Duquesnel, stratégiste supérieur, avait déjoué le complot, et *le Passant* resta en sa maison mère... Mme Sarah Bernhardt, qui perdait là un très beau rôle, se consola de cette petite déconvenue en jouant à la Comédie-Française un autre « travesti », celui de Chérubin.

Mlle Suzanne Reichenberg, dont le début chez Molière avait fait sensation, devint, après Mme Sarah Bernhardt, titulaire du rôle : la tradition, qui voulait que Chérubin fût interprété par une « ingénue », reprenait ainsi ses droits. Mlle Émilie Dubois, avant l'arrivée de Mlle Reichenberg, était cette « ingénue » : mais l'administrateur Perrin bouleversait volontiers les règlements; désireux de ne pas effaroucher ses abonnés, il n'hésitait pas à couper des scènes entières dans les comédies de Molière, et quand il s'agissait de Chérubin, il invitait la « seconde coquette », Mlle Lloyd, à endosser le costume du petit page. Le contre-sens de distribution était évident : non pas que Mlle Lloyd manquât de talent, mais sa gracieuse nature ne convenait guère au frétillant « travesti » : Mlle Reichenberg, au contraire, était un exquis petit page; elle avait de l'école et du style et elle possédait le rare mérite de s'assimiler merveilleusement les excellents avis des grands camarades qui jouaient à ses côtés.

Mlle Reichenberg garda le rôle durant des années. A partir de 1880, *le Mariage de Figaro* rentra tout à fait en grâce à la Comédie, qui l'avait trop longtemps abandonné, et en 1884, son Centenaire fut magnifiquement célébré par Perrin. Ce jour-là, tous les chefs d'emploi reprirent leurs rôles : Delaunay jouait le comte; Coquelin, Figaro; Mme Barretta, Suzanne; Gabrielle Tholer, la comtesse; Mme Jouassain, Marceline; Thiron, Bridoison ; Barré, Antonio, et avec beaucoup de bonne grâce, Mlle Reichenberg cédait le rôle de Chérubin à sa camarade Mlle Rosa Bruck qui, sortant du Conservatoire où elle avait gagné, en compagnie de Mlles Brandès et Marsy, le plus beau des premiers prix, devenait pensionnaire de la maison de Molière. Nous l'avions entrevue dans l'Alcmène d'*Amphitryon*, et elle nous semblait être une « amoureuse » ou une « jeune première » bien plutôt qu'une « ingénue »; elle n'en fut pas moins très applaudie sous les traits de Chérubin.

* *

Depuis 1884, *le Mariage de Figaro* n'a plus guère quitté le répertoire, et le rôle de Chérubin, toujours parce qu'il ne relève d'aucun *emploi*, a souvent changé de titulaire... Nous y avons applaudi, après Mlle Bruck une « amoureuse »; Mlle Frémaux une « ingénue »; Mlle Ludwig, une « soubrette » (je crois bien que la regrettée comédienne n'y parut que trois ou quatre fois); Mlle Bertiny, une « amoureuse »; enfin vous savez avec quel art supérieur le rôle est tenu aujourd'hui par une des premières artistes de la maison, Mlle Marie Leconte, qui est à la fois une ingénue, une soubrette et une amoureuse, interprétant aussi parfaitement Cathos des *Précieuses* et Lisette du *Jeu de l'amour*, deux « soubrettes », que Rosine du *Barbier* et Henriette des *Femmes savantes*, deux « amoureuses », et Suzel de *l'Ami Fritz*, une « ingénue ».

En somme, le rôle de Chérubin n'est pas classé; il l'est si peu que Delaunay — oui, Delaunay, l'illustre amoureux de Musset, l'inimitable Fortunio et l'idéal Perdican — me disait un jour :

— Je puis vous l'avouer; j'ai voulu jouer Chérubin, m'imaginant que Fortunio et Chérubin c'était tout un... Je savais le rôle; j'allais le répéter, puis je me ravisai et j'avais bien des raisons de renoncer à un projet très tentant en apparence, absolument fou en réalité... Tout d'abord, c'était une erreur d'assimiler Chérubin à Fortunio; assurément, ce sont deux cousins très germains, deux frères de lait si vous voulez : mais il y a le public et le public a ses habitudes, ses conventions, ses préjugés ; il est accoutumé à voir le rôle de Chérubin tenu par une femme, celui de Fortunio par un homme, et il n'admettra pas que, du jour au lendemain, un comédien soit Chérubin et une comédienne Fortunio ... Ensuite, je chantais fort mal : j'ai joué, pendant des années, Cléante du *Malade imaginaire* avec ma camarade Fix, et comme elle ne savait pas plus chanter que moi, c'était pour chacun de nous un supplice d'entonner le duo du deuxième acte. A chaque représentation, nous jurions qu'on ne nous y reprendrait plus : mais vous savez ce que valent nos serments de comédiens ! Enfin, quel avantage aurais-je eu à aborder le rôle de Chérubin ? Aucun ! Si j'y avais réussi, je continuais à le jouer, ce qui aurait désobligé la titulaire. Si j'y échouais, on me disait que mieux eût valu ne pas m'offrir une pareille fantaisie.

Delaunay parlait d'or. Un artiste de sa valeur ne pouvait que perdre à une semblable aventure. Il est si facile, quand il s'agit d'un personnage aussi discuté que celui de Chérubin, de proclamer que l'interprète s'est lourdement trompé ! Pensez qu'après cent vingt-sept ans nous ne sommes d'accord ni sur *le Mariage de Figaro* ni sur Chérubin ! Mlle Valentine Thomson s'est entourée des documents les plus précieux : elle a fouillé les Archives, la Bibliothèque nationale ; elle a lu *les Mémoires* du comédien Fleury et de la Clairon ; elle a lu Voltaire, elle a lu Saint-Simon : elle a pris connaissance des *Beaumarchais* de Gustave Larroumet et d'Eugène Lintilhac, et après avoir consulté tous ces ouvrages, elle fait défiler devant nous des « Chérubins » très attrayants et elle parvient ainsi à nous prouver, exemples à l'appui, que Beaumarchais n'est pas l'*inventeur* du personnage ! Elle tient bien *le Mariage de Figaro* pour

un rayonnant chef-d'œuvre : elle confesse que Beaumarchais a poétisé Chérubin, qu'il l'a parfumé d'une sensualité
toute printanière, aussi bien par la façon dont il l'a habillé,
blotti sous les fauteuils et caché dans les armoires que par
celle dont il a exprimé ses gamineries et les premières
ivresses de ses sens et de son cœur : mais suivant Mlle Thomson, Beaumarchais s'est arrêté là, et je dois remarquer que
telle est aussi l'opinion de trois critiques célèbres entre
tous : Jules Janin, Francisque Sarcey et Jules Lemaître. Car
Jules Janin *tomba* Chérubin, Suzanne et la comtesse dans des
feuilletons retentissants ; Sarcey, bien qu'il reconnût que la
comédie moderne est tout entière sortie du *Mariage de Figaro*, déclara que le rôle de Figaro serait incompréhensible
si nous y cherchions autre chose qu'un premier ténor de
l'esprit ; puis, M. Jules Lemaître, en des pages d'une délicieuse ironie, nous dit qu'il admire profondément Beaumarchais, ce qui ne l'empêche pas de nous apporter cette adorable conclusion : « J'avoue que ce n'est pas un mince
mérite d'avoir fait du vaudeville à la Hennequin cent ans
avant *les Dominos roses* ; seulement, il me déplaît un peu
que, dans une comédie de la portée du *Mariage de Figaro*,
il y ait un vaudeville à la Hennequin ! » Ainsi répondait
M. Jules Lemaître à la magistrale conférence odéonienne de
Gustave Larroumet, qui se terminait par ces mots : « La
comédie de Beaumarchais marque dans l'histoire de notre
théâtre une date aussi importante que le *Cid* ou *Hernani*. »

Gustave Larroumet avait raison, M. Jules Lemaître n'avait
pas tort, et il convient de reconnaître, avec Sarcey, que le
Figaro du *Mariage* est un « confident », un rôle de second
plan, « préparant » merveilleusement les autres personnages, mais peu utile à l'action de la comédie de Beaumarchais. Pour ce qui est du rôle « non classé » de Chérubin

je crois bien que les poètes, les critiques, les historiographes
et les interprètes ne s'entendront jamais... Il serait du reste
fort regrettable qu'il en fût autrement puisque, s'il en était
autrement, nous aurions été sans doute privés du double
plaisir d'applaudir autrefois la jolie comédie de M. Francis
de Croisset et de lire aujourd'hui l'ouvrage particulièrement
attachant de Mlle Valentine Thomson.

(17 juillet 1911).

Photo Nadar

JOLIET

« Le doyen des pensionnaires de la Comédie-Française, M. Joliet, a interprété Arnolphe de *l'École des femmes* et y a remporté le plus vif succès. »

Cette nouvelle, qu'enregistrent nos aimables courriéristes, vous semble la plus naturelle du monde : il est, en effet, logique qu'un comédien, connaissant le répertoire classique aussi bien que M. Joliet, se fasse applaudir dans un rôle dont il possède toutes les traditions et qu'il a vu jouer par deux de nos plus grands artistes, Provost et Got, et plus récemment par le regretté Leloir. Il n'est pas moins logique que M. Jules Claretie ait donné à M. Joliet, habitué à interpréter des rôles de second plan, l'occasion d'affirmer son talent dans un des plus beaux personnages du répertoire. Et pourtant, si vous saviez combien de déceptions et de tristesses se cachent sous ces simples mots : doyen des pensionnaires de la Comédie-Française !

Voici précisément M. Joliet. Il est entré à la Comédie directement, en sortant du Conservatoire où il avait gagné son prix : sa fidélité à son théâtre est absolue ; il a interprété tous les rôles de son emploi qui a d'abord été celui des comiques et qui est maintenant celui des financiers et des grimes ; nous disions en notre jeune temps l'emploi des *manteaux*

et des *ventres dorés*, et nous y applaudissions, indépendamment de Got, de Thiron et de Barré, l'honnête Talbot qui,
à quatre-vingts ans sonnés, promenait encore *le Malade imaginaire* à travers la France et demandait anxieusement à ses
partenaires s'ils le trouvaient en progrès !...

Dans la comédie moderne, les créations de M. Joliet ne
se comptent plus. Beaucoup de *pannes* naturellement,
ainsi qu'il sied à un pensionnaire consciencieux ; puis, à
côté de ces *pannes*, de vrais rôles, entre autres celui de *l'Évasion*, de M. Brieux, qui lui valait un éclatant succès. Il fut
alors question de nommer M. Joliet sociétaire, mais malgré
ses services et malgré cette victoire, le plus ancien des
pensionnaires ne parvenait point à franchir l'obstacle.
On le consolait en lui répétant que les appointements du
doyen des pensionnaires étaient supérieurs à ceux du sociétaire à petite part ; mais il s'agissait bien d'appointements !
Du jour où il débutait chez Molière dans Marphurius du *Mariage forcé*, depuis ce jour-là, tel le Michonnet d'*Adrienne
Lecouvreur*, il rêvait de devenir sociétaire de la Comédie-
Française et, sans se révolter contre qui que ce fut, il
constatait mélancoliquement qu'il n'avait peut-être pas eu
beaucoup de chance.

Je me rappelle qu'à cette même époque, M. Joliet eut
l'occasion de montrer comment il comprenait son devoir.
C'était pendant la semaine sainte : la Comédie-Française
avait alors coutume de se transporter à Bruxelles et le spectacle se composait de *Mademoiselle de Belle-Isle* et de *la
Joie fait peur*. Dans la comédie de Dumas père, Mme Jane
Hading jouait, avec quel art exquis on s'en souvient, l'assez
mauvais rôle de l'héroïne ; notre ami Febvre endossait le
costume du duc de Richelieu qu'il avait hérité de Bressant
et de Delaunay et qui lui aliait à ravir ; M. Albert Lambert

fils personnifiait superbement le duc d'Aubigny et M. Joliet jouait un seigneur sans importance. Toute la salle était louée et la soirée de la Monnaie s'annonçait des plus brillantes, lorsque dans l'après-midi on apprit que M. de Féraudy, très souffrant, ne pourrait jouer Noël de *la Joie fait peur*.

Que faire? Congédier les spectateurs à dix heures et demie après *Mademoiselle de Belle-Isle*? C'était là un procédé que le vice-doyen Febvre, vice-administrateur en la circonstance, jugeait indigne de la Comédie-Française. Remplacer l'acte de Mme de Girardin par un autre acte? C'était également impossible puisqu'on ne disposait que des quelques artistes venus à Bruxelles pour cette représentation. Bref, on ne savait quel parti prendre.

— Donnez-moi un *raccord*, fit M. Joliet et je suis votre Noël ! J'y ai tant entendu et Regnier et Got que je me tirerai toujours d'affaire. En tout cas, on jouera la pièce annoncée, et l'honneur sera sauf...

On accepta, on *raccorda* : après une *annonce* savamment ordonnée, M. Joliet parut sous les traits du vieux domestique et le public l'applaudit à tout rompre. Certes, je ne prétends pas que ce soir-là M. Joliet ait sauvé la Comédie : je dis seulement, ayant été un des témoins de cette petite aventure, qu'il la tira d'un assez mauvais pas. Malheureusement pour M. Joliet, tout cela se passait à Bruxelles et restait ignoré rue de Richelieu... Ce n'était tout de même pas de chance...

*
* *

J'ai connu un autre doyen des pensionnaires qui, celui-là, finit par gagner le titre de sociétaire vers la fin de sa vie, et qui, je vous l'affirme bien, ne l'avait pas volé : c'était

Garraud, un artiste de talent et un très brave homme, que les habitués de la Comédie n'ont certainement pas oublié.

Il avait été engagé à la Comédie pour y doubler Bressant qui, déjà au Gymnase, était son chef de file, Pendant de longues années, ce fut à lui que revint l'honneur de jouer les petits actes d'Octave Feuillet, tantôt avec l'aimable coquette Édile Riquier (la charmante femme est morte il y a quelques semaines), tantôt avec la belle Marie Lloyd, parfois avec l'excellente coquette-soubrette Mme Provost-Ponsin. Ces petits actes, qui s'appelaient *le Pour et le Contre* et *le Cheveu blanc*, formaient les levers de rideau chers à l'administrateur Perrin; c'était tout juste si de temps à autre il consentait à les remplacer par *la Pluie et le beau temps* ou la *Tempête dans un verre d'eau* de Léon Gozlan; par *les Projets de ma tante* de Nicolle ou par *Un Mari qui pleure* de Jules Prével. Garraud arrivait au théâtre à midi, répétait jusqu'à cinq heures, se dirigeait à sept heures vers sa loge, entrait en scène à huit et, après avoir joué le lever de rideau, reparaissait dans la grande pièce, et cela était ainsi chaque année du 1er janvier au 31 décembre... Dumas, qui l'avait connu au Gymnase de Montigny, lui confiait volontiers des rôles assez importants, parmi lesquels Hippolyte Richond et le marquis de Thonnerins du *Demi-Monde*. Il fallait alors entendre Thiron, l'exquis Thiron, interpeller Garraud et lui décocher de sa voix stridente ce petit discours :

— Voilà maintenant, mon cher Garraud, que tu me prends Thonnerins après avoir pris Richond à Got! A l'heure où tu étais beau et où tu faisais tourner tous les cœurs, il y a bien longtemps de cela, tu étais au Gymnase Olivier de Jalin : tu étais même de Nanjac ; tu te trouves donc avoir tenu tous les rôles du *Demi-Monde* sans exception et tu n'as pas l'air de te douter que tu pourrais interpréter la pièce à toi tout seul ! Si on essayait un de ces soirs, veux-tu, mon bon Garraud ? Ce soir-là, on ferait le maximum !

La critique que cachait Thiron sous ce compliment était infiniment juste : Garraud avait une mémoire prodigieuse et seul Dupont-Vernon pouvait rivaliser avec lui. Ne fut-ce pas Garraud qui, toujours sur la demande de Dumas, dans *l'Étrangère*, joua le docteur Remonin et le joua sans une seule répétition, sans un seul raccord et si parfaitement que Got, qui l'avait créé, ne le reprit jamais plus ? Toujours et partout, Garraud était à sa place ; si le répertoire classique ne fut pas tout à fait son domaine, il n'en parvint pas moins à nous donner un très bon Bartholo, un excellent Diafoirus et un Orgon du *Jeu de l'amour* de tous points parfait. Au jeune et élégant cavalier du *Fils de famille*, acclamé naguère au Gymnase, succédait un « financier » rond, ventru, cordial, dont le grave défaut était d'avoir devant lui, comme chefs d'emploi, trois artistes hors lignes : Got, Thiron et Barré. Et Perrin, vous le devinez, comparait Garraud à ces grands comédiens et il ne manquait pas de redire, sur tous les tons, à son fidèle comité qu'il y avait danger à associer à la fortune du théâtre des artistes méritants dont le dévouement était absolu, mais qu'il persistait à tenir pour des « doublures » et des « grandes utilités ». Et le pauvre Garraud se désolait à l'idée que ses vieux camarades, devenus ses juges, suivaient aveuglément leur chef et ne protestaient pas contre de telles assertions.

Là, en effet, était le malentendu. Fallait-il, comme le prétendait Perrin, ne nommer les sociétaires qu'au choix et ne conférer ce titre qu'aux premiers artistes du théâtre ? Fallait-il, au contraire, tenir compte des services rendus et, le cas échéant, élire des sociétaires à l'ancienneté ? Sur ce point

Perrin était irréductible et sans se soucier de l'avenir du
théâtre et de la réserve de la troupe, il n'admettait que les
grands sociétaires et barrait impitoyablement la route à
Garraud, à Martel, à Dupont-Vernon, comme il l'avait autrefois barrée à Chéry, autre doyen des pensionnaires et doyen
jusqu'au jour de sa retraite inclusivement...

Heureusement pour Garraud, heureusement pour le
théâtre, Perrin abandonna la place et M. Jules Claretie, qui
n'avait pas sur le sociétariat des idées aussi exclusives, remit
les choses au point : il s'empressa d'établir une distinction
nécessaire entre les *grandes utilités*, dont la tâche se borne
à débiter proprement quelques lignes et à se tenir conve-
nablement en scène et les artistes qui, comme Garraud,
interprètent des rôles, de véritables rôles, et les interprètent à l'entière satisfaction du public. Est-ce à dire que
l'élection de Garraud au sociétariat alla toute seule ?
Oh ! que non ! Il y eut bien des assauts à soutenir, mais
M. Jules Claretie tint bon et triompha des dernières résistances. J'entends encore notre cher ami Worms s'écrier, la
veille de la redoutable séance de fin d'année :

— Ils feront ce qu'ils voudront : moi je le nomme !
D'abord il mérite d'être nommé ; ensuite je ne veux pas
avoir sa mort sur la conscience !

Garraud fut enfin proclamé sociétaire. Mais vous voyez au
prix de quelles luttes : vous voyez aussi que, même à la Comédie-Française, le métier n'est pas aussi rose que d'aucuns
se plaisent à le prétendre, et vous comprenez pourquoi je
vous disais que ces simples mots « doyen des pensionnaires de la Comédie » cachent souvent bien des larmes...

(11 septembre 1911).

L'ANNIVERSAIRE DE MOLIÈRE

C'est aujourd'hui 15 janvier l'anniversaire de la naissance
de Molière : en nos deux Théâtres-Français, le grand Patron sera brillamment fêté et tous les chefs d'emploi re-
prendront les rôles. Coutume excellente, tradition heureuse
entre toutes que la Comédie-Française et l'Odéon maintiennent judicieusement.

Toutefois, la fête du Patron n'est plus ordonnée de la
même manière que jadis : elle conserve tout son éclat,
mais l'imposante *Cérémonie* du *Malade imaginaire* a quelque peu passé de mode ; on la donne bien de temps à autre
au carnaval, à la mi-carême, à Pâques, mais ses apparitions,
sans qu'on sache pourquoi, deviennent plus rares.

Est-il pourtant un plus divertissant spectacle que ce défilé de nos Gloires et de nos Espoirs qui tous et toutes endossent, pour la circonstance, le manteau d'hermine ? C'est
d'abord le salut au buste de Molière bien placé au milieu de
la scène, pas trop près de la cour, pas trop loin du jardin, et
merveilleusement éclairé dans un superbe décor ; puis, c'est
la remise de la fameuse palme verte que le débutant inexpérimenté fait tomber et que le grave sociétaire ramasse so-
lennellement ; c'est ensuite la révérence, variant selon l'emploi, que l'artiste adresse au public qui s'empresse d'y

répondre par une salve de bravos : une salve aux pensionnaires, une double aux sociétaires, une triple à nos parts entières. « La Cérémonie, soupirait notre chère Madame Madeleine, n'est-ce pas notre distribution des prix ? »

Si vous saviez avec quelle componction le comédien Richard, qui, sous la direction Perrin, était le Cerbère du plateau, procédait, lorsqu'on donnait cette *Cérémonie*, à l'appel de ses camarades ! Avec quelle conscience il rangeait les artistes deux par deux, hiérarchiquement, par ordre d'ancienneté, les pensionnaires et les hommes d'abord, les sociétaires et les femmes ensuite !

« Deux jours de consigne au soldat Delaunay ! » s'écriait tout à coup le malicieux Thiron qui s'amusait à rompre le silence que Richard avait eu tant de mal à obtenir... Et Richard, lançant un regard timidement courroucé au redoutable Thiron, reprenait une dernière fois l'appel : il s'assurait que tout son monde était là ; recommandait aux interprètes du *Malade* (Thiron jouait Argan ; Mme Jouassain, Mme Argan ; Barré et Coquelin, le père et le fils Diafoirus ; Blanche Barretta, Angélique ; Prud'hon, Cléante ; Jeanne Samary, Toinette) de terminer le défilé, puis il allait trouver le doyen Got, qui jouait le Præsès et il le suppliait de ne pas attaquer trop tôt le « *Dignus est intrare* » et de bien surveiller les indications du souffleur Léotaud...

Pauvre Léotaud ! Il était affligé d'un accent terriblement auvergnat : il n'en avait pas moins partagé, au Conservatoire, le prix de comédie avec Coquelin, ce dont il était, on le conçoit, extrêmement fier. De quel ton délicieusement impertinent le même Thiron répétait à Léotaud :

— Tu es le meilleur *chouffleur* que j'aie jamais vu !... Tu mérites d'être gratiné !... Un Léotaud au gratin, peste !

— Chouffleur tant qu'on voudra, ripostait Léotaud effroyablement piqué, mais qu'on en trouve un qui sache mieux que moi ses classiques !

— *Clachiques*, reprenait Thiron, prononce donc bien, Léotaud ! Tu n'articules pas... Tu t'en es payé pourtant ce soir des clachiques, fouchtra ! *Les Femmes savantes*, un à-propos, *le Malade imaginaire*, la Cérémonie : dix actes, cinq heures et quart de spectacle, ce qui ne t'empêchera pas ni moi non plus de boire tout à l'heure à la santé de Molière !..

Chaque année, en effet, le 15 janvier, l'érudit Georges Monval, bibliothécaire de la Comédie et directeur-fondateur du journal hebdomadaire *le Moliériste*, convoquait en un restaurant du Palais-Royal les artistes et les habitués de la Comédie, et ce cordial souper, que nos plus célèbres comédiennes honoraient parfois de leur présence, se prolongeait fort avant dans la nuit.

Thiron, Georges Monval, le souffleur Léotaud, l'ordonnateur Richard, notre cher Coquelin rival de Léotaud à la classe de Régnier, tous ont quitté ce monde. Le souper de Molière, où j'eus l'honneur d'avoir pour voisin mon ami Delaunay, l'immortel interprète de Musset, et l'excellent Garraud, qui porta si longtemps, je vous l'ai dit, le titre un peu douloureux de doyen des pensionnaires, l'annuel et gentil souper en l'honneur de Molière a disparu lui aussi...

Et comme c'est déjà loin tout cela ! Nous nous comptons maintenant, nous, les fidèles de ces aimables agapes et mélancoliquement nous constatons qu'à cette époque-là nous étions les jeunes ! Nous voici aujourd'hui sinon les doyens, du moins les vice-doyens : nous n'avons plus droit aux bouts de table, et cela est mauvais signe...

*
* *

Ce soir, *le Misanthrope* aura les honneurs de l'affiche à l'Odéon ; à la Comédie, dans *Tartuffe*, qui accompagnera *l'École des maris*, nous aurons le plaisir de voir apparaître sous les traits de Dorine une des meilleures comédiennes de la Maison, Mlle Renée du Minil. Et demain la grave question sera reprise... A quel emploi appartient le rôle de Dorine ? Mme Sarah Bernhardt, qui y fut acclamée, n'a-t-elle pas montré que le personnage est de ceux qu'il ne faut pas cataloguer ? Mlle Renée du Minil, qui a de l'école et à laquelle son maître, Delaunay, a enseigné ce rôle, prouvera-t-elle autre chose ? Je l'ignore. Notre éminent confrère Félix Duquesnel consacrait, l'autre jour, un bien joli article aux Dorines depuis Rachel (oui, la tragédienne Rachel joua Dorine) jusqu'à Augustine Brohan, la soubrette idéale, et il n'hésitait pas déclarer qu'aucune comédienne n'y a été complètement parfaite, même Augustine Brohan.

J'ai applaudi, pour ma part, beaucoup de Dorines et je penserais volontiers que Mme Pauline Granger, l'admirable créatrice de Mme Brissot de *Denise* et de Mme Vigneron des *Corbeaux*, pourrait bien être la comédienne réalisant l'idée que nous nous figurons être celle du poète, puisque — problème inextricable ! — le poète n'est plus là pour nous indiquer quelle est exactement cette idée. J'ajoute que cette petite querelle, concernant Dorine, son âge et son emploi, est déjà bien vieille et peut-être vous souvenez-vous qu'une longue discussion s'éleva, il y près de trente ans, entre Sarcey et quelques sociétaires notoires, dont Coquelin.

Sarcey prétendait que Dorine est une Martine éduquée, qu'elle remplace la mère absente, et que si Marianne, Damis, Orgon, Elmire, Valère et toute la maison ne la consi-

déraient pas comme la « vieille nounou », elle deviendrait, à
la scène finale du second acte, une véritable entremetteuse.
A quoi Coquelin répondait que Dorine n'ayant donné le lait
ni à Marianne, ni à Damis, ni à Valère, n'est pas la « vieille
nounou » ; qu'elle est une dame de compagnie ayant de l'édu-
cation et représentant dans la maison la tradition de la première femme d'Orgon. Coquelin ajoutait — c'était tout de
même aller un peu loin ! — que la Dorine de Molière est
plus verdissante que la Suzanne de Beaumarchais, et partant de là, il concluait que le rôle devait être confié à Jeanne
Samary, première soubrette du théâtre, tandis que Sarcey
le réclamait pour Mme Pauline Granger, soubrette marquée
qui s'acheminait vers les rôles de mères.

L'épreuve fut faite. Pauline Granger reprit le rôle,
Jeanne Samary s'y essaya, et chacune d'elles eut ses partisans et ses adversaires, sans qu'il fût possible de trancher la
question... Une fois encore on proclama que tout artiste, du
moment qu'il a passé par le Conservatoire et qu'il y a acquis
ce style sans lequel il est bien difficile, pour ne pas dire
impossible, de jouer le grand répertoire, peut s'attaquer à
des rôles classiques.

C'était la vérité même. N'avons-nous pas vu, en effet, dans
les rôles d'Alceste et de Tartuffe des comédiens et des tragédiens indistinctement? N'avons-nous pas vu dans *Tartuffe*,
des premiers comiques comme Got, Coquelin, de Féraudy,
Huguenet ?... Quand il s'agit de rôles aussi formidables,
tenus par des artistes de premier ordre, la question
d'emploi ne se pose plus. Mme Sarah Bernhardt nous le
prouve hautement en jouant Dorine, et je ne vois pas pourquoi Mme Bartet ne nous procurerait pas la joie d'incarner
Célimène. A une artiste qui interprète avec une telle maîtrise les admirables héroïnes de Dumas et de Paul Hervieu. à

une artiste que nous acclamons aujourd'hui dans Armande
une « coquette », dans *Bérénice* ou *Iphigénie*, deux « amoureuses », et qui demain idéalisera Sylvia du *Jeu de l'Amour*,
à une telle artiste tout est permis : elle ne joue pas les rôles,
elle les agrandit et les renouvelle. Divine, c'est bien ;
humaine, c'est plus juste encore.

Continuons donc à fêter chaque année, le 15 janvier, Molière ; le 6 juin, Corneille ; le 21 décembre, Racine. Fêtons
Hugo, fêtons Musset, ne craignons pas de multiplier les an-
niversaires de nos grands classiques : l'occasion sera toujours bonne pour nous rappeler que c'est à eux que nous
devons de posséder un théâtre unique : notre Comédie-
Française. Jamais nous ne nous dirons assez que si, sous l'impulsion vigilante de son chef, ce grand théâtre conserve
son prestige artistique et moral, c'est parce que tout en ré-
servant à la comédie moderne la place à laquelle elle a droit,
il reste le tuteur des morts et le protecteur de tout ce qui ne
vit que d'une existence idéale.

Élevez un asile au passé, s'écriait J.-J. Weiss, le jour où,
reprochant à Perrin de diriger au lieu d'administrer et de
prévoir, il définissait la tâche de celui qui allait lui succéder.
Élever un asile au passé comme le demandait le critique
Weiss, ou boire à la santé de Molière comme le disait le comédien Thiron, c'est tout un. Peu importe si ce soir on donnera *la Cérémonie* du *Malade* ou *Tartuffe* avec une nouvelle Dorine. L'essentiel c'est de défendre la Tradition, et
c'est elle qu'on honore en célébrant le grand Patron.

(14 janvier 1912).

BIANCA

sœur de la célèbre Rachel; ensuite Mme Provost-Ponsin, qui a enrichi notre Conservatoire d'une rente annuelle importante (prix Ponsin), et qui, sans déployer autant de verve que sa camarade Dinah Félix, montrait peut-être plus de souplesse... A l'exemple de Dinah Félix, elle appartenait à une famille illustre : son mari était le fils du grand Provost, Orgon inimitable, Arnolphe sans égal, créateur de l'oncle Van Buck de *Il ne faut jurer de rien*... Nos anciens le plaçaient sur la même ligne que Samson et Regnier, non seulement comme comédien mais aussi comme professeur.

Tous les rôles de l'emploi — Dorine, Toinette, Martine, Lisette, Marinette, Marton, Zerbinette — étaient donc joués de droit par Mmes Dinah Félix et Provost-Ponsin, sociétaires. Mme Pauline Granger, qui fut une si admirable comédienne, jouait également les soubrettes : mais d'elle et de Mlle Bianca il n'était guère question. De même que l'incomparable Barré devait, durant de longues années, attendre le sociétariat et n'obtenait cette récompense qu'après son triomphal succès du *Mariage de Victorine*, de même Mme Pauline Granger, Dorine plus parfaite encore que Mmes Dinah Félix et Provost-Ponsin, ne parvenait pas à se concilier l'estime du sévère Perrin.

Il y avait autre chose encore... A ce moment, une jeune comédienne douée des plus beaux dons du monde, une vraie nature celle-là, débutait chez Molière : elle sortait du Conservatoire où elle avait, à l'unanimité et par acclamations, remporté le premier prix... Cette comédienne, nièce d'Augustine Brohan, la reine des soubrettes, et de notre chère « Madame Madeleine », c'était l'adorable et tant regrettée Jeanne Samary : d'emblée, elle affirmait le plus rare talent dans les rôles illustrés par sa tante Augustine.

Mlle Bianca ne pouvait soutenir une telle lutte. Inévita-

blement, par la force même de la Charte moscovite dont
Perrin jouait si habilement, elle était reléguée au second
plan, parfois même au troisième. Sur n'importe quelle scène,
au Vaudeville où elle avait débuté ou bien à l'Odéon, théâtre
de répertoire, elle eût tenu la première place : à la Comédie,
ses rivales étaient trop nombreuses...

*
* *

Il y a bien des années, un jour que, nous étions réunis
chez notre chère amie Réjane, Mlle Bianca nous conta son
histoire et avec une douce mélancolie elle nous dit :

— Pourquoi j'ai quitté le théâtre sitôt ? Parce que le
théâtre n'est pas possible dès l'instant où un tout petit peu
de veine ne daigne pas se mettre de la partie. Si j'ai joué les
coquettes, c'était pour me consoler de ne pas jouer plus souvent les soubrettes ! Dumas fils, prenant pitié de mon malheureux sort, m'avait distribué Valentine de Santis quand
le Demi-Monde entra au répertoire de la Comédie. Sophie
Croizette personnifiait la baronne d'Ange ; Delaunay, Olivier
de Jalin ; Febvre, Nanjac ; Got, Richond ; Thiron, Thonnerins :
Émilie Broisat, sortant de l'Odéon, débutait dans Marcelle,
vous devinez si j'étais heureuse de voir mon nom inscrit
sur l'affiche après ceux de tels artistes. Pour me récompenser d'avoir joué correctement Valentine de Santis, Dumas
me confia les destinées du *Mari qui pleure*, un gentil lever
de rideau de Jules Prével, qu'il avait mis au point. Entre
temps, j'étais gratifiée d'une *panne*, je dirai même d'une
figuration, dans *l'Étrangère*. Heureusement la compagnie
était bonne : ici encore, je donnais la réplique à des artistes
qui s'appelaient Madeleine Brohan, Got, Coquelin, Febvre,

Thiron, Mounet-Sully, celui-ci, sur les instances de l'auteur, endossant l'habit noir. Les rôles de mistress Clarkson et de la vicomtesse de Septmonts étaient tenus par Sarah Bernhardt et Sophie Croizette et chacun descendait de sa loge et s'installait dans le « guignol » tout exprès pour écouter la fameuse scène des deux femmes. Nous sentions qu'il y avait là une chose unique, exceptionnelle, que nous ne reverrions plus et que moi je n'ai jamais plus revue! Je jouais aussi la coquette dans *Julie* d'Octave Feuillet entre Febvre et Laroche, Marie Favart et Reichenberg : je jouais les amusants *Deux Ménages* et la jolie *Revanche d'Iris* de Paul Ferrier. Quand j'interprétais Zerbinette des *Fourberies* ou Marinette du *Dépit*, c'était le dimanche à sept heures... Et Perrin était toujours là, le premier à l'appel... A la fin de la pièce, il venait se promener sur le plateau et, nous contemplant d'un œil encore plus indécis que de coutume, il murmurait du bout des lèvres :

— Allons! mesdames et messieurs, c'est beaucoup mieux que je n'espérais !...

L'aimable Bianca poursuivait son récit, et sans se révolter le moins du monde contre son terrible chef, elle remerciait la Destinée de lui avoir donné la joie de jouer la comédie avec de tels artistes : elle confessait pourtant qu'elle ne se risquait plus à revoir certaines pièces, tant il y avait de manquants et de nouveaux venus...

*
* *

Pendant longtemps, Mlle Bianca avait été une habituée des premières : puis, la maladie arriva et elle se retira loin du monde, s'intéressant toujours à ce grand théâtre qu'elle avait bien servi et où elle comptait tant d'amis. De temps à autre, deux ou trois fois par an, elle assistait à nos matinées des Trente Ans de théâtre au Trocadéro, et le lendemain de la représentation, je recevais d'elle une jolie lettre, toute pleine d'anecdotes et de souvenirs, à laquelle elle ne manquait jamais d'ajouter ce post-scriptum : « Voici pour vos pauvres, mais il est entendu que vous ne me nommez pas ! »

Maintenant que cette bonne et charmante femme n'est plus de ce monde, il me semble que j'ai le devoir de dire à nos pauvres qu'ils viennent de perdre la plus discrète et la plus généreuse de leurs bienfaitrices...

(13 février 1912).

LES GRANDES COQUETTES

A Mlle Cécile Sorel.

D'aucuns racontent que votre nom parut pour la première fois sur une affiche des Variétés : ce renseignement serait exact si vos historiographes rappelaient que le directeur de ce théâtre, Eugène Bertrand, eut juste le temps de vous réclamer un dédit que vous vous empressiez de ne pas payer. Votre engagement, au désappointement de Bertrand, ne se trouvait pas valable par cela même que vous n'étiez pas majeure.

Vos débuts eurent lieu au Vaudeville aux destinées duquel présidaient MM. Carré et Porel ; vous étiez chargée d'un tout petit rôle, presque d'une *panne*, dans *Flipote* de M. Jules Lemaître, une comédie exquise qui, à l'exemple de tant d'autres, avait l'irrémédiable défaut de venir trop tôt. Vous disiez juste et vous ne vous montriez pas maladroite, entre la regrettée Maria Legault et notre exquis Galipaux. A la même époque, on donnait la *Lysistrata* de Maurice Donnay et *Madame Sans-Gêne* de Victorien Sardou et Émile Moreau ; ici et là, aux côtés de Mme Réjane, vous esquissiez agréablement deux *demi-pannes*...

Photo Reutlinger

CÉCILE SOREL

Mais c'étaient là d'insignifiantes escarmouches. Ce fut
au Gymnase que vous avez fait vos véritables débuts. Autorisés par la Société des Auteurs, MM. Carré et Porel diri-
geaient à la fois le Vaudeville et le Gymnase ; ils vous savaient intelligente et animée du désir de briller au premier
rang ; sur leur demande, MM. Paul Bourget et Pierre Decourcelle d'abord, M. Abel Hermant ensuite, vous distri-
buèrent des rôles importants dans *Idylle Tragique* et *les
Transatlantiques*, et ces deux essais furent deux victoires.

Seulement, ces victoires étaient celles d'une comédienne
de genre et vous aviez d'autres visées. Lorsqu'il vous arrivait
de passer sur la place du Théâtre-Français, vous contem-
pliez avec une timide admiration la porte de l'entrée des
artistes et tout bas, bien bas, vous murmuriez : « Et pourquoi pas ? » Vous sentiez que la réalisation d'un tel rêve
n'irait pas toute seule, et cette difficulté vous séduisait.

Tout à coup, on annonça votre engagement à l'Odéon.
Vous aviez conquis vos grades au Gymnase, vous étiez sur
le point d'y devenir une *Étoile* et, sans crier gare, vous pas-
siez les ponts. Un samedi, vers cinq heures du soir, vous
apparûtes sur la scène de l'Odéon, sous les traits d'une
« grâce ». M. Ginisty avait institué, conseillé par Catulle
Mendès, des « five o'clock de poésie ». Précédées de causeries, ces séances étaient consacrées à la résurrection d'ouvrages oubliés du répertoire et, en vieux fureteur qu'il était
et est resté, M. Ginisty avait découvert une comédie de
Sainte-Foix, intitulée *les Grâces*. Cette restitution se donnait en l'honneur de trois débuts : le vôtre, celui de
Mlle Parny qui sortait du Conservatoire avec un prix et
celui de la gentille Mlle Goldstein, aujourd'hui pensionnaire
de l'Athénée.

Vint ensuite le tour des *Antibel* de M. Pouvillon, que

M. Armand d'Artois avait habilement adaptés aux exigences
de la scène. Cette *petite Arlésienne* ne manquait pas de
couleur et j'imagine que, soutenue par la musique et l'orchestre de Colonne, elle se serait maintenue assez longtemps sur l'affiche de l'Odéon. Vous aviez excellemment
habillé et composé un rôle de paysanne, et un rôle de grande
jeune première s'il vous plaît !

On remit ensuite à la scène *les Fourchambault* d'Émile
Augier (le spirituel *Château historique*, de MM. Bisson et
Berr de Turique, ne vint qu'ensuite) : le rôle, créé à la Comédie-Française par Sophie Croizette, vous revenait de
droit. Mme Marie Magnier héritait de celui de Mme Fourchambault, créé par Mme Provost-Ponsin, et y fut supérieure ; quand elle regardait sortir l'honnête et farouche
Bernard, elle avait une façon de s'écrier : « Voilà le mari
qu'il m'aurait fallu ! » qui était d'une grande comédienne.

Après le répertoire moderne, vous abordiez la comédie
classique. M. Ginisty vous promettait Elmire et Célimène :
vous patientiez en jouant Sylvia. *Les Jeux de l'amour et du
hasard* ! Marivaux ! Épreuve redoutable entre toutes ! Vous
étiez bien trop avisée pour ne pas avoir pris vos précautions : il ne vous suffisait plus de travailler vos rôles sous
la direction du metteur en scène ; il vous fallait trouver un
professeur de répertoire et ce professeur fut Mme Favart.
Vous saviez que non contente d'avoir été la rayonnante interprète d'Augier, de Dumas, de Feuillet, de Pailleron —
*Paul Forestier, le Supplice d'une femme, Julie, les Faux
Ménages* — Mme Favart avait marqué certains rôles classiques d'une ineffaçable empreinte : Camille de *On ne badine
pas avec l'amour*, la Muse des *Nuits* de Musset, Armande
des *Femmes savantes*.

Mme Favart devint donc votre « professeur de style », car

elle possédait au plus haut point ce don suprême et peut-
être ne rend-on pas suffisamment justice aujourd'hui à cette
grande artiste. Sur quel ton de pieuse admiration mes parents me répétaient : « Ah! si tu avais vu Favart! Elle et
Delaunay, c'était unique! » Hélas! le hasard avait voulu
que la fin de carrière de Mme Favart fût pleine de déceptions. L'administrateur Perrin ne l'aimait pas et le mot
cruel qu'il lui adressait : « Je vous regarde vieillir », indiquait son état d'esprit... A l'exemple de Madeleine Brohan,
Mme Favart avait changé d'emploi et pris les rôles de
mères ; mais elle n'avait pas la douce et spirituelle philosophie de notre Présidente ; elle prenait des rides malgré
elle.

J'eus un jour, grâce à vous, la bonne fortune d'assister à
une leçon de Mme Favart: elle vous enseignait le rôle de
Marianne des *Caprices*, qu'elle n'avait joué qu'une fois au
pied levé. Je fus émerveillé. Toute classique qu'elle était, et
bien que respectueuse de la tradition, elle se rendait un
compte fort exact de la nécessité de *moderniser* les personnages du répertoire, et c'était sur ce point qu'elle insistait.
De sa belle voix grave, une voix de contralto que l'âge
n'avait pas affaiblie, elle soupirait : « La routine n'est pas
plus la tradition que la brutalité n'est la force! » Elle se
mit alors à commenter avec un art supérieur les héroïnes de
Musset et (elle avait soixante-dix ans sonnés !) elle nous
débita sans une seule défaillance le rôle de Camille si plein
pour elle de glorieux souvenirs. C'était exquis... Vous avez
apprécié la maîtrise de cet enseignement : si vous avez, lors
de vos débuts à l'Odéon, très joliment joué Sylvia ; si aujour-
d'hui vous êtes parfaite dans l'emploi particulièrement difficile des grandes coquettes, c'est parce que vous avez été à
l'excellente, à la merveilleuse école de Mme Favart.

Le Demi-Monde, les *Effrontés*, le *Fils de Giboyer*, *Monsieur Alphonse*, la marquise de Prie de *Mademoiselle de Belle-Isle*, la Princesse de Bouillon d'*Adrienne Lecouvreur*, *l'Étincelle*, le *Marquis de Priola*, *Chacun sa vie*, les *Deux Hommes*, la *Rencontre*, le *Songe d'un soir d'amour* et Clorinde de *l'Aventurière*, jeux que tout cela, du moment qu'on a été Célimène, Elmire, Sylvia, la comtesse Almaviva et la Marianne des *Caprices !*

Il est certain qu'en cette liste j'oublie beaucoup de rôles que vous avez créés ou repris tant au Gymnase qu'à l'Odéon et à la Comédie-Française. Mais en indiquant la route parcourue depuis le jour où vous paraissiez, dans *Flipote* au Vaudeville, j'ai seulement cherché à montrer que vous êtes un modèle d'intelligente volonté féminine. Vous n'avez pas cru à cet heureux hasard, à cette minute de veine qu'Alfred Capus prédit à tout mortel un peu doué et pas trop timide. Vous avez pensé que, pour avoir du succès au théâtre, le mieux est encore de ne se fier qu'à soi-même. Et vous avez eu bien raison de suivre cette route-là puisque vous avez réussi !...

(15 janvier 1911).

AUTOUR DE « SAPHO »

Sapho a fait son entrée au répertoire de la Comédie-
Française. Tout naturellement, nos bonnes gens de théâtre
ont profité de la circonstance pour s'adonner à leur petit
jeu : celui des comparaisons... L'écueil, c'est que la façon
de jouer la comédie se modifiant avec le temps, il paraît
fort difficile d'établir des comparaisons entre les artistes
qui créent une œuvre et ceux qui leur succèdent... Pourquoi, par exemple, dans *Sapho*, exiger que le comédien
qui reprend Deschelettes *ressemble* à celui qui l'a créé ?
Ici, Landrol, le brave Landrol, un des plus solides représen-
tants du théâtre de convention ; là, Lucien Guitry, le grand
artiste moderne. Car *Sapho*, avant d'entrer à la Comédie-
Française, avait déjà eu les honneurs d'une reprise, et c'est
l'histoire de cette reprise un peu oubliée que je voudrais vous
conter aujourd'hui.

*
* *

La popularité du roman d'Alphonse Daudet, la célébrité
du nom de l'écrivain, l'ingéniosité de la mise en scène, tout
assurait la réussite de la pièce lorsqu'elle fit son apparition
au Gymnase de Victor Koning. L'interprétation était remar-

quable non seulement avec Mme Jane Hading qui impri-
mait au personnage de Fanny Legrand tant de grâce souriante et de douce mélancolie et y était acclamée, mais
aussi avec Mlle Darlaud adorable Alice Doré, avec la cordiale Laurence Grivot, comédienne parfaite entre toutes, avec
la joyeuse Desclauzas et notre pauvre amie Jeanne Marni,
qui esquissait d'un trait si comique la silhouette de l'Espa-
gnole Rosario Sanchez.

Il faut pourtant reconnaître que les ombres de Scribe, de
Bayard et de Dumanoir planaient encore à cette époque sur le
Théâtre de Madame : interprètes et spectateurs étaient « en
retard » et je crois que Landrol, s'il était fort reconnaissant
à Alphonse Daudet et à Adolphe Belot de lui distribuer
Deschelettes, trouvait le temps bien long après le rôle du
colonel du *Fils de Famille* que lui avait légué Lafontaine.
D'autre part, la presse s'était montrée sinon mauvaise
pour *Sapho*, du moins assez indécise : suivant la malicieuse
expression de Fernand Vandérem, il y a certaines œuvres
dont la critique ne s'aperçoit pas, et *Sapho* était de ce nombre, à l'exemple de *Gotte* de Meilhac, de *la Parisienne* de
Becque et de *Marquise* de Sardou.

Mais Porel, lui, s'était immédiatement aperçu. Grand
admirateur et ami de Daudet, il avait eu la gloire de ressusciter à l'Odéon *l'Arlésienne*, lourdement tombée au Vaudeville : il trouvait que *Sapho* n'avait pas eu au Gymnase
le succès qui lui était dû, et nous savions tous, nous ses
amis, qu'un de ses projets était d'imposer le chef-d'œuvre
au grand public de théâtre. Vous allez voir au prix de quelles
difficultés il réalisa son idée.

Notre ami Porel venait de remporter à l'Odéon les
plus mérités succès de metteur en scène ; il avait — tel
M. Antoine aujourd'hui — redonné la vie au vieux second

Théâtre-Français : il y avait ramené le public comme aux belles soirées de *Ruy Blas* et des *Danicheff*, de *la Maîtresse légitime* et de *la Jeunesse de Louis XIV*, naguère offertes par M. Félix Duquesnel. Encouragé par un succès matériel et artistique qui dépassait toute attente, Porel n'avait plus qu'un but : déménager, puis présider aux destinées d'une grande scène de la rive droite. Le privilège de MM. Ritt et Gailhard à l'Opéra était terminé : Porel posa sa candidature, mais on lui préféra son aimable confrère des Variétés, Eugène Bertrand, lequel postulait la place sans trop la désirer et — il n'avait pas le ruban rouge ! — gardait le double espoir d'être battu et d'obtenir une petite compensation...

Bertrand avait été en réalité le candidat malgré lui, et l'idée d'abandonner Meilhac, Halévy, José Dupuis, Baron et Anna Judic ne lui souriait guère. Dirai-je qu'indépendamment des Variétés, il était officieusement l'associé de notre ami Deslandes au Vaudeville, celui de Briet et Delcroix au Palais-Royal, celui de Koning au Gymnase, et qu'à l'Éden il était directeur en titre ? Déjà le Trust, mes chers auteurs !... Et le cahier des charges de l'Opéra interdisait tout autre gestion que celle de notre première scène lyrique !.. Bertrand connaissait-il cet article essentiel du traité ? Je l'ignore. Ce qui est certain, c'est qu'il s'empressa de céder l'Éden à Porel qu'il eut certainement préféré voir nommer directeur de l'Opéra.

L'Éden où Bertrand avait donné des ballets comme *Excelsior*, des opérettes comme la *Fille de Mme Angot* et le *Petit Duc*, des féeries comme *le Pied de Mouton*, l'Éden qui, durant de longues années, avait été assimilé aux Folies-Bergère, l'Éden transformé du jour au lendemain en théâtre de comédie, ce n'était pas une petite affaire et voici ce que Porel m'écrivait à ce sujet, alors que, suivant mon annuelle

et ennuyeuse coutume, je faisais mes « vingt et un jours »
à Contrexeville.

Paris, 28 juin 1892.

. . . .

En septembre, mon bon ami ! Je suis effrayé de ce que j'ai à
faire d'ici-là. Heureusement, l'ancien théâtre de la rue Boudreau
(je ne prononce pas son premier nom d'Éden, tant je l'ai en abomi_
nation), heureusement ce monument dramatique érigé par Bertrand maintenant « subventionné de première classe » a disparu,
et à sa place, une belle salle bien faite, ample sans exagération,
bonne pour tous les genres, se dessine sous sa forêt de poutres.
Rien d'autre à te dire en ce moment. Toute la vie de Paris se résume pour moi dans cette bâtisse qui sera ma vie ou ma mort !
Bonnes amitiés.

POREL.

Il était facile de deviner, entre les lignes de cette aimable
lettre, que le directeur du Grand-Théâtre — il avait décidé-
ment rayé l'insupportable mot Éden — redoutait bien des
difficultés ; la plus sérieuse concernait l'acoustique, et tandis que nous tentions de lui donner courage, il nous répétait :

— Que les spectateurs du second rang de balcon et ceux
des loges de côté ne voient pas très bien, cela est un petit
malheur auquel ils sont habitués dans bien des théâtres.
Mais ne pas bien entendre, c'est plus grave !

De telles craintes n'étaient que trop fondées. Plus les
architectes et les entrepreneurs promettaient, moins ils
tenaient, si bien ou plutôt si mal que le Grand-Théâtre,
qui devait être inauguré en septembre, n'ouvrait ses portes
qu'en novembre avec *Sapho*, interprétée par Mmes Réjane,
Tessandier, Augustine Leriche, MM. Lucien Guitry, André

Calmettes, Marquet, Montbars, Lugné-Poë... Le public acclama la pièce, fit fête aux artistes, et quand le rideau tomba sur le quatrième acte, des applaudissements sans fin éclatèrent de tous les coins de la salle. Assurément Mme Réjane, en passant de *Décoré* à *Amoureuse* et de *Ma Cousine* à *Germinie Lacerteux*, avait affirmé une extraordinaire souplesse de talent : mais ici elle se surpassait encore... Elle était bien la Fanny Legrand idéale, la bonne fille qui a des désirs d'amour et des soifs de dévouement, qui va devant elle les bras tendus, ne sachant quelle force la pousse : une espèce de Manon Lescaut du trottoir de Paris, écrivait alors M. Jules Lemaître dans un feuilleton qui est un chef-d'œuvre.

*
* *

Sapho n'avait pas une ride : l'interprétation était supérieure, la salle du Grand-Théâtre avait été aménagée aussi bien que possible, les spectateurs des seconds rangs de balcon et ceux des premières loges de côté voyaient et entendaient... Une fois encore, Porel réalisait des merveilles : *Sapho*, *Lysistrata*, *Pêcheurs d'Islande*, *le Malade imaginaire* agrémenté de chants et de danses, œuvres modernes et classiques, tout était superbement monté et joué. Inutiles efforts ! Après une année, pendant laquelle directeur et artistes luttèrent avec une vaillance qui tenait du prodige, notre ami Porel dut plier bagages et gagner le Vaudeville où l'attendait Albert Carré ; par bonheur, il avait eu la prudence de conserver précieusement dans ses cartons *Madame Sans-Gêne*, qui allait le consoler de tant d'imméritées déceptions...

Aujourd'hui l'Éden est démoli et remplacé par une maison de couture : d'affriolants mannequins se promènent côté cour et côté jardin, à la place même où triomphèrent Réjane et Lucien Guitry ! Et voilà, chers lecteurs, toute l'histoire de *Sapho* en ce défunt théâtre de la rue Boudreau... La reprise de *Sapho* à la Comédie-Française est donc, comme vous voyez, la seconde, et il y a tout lieu de croire que la belle œuvre d'Alphonse Daudet s'installera au répertoire de notre premier théâtre. Le nom d'Alphonse Daudet doit avoir sa place chez Molière.

(6 mai 1912).

Photo Henri Manuel

MOUNET-SULLY

LE DÉBUT DE M. MOUNET-SULLY
A LA COMÉDIE-FRANÇAISE

Il y aura le 4 juillet quarante ans que M. Mounet-Sully fit ses débuts à la Comédie-Française dans Oreste d'*Andromaque*. D'où venait ce jeune tragédien ? Dans quelles conditions, à la suite de quelles circonstances l'administrateur général de la Comédie-Française Émile Perrin l'engageait-il ? Voilà ce qui, à quarante ans de distance, nous intéresse, car vous n'attendez pas de moi qu'après avoir énuméré tous les triomphes que remporta depuis le 4 juillet 1872 M. Mounet-Sully, je répète une fois encore que jamais, au grand jamais, on ne jouera *Œdipe* et *Hamlet* comme il les joue ; qu'il a renouvelé Rodrigue, Horace, Polyeucte, Hippolyte, Oreste, Achille, Joad ; que dans Hernani, Ruy Blas et Didier, il a surpassé ses prédécesseurs, qu'il fut incomparable dans *la Fille de Roland* et que, dans une magnifique comédie dramatique de M. Paul Hervieu, qui devrait être au répertoire de notre premier théâtre, *le Réveil*, il nous laissa un inoubliable souvenir. Tout cela, c'est de l'histoire...

J'ajouterai — et cela est encore de l'histoire ! — que pas un artiste ne possède à un aussi haut degré que M. Mounet-Sully le culte de son théâtre, et je rappellerai, pour mémoire, que le jour où un pont d'or lui fut offert par un impresario qui voulait l'arracher à la Comédie-Française, il l'éconduisit

fort poliment en lui répondant : « J'ai l'honneur d'appartenir au premier théâtre du monde et d'y avoir gagné mes
galons ; je n'ai pas le droit de déserter. » J'aurais aimé citer
quelques traits indiquant comment M. Mounet-Sully entend
son devoir et l'accomplit ; j'aurais aussi voulu vous prouver
que l'Institut s'honorerait en ouvrant ses portes à un artiste
qui est, sans conteste possible, le premier de notre époque,
et dont le caractère égale le talent ; mais je vous ai promis
qu'il ne serait aujourd'hui question que du début du 4 juillet 1872.

En ce temps-là, j'étais « demi-pensionnaire » de la classe
de septième au lycée Saint-Louis : tous les samedis, les veilles
de fêtes, mes parents me conduisaient au théâtre, et le théâtre
choisi par eux était presque toujours la Comédie-Française.
Le répertoire classique, surtout celui de tragédie, était assez
négligé, non pas parce que Perrin consacrait tous ses soins à
la comédie moderne fort goûtée par ses abonnés, mais aussi
parce que la troupe tragique, à l'exception de Mme Favart,
était incomplète... Maubant, Laroche, Martel, Chery, Dupont-
Vernon donnaient certes fort bien la réplique à Mme Favart,
aussi parfaite dans Chimène, Émilie et Andromaque que
dans *On ne badine pas avec l'amour*, *Paul Forestier* ou *les
Faux Ménages* : mais de grand jeune premier de tragédie,
point : on le cherchait, on l'attendait, on l'espérait ; bref,
l'emploi était sans titulaire... Perrin ne voyait rien venir, et
à ceux qui lui reprochaient de n'afficher qu'une douzaine
de fois par an Corneille et Racine — il se contentait de répondre :

— Je ne peux tout de même pas endosser le costume de
Rodrigue et tenir le rôle ! Je vous assure que j'y serais très
mauvais...

Un jour qu'au comité on discutait cette question de la

tragédie, Bressant, qui professait au Conservatoire, s'écria :

— Mais j'ai peut-être, moi, votre jeune premier de tragédie, votre oiseau rare, ou plutôt je l'ai eu dans ma classe il y a trois ou quatre ans. Il appartient en ce moment, assez vaguement du reste, à l'Odéon, où il marque le pas et se morfond dans l'inaction. Au Conservatoire, il eut un second prix de comédie dans Clitandre des *Femmes savantes* et un accessit de tragédie dans Oreste d'*Andromaque* ; n'empêche que, malgré la décision du jury, je le crois plutôt fait pour la tragédie et le drame que pour la comédie. Il a des dons de premier ordre, ce jeune homme : de grands yeux noirs d'Arabe, une voix caressante, trop caressante même, une intelligence très vive, beaucoup d'allure et une fougue extraordinaire : c'est ce que nous appelons « une nature ». Il sera supérieur ou détestable, jamais indifférent. Il a nom Mounet-Sully. Mais on me raconte qu'il est si las et si triste qu'il veut renoncer au théâtre... Et puis, mon cher administrateur, je ne sais pas du tout où il loge : il y a longtemps que je n'ai eu de ses nouvelles.

— Alors, répliqua Perrin, quand vous l'aurez retrouvé votre oiseau rare, prévenez-moi !

Le Hasard se chargea de découvrir le jeune Mounet-Sully et voici comment. Notre débutant, plus navré que jamais, était fermement résolu à abandonner la carrière théâtrale et s'apprêtait à aviser son maître de son irrévocable décision. La Comédie-Française affichait *le Misanthrope* et Bressant jouait Alceste ; le jeune Mounet-Sully se dirigea vers la rue Richelieu et la représentation terminée, il rendit visite à son maître dans sa loge :

— C'est vous ? fit Bressant. Croiriez-vous que j'allais vous écrire ? J'avais absolument besoin de vous voir, car nous avons beaucoup parlé de vous hier, ici. Ça vous étonne ?

— Oh oui, reprit le jeune Mounet-Sully agréablement surpris.

— Attendez-moi ici. Je vais voir M. Perrin pour lui dire
que vous êtes là...

Immédiatement, en costume d'Alceste, Bressant descendait l'escalier et frappait à la porte du cabinet directorial : il
rendait compte à Perrin de son entrevue et quelques minutes
après, l'élève Mounet-Sully était présenté par le professeur
Bressant à l'administrateur Perrin.

— Une bonne voix pleine, s'écria Perrin qui, de son œil
malicieusement louche, contemplait notre futur Oreste.

Cette présentation terminée, on décida que l'audition
aurait lieu le lendemain sur le plateau du théâtre.

— Mais je pars demain pour Bergerac, Monsieur l'administrateur, murmura timidement Mounet-Sully qui n'osait
croire à une telle chance.

— Eh bien ! moi j'ai comme une vague idée que vous
resterez à Paris, répondit Perrin.

Le lendemain, l'audition eut lieu en présence de Perrin
et de Bressant, et elle fut de tous points excellente. Toutefois, avant de signer l'engagement de son nouveau pensionnaire, Perrin exigea qu'une seconde audition fût donnée
devant Got et Delaunay, et cette nouvelle audition ayant été
encore supérieure à la première, Perrin prononça ces décisives paroles :

— Nous allons signer un engagement de trois ans. L'administrateur n'a que le pouvoir de vous engager pour une
seule année, mais je consulterai mon comité, qui m'approu-
vera. Vous voilà donc, jeune homme, pensionnaire de la
Comédie-Française !

Il faut entendre notre doyen conter cette petite histoire
et soupirer avec une charmante émotion :

— J'étais enchanté de mon engagement, je l'avoue : mais j'étais peut-être plus joyeux encore lorsque M. Perrin, m'invitant à me présenter à la caisse, me dit : « On vous remettra une enveloppe : vous l'ouvrirez et vous trouverez de quoi vous rendre à Bergerac !... Avant de débuter, courez embrasser votre maman. Vous êtes heureux : je veux qu'elle partage votre bonheur ! »

Le nouveau pensionnaire de la Comédie alla passer quelques jours en sa petite patrie ; puis, à l'heure convenue, il revint à Paris pour « raccorder » *Andromaque* et, le 4 juillet 1872, on afficha ses débuts : il avait pour principaux partenaires Mme Favart, exquise Andromaque ; Mme Rousseil, qui débutait dans Hermione, et Laroche, remarquable Pyrrhus.

Le public fit un enthousiaste accueil au nouvel Oreste, mais je vous l'ai dit, la tragédie était, en 1872, fort maltraitée. Si Sarcey la défendait envers et contre tous, en revanche un de ses plus illustres confrères ne craignait pas de commencer son article sur *Andromaque* par ces mots : « Souffrez d'abord que je m'essuie le front ! Pendant que la foule heureuse circulait sur les boulevards et sous les frais ombrages des Champs-Élysées, nous écoutions *Andromaque* et nous gargarisions nos 35° de chaleur avec deux mille vers de tragédie. Voilà du courage littéraire ou je ne m'y connais pas !... »

Les temps sont heureusement changés. Cette *Andromaque*, naguère bafouée par la critique, fait aujourd'hui autant d'argent — excusez cette expression technique ! — que la plus moderne des comédies. Soyons équitables toutefois envers nos anciens, et rendons à Perrin cette justice qu'à l'heure où, sur l'indication de Bressant, il engageait M. Mounet-Sully, il appelait également Mme Sarah Bern-

QUARANTE ANS DE COMÉDIE-FRANÇAISE

(M. MOUNET-SULLY ET LA CRITIQUE)

M. Mounet-Sully a été fêté à la Comédie-Française comme il mérite de l'être. A l'occasion de ses quarante ans de Théâtre Français, il semble intéressant de donner ici les appréciations de Sarcey, de Barbey d'Aurevilly, et de Jules Lemaître sur l'illustre artiste.
Voici ce qu'écrivait Sarcey le lendemain du début de Mounet-Sully dans Oreste d'Andromaque :

Le souvenir de cette soirée est encore dans la mémoire de tous les amateurs. Quand il arriva en scène, les bras nus, des bras superbes et que l'on eût dit taillés dans un bloc de marbre antique, les cheveux tombant en désordre sur le front, les yeux, des yeux pleins d'une mélancolie orientale, étincelant au travers, il n'y eut qu'un cri dans toute la salle : on crut voir entrer sur la scène un de ces Arabes ardents et farouches que Regnault se plaisait à nous peindre. C'était une manière nouvelle de comprendre le rôle et de rendre le personnage.

Les deux premiers actes passèrent sans applaudissement, non que l'on se montrât revêche pour ce jeune homme si beau de visage, si élégant tout ensemble et si impétueux d'allures, qui accentuait par un air de truculence farouche l'idée de la fatalité acharnée sur Oreste et le traînant mal-

Photo Charles

Francisque SARCEY

gré lui aux crimes les plus monstrueux ; mais tout le commencement de la tragédie de Racine ne prête point à ces violents éclats de colère : on sentait une secrète disproportion entre la sombre fureur du personnage, tel que nous le présentait Mounet-Sully, et les sentiments tempérés qu'exprime le poète.

C'est au troisième acte que la glace fut rompue. Il trouva des accents douloureux et si pathétiques pour dire :

> Tout lui rirait, Pylade, et moi, pour mon partage,
> Je n'emporterais donc qu'une inutile rage !
> J'irais loin d'elle encor tâcher de l'oublier !
> Non, non, à mes tourments je veux l'associer...

que le public éclata en longs applaudissements par trois fois répétés.

Et alors... Oh ! alors, il se passa un phénomène dont je n'avais encore jamais été le témoin : acteur et public s'emballèrent de compagnie et prirent le mors aux dents. C'est une joie si vive, chez un public aussi sensible que l'est celui des premières représentations, de voir un débutant trouver en scène quelque chose d'absolument nouveau et lui donner une impression sur laquelle il ne comptait point ! C'est aussi un tel enivrement pour un comédien, hier inconnu, inexpérimenté encore, de sentir en un éclair d'émotion brusque le succès lui venir instantané, violent, comme le sang afflue au visage, que la tête se perd aisément de part et d'autre, et que tous deux, se surexcitant par une sorte d'émulation, aboutissent à des explosions d'une énergie inconcevable.

On ne fit plus attention à aucun des défauts de ce jeune homme : tous ses effets portèrent, et avec une intensité prodigieuse. Lui-même, fouetté par cette trombe d'admiration

18

subite, joua de nerfs, comme on dit en argot de théâtre, et
se surpassa.

Le lendemain, on ne parlait que de lui sur les boulevards :
c'était un de ces engouements soudains, irrésistibles, auxquels Paris est sujet.

*
* *

> *Voici, d'autre part, en quels termes le len-
> demain de la reprise d'OEdipe Roi en 1881,
> Barbey d'Aurevilly jugeait M. Mounet-Sully :*

Mounet-Sully sera peut-être, qui sait? le Talma de l'avenir... Je ne le connaissais pas avant mardi soir. J'avais entendu parler de lui comme un extravagant d'audace et
d'enivrement, d'une beauté que les hommes, pires que les
femmes, ne pardonneront jamais à un homme, même au
théâtre et dans les rôles où le talent n'existe pas sans la
beauté. Mounet-Sully est entré dans ma tête pour la première fois en OEdipe Roi, et ç'a été une entrée triomphale et
de bon augure pour le talent futur qu'il va montrer. Il n'a
point dans la beauté l'aristocratie que les portraits du temps
donnent à Talma, mais il a la beauté forte, qui fait dire aux
chétifs jaloux de ce temps éreinté ce mot (que j'ai entendu) :
« Trop de plastique ! », comme s'il y en avait jamais assez !
Chez Mounet-Sully, les bras sont d'un grand développement
de biceps, la stature est robuste, et, si la voix n'est pas le
tonnerre de velours de la voix de Talma, elle n'en a pas
moins été, dans *OEdipe Roi*, un tonnerre, qui a roulé en
éclats depuis les premiers vers de la pièce jusqu'aux derniers
avec une puissance de sonorité qui s'est brisée enfin —
était-ce art ou fatigue? mais, ici, la fatigue ressemblait à
l'art ! — dans ce flot de larmes et de pitié qui finit par

noyer toutes les horreurs de ce drame splendidement horrible.

Organiquement, je ne crois pas qu'il y ait un second acteur au Théâtre-Français capable de porter avec cette vigueur et cette vaillance le fardeau d'Atlas de ce rôle, qui est à lui seul toute la pièce extrahumaine et pourtant si profondément humaine de Sophocle... Mounet-Sully a été de taille avec ce palais, avec ces colonnes, avec ces marches qu'il descend et qu'il remonte dans des majestés si différentes, — la majesté de la royauté orgueilleuse et la majesté d'un malheur fatal, qui le hausse presque au rang des dieux qui l'ont accablé ! Il a mugi, avec sa seule voix, ce rôle auquel le Théâtre antique attachait un masque qui doublait le volume de la voix, et il en a varié les diverses physionomies comme l'acteur antique, avec son masque immobile, ne pouvait pas, lui, les varier.....

*
* *

Cinq ans après OEdipe, *en 1886, M. Mounet-Sully prenait possession du rôle d'Hamlet et voici ce que M. Jules Lemaître écrivait en son feuilleton du* Journal des Débats :

Qui donc es-tu, Hamlet, prince de Danemark, jeune homme faible et emporté, mélancolique et violent, rêveur et brutal, superstitieux et philosophe, raisonnable et fou, poète exquis et fade plaisant, créature vivante et incohérente, et lamentable image de l'Ame en peine, figure particulière jusqu'à la bizarrerie et générale jusqu'au symbole, toi que Shakespeare voit comme un gros garçon asthmatique et que nous ne voyons plus que pâle, élégant et souple, en toque et en pourpoint de velours noir, ainsi qu'il sied au frère aîné de Faust, au plus ancien représentant de l'âme moderne, du romantisme, du pessimisme, du nihilisme, de la grande névrose et d'autres choses encore auxquelles, sans doute, tu ne songeais pas ? Nous t'avons prêté tant de sentiments et de pensées que tu ne ressembles plus à rien, pauvre Hamlet, jeune homme naïf, lymphatique et colérique, et que pour retrouver tes vrais traits, il faut gratter des couches superposées de commentaires et d'interprétations.

Mais, au fait, un secours me vient dans cette angoisse. Si je ne puis voir Hamlet tel qu'il est, je puis le voir, du moins, tel que M. Mounet-Sully nous l'a montré. Car, si obscur et si pétri de contradictions que soit un personnage de drame, un grand comédien peut toujours le faire vivre et l'éclaircir en le « réalisant » sur les planches, en lui prêtant son corps et son âme, en lui apportant ainsi, malgré tout, une espèce d'unité.

Pour jouer Hamlet, M. Mounet-Sully a dû nécessairement prendre parti, et parmi tous les Hamlets que nous avons inventés en choisir un et s'y tenir. Il m'a semblé que l'excellent tragédien a très sagement pris pour modèle idéal, afin d'y conformer son jeu, sa diction et toute son allure, l'Hamlet incomplet, mais clair, défini par Gœthe dans *Wilhelm Meister*, et qu'il a esquissé ou atténué tout ce qui, dans le personnage du prince danois, reste en dehors de cette célèbre définition. Au printemps dernier, un comédien assez médiocre avait surtout exprimé ce qu'il y a de dur et de féroce dans ce rôle et avait fait d'Hamlet un fou prétentieux et méchant. M. Mounet-Sully, mieux avisé, a répandu sur le même rôle une teinte de mélancolie et de tendresse. Il lui a donné une âme essentiellement douce, rêveuse et languissante, qu'une révélation effroyable et l'atrocité du devoir que cette révélation lui impose jettent accidentellement hors de soi, mais dont les violences sont courtes et comme involontaires. Quel adorable Hamlet il nous a montré ! La façon dont il a joué son rôle nous a, mieux que les dissertations, éclairci le texte de Shakespeare.

*
* *

Voici le discours que M. Jules Claretie a prononcé au Banquet qui réunissait le 6 juillet 1912 les admirateurs de M. Mounet-Sully :

Il y a quarante ans, au lendemain de la plus cruelle épreuve qu'ait traversée notre pays, la patrie avide de revivre, cherchait partout des sujets d'espérance. Elle se consolait par l'Art, par la Poésie, par le Rêve, de la réalité sinistre. Elle tournait partout ses regards, cherchant un prétexte à espérer et à sourire. Tel patriotique tableau nous semblait une revanche. Tel livre de chansons nous était un réconfort. Une voix tombée du haut de la tribune nous faisait battre le cœur. Une voix émue au fond d'un théâtre nous rendait l'amour du beau et après les douleurs d'Oreste, la triomphante chanson des Épées, la foi, en un mot, la foi en la grande consolatrice éternelle, la poésie — et cette voix, après quarante années, elle ne s'est pas tue, — elle vibre, elle tonne, elle éclate, elle charme comme la voix d'or qui lui donnait la réplique, et c'est celle de l'illustre et cher doyen de la Comédie-Française, que nous fêtons aujourd'hui, c'est celle de Jean Mounet-Sully, interprète des poètes et poète en action.

Quarante ans de succès ! Quarante ans de labeur ! Quarante ans de dévouement ! Quarante ans de gloire ! Pour ma part, mon cher doyen, je revendique vingt-sept années de votre admirable carrière, et après avoir, étant critique, salué vos éclatants débuts, deviné — j'en suis fier — votre avenir — les journalistes ne se trompent pas toujours ! — il m'est doux de venir constater que les années n'ont pas atteint le pur métal sonore ni courbé le front d'Hernani. Lorsque Victor Hugo vous confiait, à vous, jeune, ardent, le rôle de Didier dans *Marion Delorme*, il vous écrivait une lettre que vous avez conservée et que vous portez sur vous comme un talisman, et où il vous regardait, disait-il, comme le plus précieux de ses auxiliaires. Sophocle aurait pu vous écrire une pareille lettre sur papyrus, et Corneille et Racine eussent traduit pour vous le salut que vous doit en anglais l'auteur d'*Hamlet*. Votre nom, mon cher Mounet, appartient à l'Histoire, histoire du théâtre, histoire des lettres. On dit Mounet-Sully comme on dit Talma. Et la Comédie-Fran çaise est fière de ce que vous lui avez donné de gloire, comme vous lui êtes filialement reconnaissant de ce qu'elle vous a donné de grandeur.

Vous avez eu, sans doute, dans ces années de labeur, bien des découragements et des fièvres; mais vous aviez à vos côtés, une conseillère admirable qui, ambassadrice de bonté, se chargeait d'aplanir les inévitables difficultés de théâtre qui naissaient parfois entre nous et qui étaient tout simplement les querelles délicieuses du *Dépit amoureux* de Molière. Vous me permettrez d'associer le nom de Madame Mounet-Sully au vôtre. Elle a son génie aussi, celui de la charité.

C'est à M. Léon Bérard, à notre éloquent, dévoué et très aimé ministre des Beaux-Arts, qu'il appartient de dire, après la Comédie, cè que l'État doit à l'artiste éminent qui a bien servi l'État, donné l'exemple du dévouement et du respect au pacte social, comme — j'en pourrais citer d'autres — comme l'admirable artiste qui porte coquettement, malicieusement ce nom de doyenne alors qu'elle nous apparaît sous les traits de la jeune immortelle de Musset. On ne saurait trop louer de tels artistes en ces temps d'avidité insatiable. On ne saurait trop les applaudir et les récompenser. Il y avait jadis pour eux des places à l'Institut de France. Pourquoi la République ne referait-elle pas ce qu'avait fait la Révolution ?

Un artiste qui honore son art, dans son cabinet de travail, devant son chevalet ou son piano, dans son atelier ou sur les planches, a droit à tous les honneurs lorsque son existence est un modèle de talent à la fois et de droiture. Cet artiste-là, cet homme-là, c'est vous. Et l'administrateur de la Comédie-Française a le devoir de le proclamer aujourd'hui puisque aussi bien vous avez devant vous, si je puis dire, comme la postérité vivante.

Lorsque vous avez débuté dans cette grande Maison où vous alliez rencontrer tant de gloire — elle n'a pas une ride cette gloire, nous l'avons bien vu hier ! — vous avez contracté envers le théâtre qui accueillait votre jeunesse une dette de reconnaissance. Soldat de l'art, vous avez juré de remplir ce grand devoir : *servir*. Je suis le témoin de la fierté avec laquelle vous avez, devant moi, refusé les offres d'impresarios largement tentateurs. Sociétaire de la Comédie-Française, lié par le pacte d'honneur, vous avez voulu — c'est votre orgueil ! — rester fidèle à la Comédie-Française. Plus que les ducats vous agréait le vert laurier. Et il m'a semblé souvent, mon cher doyen, que lorsque vous jouiez *Hernani*, Hernani incliné devant don Carlos qui de son épée le faisait chevalier, une voix vous dit, à vous aussi, à vous Hernani, mais à vous Mounet-Sully — la voix même du grand poète parlant à son « auxiliaire » :

> De ta noble maison
> ... Ton cœur est digne...
> Sois fidèle !

Sois fidèle à ce qui est beau, noble et grand. Et c'était aussi le mot qu'on vous répétait là-bas dans le vieux logis paternel où vous gardez pieusement encore la haute cheminée près de laquelle s'asseyaient autrefois, dans notre Périgord, fiers comme vous, forts comme vous — *plô de segur, moussu Mounet, moussu Paul, obé* — les aïeux qui vous ont transmis le mot d'ordre : *Sois fidèle!*

Sois fidèle à l'art, sois fidèle à l'honneur, sois fidèle au devoir, à la parole donnée, au pacte signé, à la gloire de la Comédie-Française, et c'est cette fidélité de quarante années que nous célébrons aujourd'hui, avec vos succès, mon cher doyen, et votre gloire, en attendant que de plus jeunes que nous fêtent encore plus tard vos triomphes et vos années à venir, votre cinquantenaire, votre *centième!*

Je bois, monsieur le Ministre, je bois mesdames et messieurs, à Mounet-Sully, le bon serviteur — c'est le surnom de Bayard — à Mounet-Sully, la plus haute figure de l'art tragique de notre temps, à Mounet-Sully, porte-drapeau des mobiles de la Dordogne en 1870! en 1912 porte-drapeau de la Comédie-Française !

INDEX

A

Achard, 46.
Adam (Paul), 130.
Aderer, 152, 153, 154, 155, 156.
Agar, 108, 135.
Alexandre, 248.
Alexis (Mme), 47, 83.
Allais (Alphonse), 13.
Anaïs, 171.
Audran, 54.
Andrieux, 46.

Antoine, 18, 19, 72, 208, 238.
Arago (Etienne), 116.
Arago (François), 119.
Artois (Arnaud d'), 234.
Aubert (Anaïs), 195.
Augier (Émile), 6, 22, 23, 28, 39, 50, 80, 82, 98, 116, 117, 157, 168, 169, 170, 183, 205, 208, 234.
Aurèle (M. et Mme), 8.

B

Baillet (Georges), 1, 4, 5, 6, 34, 35, 75.
Ballande, 97, 112, 113.
Ballot (Marcel), 198.
Barbey d'Aurevilly, 250, 252.
Barretta (Blanche), 5, 9, 12, 17, 24, 25, 29, 38, 64, 74, 76, 86, 100, 157, 162, 167, 177, 181, 193, 204, 210, 222, 248.
Baron, 10, 239.
Barré, 5, 19, 20, 24, 28, 29, 61,

98, 100, 123, 168, 210, 216, 219, 222, 228.
Barrès (Maurice), 155.
Barrière, 51, 71.
Bartet (Julia), 14, 15, 16, 17, 34, 38, 44, 47, 63, 64, 65, 68, 74, 83, 128, 130, 140, 145, 177, 190, 225, 248.
Bayard, 46, 238, 258.
Beaumarchais, 5, 12, 17.
Beauvallet, 133, 146, 159, 195.

C

D

E

F

Flers (Robert de), 7, 8, 11.
Fleury, 212.
Formigé, 68.
Fouquier (Henry), 27, 148, 149, 150.

Fournier, 202.
Frémaux (Mlle), 211.
Fugère (Lucien), 15, 174.

G

Gailhard, 239.
Galipaux, 232.
Garraud, 123, 218, 219, 220, 223.
Gaulot (Paul), 4.
Gautier (Théophile), 63, 90, 108, 176.
Geffroy, 42, 162, 195.
Grespach, 147.
Géniat (Mlle), 30, 103, 194.
Geoffroy, 53, 70.
Gerbault, 248.
Gheusi, 130.
Gidel, 153.
Gillett, 94.
Ginisty, 233, 234.
Goblet (René), 149, 180.
Goethe, 254.
Goldstein (Mlle), 233.
Gondinet (Edmond), 6.
Gosselin, 4.
Got, 18, 19, 20, 21, 23, 28, 29, 39, 40, 66, 78, 99, 100, 102, 105, 107, 111, 113, 120, 122, 123, 124, 130, 131, 133, 134, 135, 136, 138, 139, 143, 146, 150, 151, 158, 168, 169, 176, 179, 180, 181, 183, 184, 195, 202, 204, 205, 206, 207, 208, 215, 216, 217, 218, 219, 222, 225, 229, 246.
Gozlan (Léon), 218.
Granval, 31.
Granger (Pauline), 24, 111, 165, 205, 224, 225, 228.
Grivot (Laurence), 238.
Guiches (Gustave), 23, 129, 130.
Guilbert (Yvette), 32.
Guillard, 146, 202.
Guillemot, 70.
Guitry (Lucien) 18, 238, 239, 242.
Guyon, 165.

H

Hading (Jane), 14, 166, 216, 238.
Halévy (Ludovic), 10, 11, 22, 51, 80, 82, 91, 104, 105, 129, 130, 148, 150, 239.
Hanotaux (Gabriel), 40, 131.

Hartmann, 103.
Hébrard (Adrien), 181.
Hennequin, 213.
Henriot (Mlle), 68.
Hermant (Abel), 233.

M

R

S

W

Waldeck Rousseau, 93.
Warot, 40.
Weber (Mme), 8, 9, 30.
Weiss (J.-J.), 34, 41, 59, 226.
Widal (Fernand), 119.

Worms, 18, 19, 20, 28, 29, 35,
37, 38, 40, 41, 43, 47, 66, 76,
103, 104, 127, 128, 129, 130,
131, 132, 248.

Y

Yahne (Mlle), 14.

Z

Zambelli (Mlle), 104.

TABLE DES PORTRAITS

TABLE DES MATIÈRES